Beck-Rechtsberater im dtv

Jura – erfolgreich studieren

dtv

Beck-Rechtsberater

Jura –

erfolgreich studieren

Für Schüler und Studenten

Von Silke Glossner
und Tobias Dallmayer

8., überarbeitete und ergänzte Auflage

dtv

www.dtv.de
www.beck.de

Originalausgabe

dtv Verlagsgesellschaft mbH & Co. KG,
Tumblingerstraße 21, 80337 München

Druck und Bindung: Druckerei C.H. Beck, Nördlingen
(Adresse der Druckerei: Wilhelmstraße 9, 80801 München)
Satz: ottomedien GmbH, Darmstadt
Umschlaggestaltung: Agentur 42

CO_2 neutral
chbeck.de/nachhaltig

ISBN 978-3-423-51258-9 (dtv)
ISBN 978-3-406-76998-6 (C.H.Beck)
ISBN 978-3-406-76999-3 (eBook)

9 783406 769986

Vorwort

Aufgrund der freundlichen Annahme, die diese Einführung bei den Lesern[1] gefunden hat, erhält das Werk nun bereits seine 8. Auflage. Mit dieser Auflage ist auch ein Wechsel der Verfasser verbunden. An die Stelle von Dr. Christof Gramm und Prof. Heinrich Wolff treten nun Silke Glossner und Tobias Dallmayer. Beide teilen wir die Begeisterung unserer Vorgänger für die Juristerei und die juristische Ausbildung in ihren vielen Facetten. Mit Freude übernehmen wir daher diesen Band. Der problemlose Wechsel wäre indes nicht möglich gewesen, ohne die sachkundige Unterstützung durch unseren Lektor beim Verlag C.H. Beck, Herrn Dieter Küppers, dem wir an dieser Stelle sehr herzlich danken wollen.

Die doppelte Zielsetzung des Buches ist geblieben. Es möchte zum einen Studienanfängern bei der Entscheidung für ein Jurastudium Hilfestellung leisten und ein realistisches Bild von diesem schönen, aber auch herausfordernden Studiengang vermitteln. All jenen, die sich für ein Jurastudium entschieden haben, will es Hilfestellung bieten, Jura effektiv, erfolgreich und mit möglichst viel Freude zu studieren. Die Möglichkeiten im und nach dem Studium sind vielfältig, scheinen aber bisweilen auch unübersichtlich. Es sollen daher Wege aufgezeigt werden, den Studienweg zielgerichtet vorzubereiten und zu gestalten. Das Buch enthält praktische Tipps zu den einzelnen Schritten des Studienverlaufs, Hinweise auf Arbeits- und Lernmethoden sowie zahlreiche weitere konkrete Informationen und Adressen zu Aufbau, Organisation und Abschluss eines erfolgreichen Studiums. Im Anhang haben wir außerdem eine Reihe weiterführender Informationen und Statistiken zusammengetragen, die für den Jurastudenten wichtig und spannend sind. Der Band ist bewusst als Übersicht gehalten – zu jedem angesprochenen Teilbereich gibt es anderweitig vertiefende Bücher, aber den ersten, den umfassenden Überblick, den möchten wir Ihnen gerne verschaffen.

Geleitet hat uns der Gedanke, den bereits unsere Vorgänger ihren Lesern stets mitgegeben wollten: Nehmen Sie Ihr Studienschicksal entschlossen und kritisch in die Hand. Die Universitätsbildung gehört bei allen Herausforderungen zum Kostbarsten, was unsere Gesellschaft anzubieten hat.

Die Autoren danken allen, die durch Hinweise dieses Buch verbessert haben und freuen sich auch in Zukunft über Anregungen und Kritik. E-Mails erreichen uns unter Silke.Glossner@googlemail.com.

München
im Dezember 2020

Silke Glossner und Tobias Dallmayer

[1] Aus Gründen der leichteren Lesbarkeit verzichten wir im Folgenden auf eine geschlechterspezifische Differenzierung. Entsprechende Begriffe gelten im Sinne der Gleichbehandlung immer gleichermaßen für beide Geschlechter, eine Wertung ist hiermit natürlich nicht verbunden.

Inhaltsübersicht

Vorwort V
Inhaltsverzeichnis IX
Abkürzungsverzeichnis XV

Anstelle einer Einleitung: Kopfüber in die Jurisprudenz 1

Teil 1
Wie findet man zum Jura-Studium? 7

Teil 2
Der Inhalt des Studiums – oder: die Materie Jura 43

Teil 3
Das erfolgreiche Jurastudium 91

Anhang 225

Anmerkungen 275
Sachverzeichnis 279

Inhaltsverzeichnis

Vorwort V
Inhaltsübersicht XIII
Abkürzungsverzeichnis XXI

Anstelle einer Einleitung: Kopfüber in die Jurisprudenz 1

Teil 1
Wie findet man zum Jura-Studium?

Kapitel 1. Den eigenen Standort bestimmen: Jura, die richtige Wahl? 7
1. Tests zur Studienorientierung 8
2. Indikatoren aus der Schulzeit 9
3. Weitere Indikatoren 11
4. Aufräumen mit Vorurteilen 14
5. Ein Wort noch zu Jura als „Verlegenheitslösung“ 17

Kapitel 2. Jura studieren – und was kommt danach? 18
1. Richterin/ Richter 20
   a. Tätigkeit 20
   b. Verdienst- und Karrieremöglichkeiten 24
   c. Zugang 25
2. Rechtsanwältin/ Rechtsanwalt 27
   a. In einer Großkanzlei 27
   b. Als Einzelkämpfer 30
   c. In einer mittelständischen Kanzlei 30
   d. Was für alle Rechtsanwälte gilt... 30
3. Verwaltungsjuristin/Verwaltungsjurist 33
4. Volljuristin/Volljurist in der freien Wirtschaft 36
5. Wissenschaft 38
6. Weitere berufliche Perspektiven 39
7. Wie gut muss man sein, um seinen Wunschberuf aus dem juristischen Berufsspektrum zu erreichen? 40

Teil 2
Der Inhalt des Studiums – oder: die Materie Jura

Kapitel 1. Normen 43
1. Rechtsnormen 44
   a. Begriff 44
   b. Die Normenpyramide 45
   c. Arten 45
2. Die drei Säulen oder: die drei großen Rechtsgebiete 47
3. Die Struktur einer Norm 48

Kapitel 2. Das Arbeiten mit Rechtsnormen 53
1. Ein Einblick in zwei klassische juristische Arbeitsweisen 53
   a. Die Subsumtion 53
   b. Der Gutachtenstil 54
2. Ein Einblick in das Zivilrecht 57
3. Ein Einblick in das Strafrecht 69
   Die möglichen Straftaten 70
4. Ein Einblick in das öffentliche Recht 87
5. „Auflösung“: die Entscheidungshilfe für Ihre Studienwahl 88

Teil 3
Das erfolgreiche Jurastudium

Kapitel 1. Die Auswahl der richtigen Universität 91
1. Ein kurzer Überblick über den Ausbildungsweg zum (Voll-)Juristen 91
2. Ein paar interessante Fakten zum Universitätsstudium Jura 93
3. Welche Universität ist die Richtige für mich? 95
   a. Habe ich überhaupt die Wahl? Der Numerus Clausus 97
   b. Indikatoren für die Auswahl der richtigen Universität 98
4. Die Finanzierung 104
   a. Finanzierung durch die Eltern 104
   b. Ausbildungsförderung/ BAföG 105
   c. Stipendien 105
   d. Eigene Erwerbstätigkeit/Jobben 106
   e. Bankkredit 106

Kapitel 2. Der Inhalt und Ablauf des Studiums 107
1. Die Veranstaltungsformen 108
   a. Die Vorlesung und der Podcast 109
   b. Die Übung 110
   c. Die Arbeitsgemeinschaft 111
   d. Das Seminar 112
   e. Weitere Veranstaltungsformen 112
2. Der Studienablauf 112
   a. Das Grundstudium 114
   b. Das Hauptstudium 128
   c. Die Pflichtpraktika während des Studiums – und weitere Praktika 130
   d. Das Schwerpunktbereichsstudium/die Vertiefungsphase 131
   e. Zusammenfassung: Die studienbegleitenden Prüfungen 133
   f. Die Examensvorbereitung 134
   g. Das Phänomen der Repetitorien 136
3. Die Erste Juristische Prüfung 138
   a. Der staatliche Teil der Prüfung 139
   b. Der universitäre Teil der Prüfung- die Schwerpunktprüfung 140
4. Das Referendariat 141
   a. Ist „kein Referendariat“ eine Option? 141
   b. Der Ablauf des Referendariats 142
5. Die Zweite Juristische Staatsprüfung 144
6. Ein juristisches Auslandsstudium 145

Kapitel 3. Praktische Tipps zur Bewältigung des Studiums ... 148
1. Planen Sie Ihr Studium 148
   a. Warum es so wichtig ist, das Jura-Studium zu planen 148
   b. Entwickeln Sie einen Plan und eine Strategie 153
   c. Suchen Sie sich Mitstreiter 160
2. Bilden Sie sich – Wissen allein reicht nicht 163
   a. Bilden Sie Ihre Persönlichkeit 163
   b. Suchen Sie aktiv den Praxisbezug 165
   c. Beschäftigen Sie sich mit Recherchetechniken 166
   d. Nehmen Sie an Moot Courts teil 167
   e. Nehmen Sie an Legal Clinics teil 167

f. Gewinnen Sie Freude an der deutschen Sprache 168
3. Eignen Sie sich weitere, wichtige Fertigkeiten an 170
a. Lernen Sie Entspannungstechniken 170
b. Lernen Sie Tippen im Zehn-Finger-System 172
c. Beschäftigen Sie sich mit Textverarbeitung 173
d. Beschäftigen Sie sich mit Legal Tech 173
4. Motivieren Sie sich stets neu und entwickeln Sie Resilienz .. 174
a. Das Problem der nachlassenden Motivation 175
b. Das Problem der Fülle des Stoffes 176
c. Die Motivationskrise in der Examensphase 177

Kapitel 4. Lernen mit Köpfchen – Wissenswertes über das Gehirn 178
1. Die Verarbeitung von Informationen 178
a. Die Bausteine des Gehirns und ihre Funktion 178
b. Das Dreispeichermodell 180
c. Die drei Arbeitsphasen beim Lernen 183
d. Die beiden Gehirnhälften 183
2. Lerntheorien 184
a. Ursprung der Lerntheorien oder: der Pawlowsche Hund 184
b. Behaviorismus 185
c. Kognitivismus 186
d. Konstruktivismus 186
3. Die einzelnen Lerntypen 187
4. Geht das, Lernen ohne Mühe? 188
a. Ein Wort zum „Berieseln lassen“, zu Superlearning und „Lernen im Schlaf“ 189
b. Aktives Tun statt passiver Konsum 189
5. Lernen mit System 190

Kapitel 5. Arbeitstechniken für das Studium 192
1. Mind Mapping 192
a. Erstellung einer Mind-Map-Kartei 193
b. Pflege der Mind-Map-Karten 194
2. Lernen mit Karteikarten 197
a. Der Kampf gegen das Vergessen 197
b. Vergessen aus neurologischer Sicht 197

c. Die falschen Waffen beim Kampf gegen das Vergessen ... 198
d. Richtiges Wiederholen zum Ersten: Die Ebbinghaus`sche Vergessenskurve ... 199
e. Richtiges Wiederholen zum Zweiten: Welches Fünftel vom Gelernten wird behalten? ... 200
3. Aus Fehlern lernen: Qualitätskontrolle als Selbstkontrolle ... 211
a. Lernen Sie, wie ein Prüfer zu denken ... 213
b. Typische Fehlerquellen ... 214

Anhang ... 225
1. Die Studienwahl ... 225
2. Statistiken, Übersichten und Hilfestellungen zum Jurastudium ... 235
Übersicht 1: Universitäten, an denen Jura mit dem Abschluss „Erstes Juristisches Examen" studiert werden kann ... 237
Übersicht 2: Erreichbarkeit der Landesjustizprüfungsämter 239
Übersicht 3: Noten- und Punkteskala für die Klausuren in den beiden juristischen Prüfungen ... 241
Übersicht 4: Noten- und Punkteskala für die Examina in den beiden juristischen Prüfungen ... 242
Übersicht 5: Bonustrack: eine nicht ganz ernst gemeinte Variation über die Notenskala ... 242
Statistik 1: Beispiel für eine Notenverteilung in der Ersten Juristischen Prüfung: Ergebnisse im Jahr 2018 ... 243
Statistik 2: Beispiel für eine Notenverteilung in der Zweiten Juristischen Staatsprüfung: Ergebnisse im Jahr 2018 ... 246
Statistik 3: Art und Gewichtung der in der staatlichen Pflichtfachprüfung im Ersten Juristischen Examen zu erbringenden Leistungen ... 249
Statistik 4: Art und Gewichtung der in der staatlichen Pflichtfachprüfung in der Zweiten Juristischen Prüfung zu erbringenden Leistungen ... 251
Statistik 5: Übersicht über die Zahl der in der Bundesrepublik erfolgreich abgelegten juristischen Examina (ohne Bayern und Rheinland-Pfalz) ... 253
Beispiele für universitäre Stundenpläne in den ersten Semestern des Jura-Studiums ... 255

Beispiel 1 für einen Stundenplan im 1. und 2. Semester Jura 255
Beispiel 2 für einen Stundenplan im 3. und 4. Semester Jura 256
Beispiel 3 für einen Stundenplan im 5. und 6. Semester Jura 257
Beispiel 4: Beispiel für ein universitäres Angebot im Schwerpunktbereich, hier: Martin-Luther-Universität Halle-Wittenberg 258
Beispiel 5: Beispiel für ein universitäres Angebot im Schwerpunktbereich, hier: Albert-Ludwigs-Universität Freiburg 260
Beispiele für Schwerpunktbereiche im Zweiten Juristischen Staatsexamen 261
Beispiel 6: Schwerpunktbereiche im Zweiten Juristischen Staatsexamen – hier: Sachsen- Anhalt 262
Beispiel 7: Schwerpunktbereiche im Zweiten Juristischen Staatsexamen – hier: Baden- Württemberg 262
Beispiel 8: Schwerpunktbereiche im Zweiten Juristischen Staatsexamen – hier: Bundesland Bayern 263
Beispiel 9: Der Ablauf des Rechtsreferendariats 264
Beispiele 10 und 11 für Besoldungsstufen der Richter und Staatsanwälte 265
Beispiel 10: Besoldungsordnung R ab 1.1.2020/Bundesland Bayern 266
Beispiel 11: Besoldungsordnung R ab 1.1.2020/ Bundesland Saarland 267
Weiterführende Empfehlungen 268

Anmerkungen 275
Sachverzeichnis 279

Abkürzungsverzeichnis

Abs.	Absatz
Art.	Artikel
AtomG	Atomgesetz
Aufl.	Auflage
BAbfallG	Abfallgesetz des Bundes
BGB	Bürgerliches Gesetzbuch
BImSchG	Bundes-Immissionsschutzgesetz
BVerfGE	Entscheidungssammlung des Bundesverfassungsgerichts (mit Band- und Seitenangabe)
GG	Grundgesetz
HIS	Hochschul-Informations-System (mit Sitz in Hannover)
idR.	in der Regel
LSAT	Law School Admission Test
NatSchG	Naturschutzgesetz
NC	Numerus clausus
TierSchG	Tierschutzgesetz
VwGO	Verwaltungsgerichtsordnung
WaffenG	Waffengesetz
ZVS	Zentralstelle für die Vergabe von Studienplätzen (mit Sitz in Dortmund)

Anstelle einer Einleitung: Kopfüber in die Jurisprudenz

Das Buch, das Sie in Händen halten, trägt den Titel: „Jura – erfolgreich studieren". *Jura* kommt von *Jus*; Jus wiederum ist ein lateinisches Wort und bedeutet *Recht. Jura* bedeutet somit im weiteren Sinn: „Alles, was mit Recht zu tun hat" und im engeren Sinn: „Rechtsanwendung". Die Begriffe *Juristerei*, *Jurisprudenz* und *Rechtswissenschaft* verwendet man synonym. Wenn Sie dieses Buch erworben haben, dann spielen Sie mit dem Gedanken, Jura zu studieren und möchten nun erfahren, auf welches Abenteuer Sie sich einlassen werden. Oder aber Sie studieren bereits die Rechtswissenschaften und wünschen sich Hilfestellung für ein erfolgreiches Studium.

Dieses Buch lässt sich auf unterschiedliche Art und Weise lesen. Man kann es sicherlich mit Gewinn von vorne bis hinten studieren – muss es aber nicht tun. Man kann auch zwischen den Teilen des Buches springen. In Teil 1 möchten wir Entscheidungshilfe geben bei der Frage, ob das Jura-Studium das Richtige für Sie sein könnte. In Teil 2 möchten wir die Materie Jura als den Inhalt dieses Studiums abstrakt vorstellen, bevor wir in Teil 3 ganz konkrete Hilfestellung geben wollen für ein erfolgreiches Studium und erfolgreiche Examina.

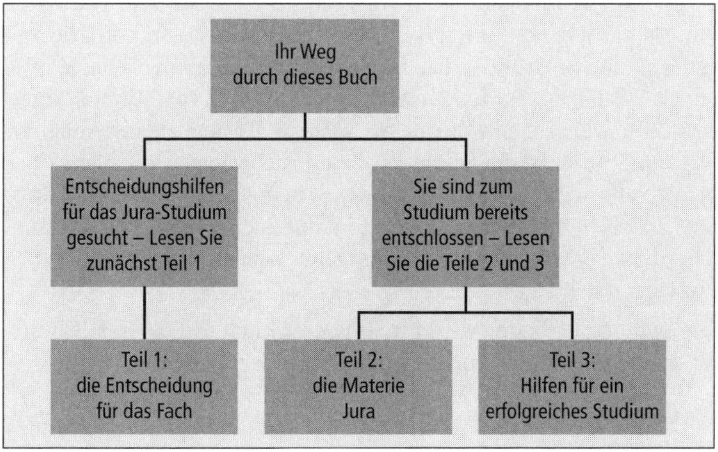

Davon was Juristen machen, haben die Wenigsten eine klare Vorstellung. Auch Sie sind neugierig, sonst hätten Sie sich das Buch nicht gekauft. Ohne lange Umstände und umfangreiche Erklärungen wollen wir deshalb hier am Anfang zunächst einen kleinen Einblick geben in das, was Juristen tun. Juristen wenden Recht an. Rechtsanwendung heißt: Rechtsnormen auf einen Sachverhalt anwenden. Das ist im täglichen Leben meist unproblematisch. Bittet Müller seinen Nachbarn darum, ihm am nächsten Tag für ein bis zwei Stunden seinen Rasenmäher zu leihen und erklärt der Nachbar „Das mache ich gerne", haben die beiden einen Leihvertrag geschlossen, auf den die Rechtsnorm des § 598 BGB (Bürgerliches Gesetzbuch) Anwendung findet (*Durch den Leihvertrag wird der Verleiher der Sache verpflichtet, dem Entleiher den Gebrauch der Sache unentgeltlich zu gestatten*).

Komplizierter ist die Rechtsanwendung dagegen in folgendem Fall: B – in der Juristerei bezeichnet man die Handelnden fast immer mit Buchstaben, sie heißen also z.B. nicht Brummer und Dorn, sondern B und D – betreibt einen Lift in einem unter Skifahrern und Skitourengehern bekannten und beliebten bayerischen Alpengebiet. Er schildert dem Anwalt A von einem eskalierenden Streit mit Tourengehern. Die Skipiste würde unmittelbar am Ende des Skitags für den Folgetag präpariert, die Arbeiten seien sehr aufwendig, durchaus gefahrträchtig und die Pisten müssten gesperrt werden. Nach Abschluss der Arbeiten erfolge ein regelrechter Ansturm von Tourengehern, die aus Gründen der Lawinengefahr zunehmend die Skipisten als ihr Terrain entdecken und die gesamten Präparationsarbeiten zerstören würden. Sowohl beim Aufstieg als auch beim Abfahren würden Spuren in die frisch gewalzte Piste gezogen, die dann über Nacht vereisten und die Qualität der Skihänge massiv beeinträchtigten. Es solle nunmehr ein für alle Mal durch ein Gericht geklärt werden, dass das Verhalten der Tourengeher eine strafbare Sachbeschädigung darstellt.

Die Sachbeschädigung wird im Strafgesetzbuch (StGB) in § 303 unter Strafe gestellt. Die Vorschrift hat folgenden Wortlaut:

(1) Wer rechtswidrig eine fremde Sache beschädigt oder zerstört, wird mit Freiheitsstrafe bis zu zwei Jahren oder mit Geldstrafe bestraft. …
(3) Der Versuch ist strafbar.

A als Jurist geht Schritt für Schritt vor, prüft also, ob die einzelnen Worte = Begriffe des § 303 Absatz 1 StGB (in der Sprache der Juristen: die einzelnen „Tatbestandsmerkmale“) vorliegen. (Also: Sache, fremd, beschädigt/ zerstört). Er überlegt folglich als erstes: Ist der Schnee auf der Piste, in den die Tourengeher ihre Spuren gezogen haben, eine *Sache*? Im Römischen Recht umfasste der Begriff der Sache alles, was der Aneignung durch den Menschen unterliegt und seinem Gebrauch dient und in § 90 BGB heißt es: *Sachen im Sinne des Gesetzes sind nur körperliche Gegenstände*. Dies gilt auch für das Strafrecht. A überlegt: Was ist mit „körperliche“ Sachen gemeint? Ist der Wein im Glas, das Wasser in der Flasche ein körperlicher Gegenstand? Ist der Schnee ein körperlicher Gegenstand? Er blickt in einen Kommentar. Kommentare sind Bücher, die die einzelnen Begriffe in den Gesetzen erklären, gleichsam die Sekundärliteratur zum Gesetzestext. Dort heiß es: *Auf den Aggregatzustand (fest, flüssig oder gasförmig) kommt es nicht an*. Nun gut, denkt A, das passt auf den Wein im Glas und das Wasser in der Flasche; das sind Konsumwaren, die man gegen Geld erwirbt. Eis kann ich in Form von Eiswürfeln für eine Party kaufen. Das ist also eine Sache – die ich auch beschädigen kann, indem ich den Beutel mit Eiswürfel in die Sonne stelle! Aber Schnee auf der Piste? Morgens ist die oberste Schicht von, sagen wir, 2 cm Dicke noch da, mittags in der Sonne weg, weil geschmolzen. Weil A sieht, dass er sich mit seinen Gedanken im Kreis dreht und nicht weiter kommt, recherchiert er, ob es zu seinem Problem eine gerichtliche Entscheidung gibt. Er wird auch tatsächlich fündig: Das Bayerische Oberste Landesgericht (BayObLG NJW 1980,132) hat in den 70er Jahren zu eben dieser Thematik eine Grundsatzentscheidung getroffen und ausgeführt:

„…. Werden allerdings Teile des fließenden Wassers oder des gefallenen Schnees in besondere Behältnisse gebracht, so werden sie dadurch zur Sache (…). Ob dasselbe zu gelten hat, wenn Schnee zu einer Schneeplastik o.ä. verarbeitet wird, kann hier dahinstehen. Jedenfalls wird eine Sacheigenschaft

des Schnees noch nicht dadurch begründet, dass auf ihm eine Langlaufspur, eine sogenannte Loipe, gezogen wird. Hierdurch wird der Schnee zwar in gewisser Weise verformt, jedoch nicht derart allseits abgegrenzt, dass die Loipe im Gegensatz zu dem sie umgebenden Schneefeld ein individuelles Dasein aufweisen würde. Andernfalls müssten sämtliche im Schnee gezogenen Spuren, etwa auf einer Ski- oder Rodelabfahrt, als (selbständige) Sachen angesehen werden".

Der Rechtsanwalt ruft also B an und erklärt ihm die Rechtslage: Eine Sachbeschädigung seitens der Skitourengeher komme nicht in Betracht. Nur die Beschädigung einer *Sache* könne als Sachbeschädigung strafrechtliche geahndet werden. Bei dem (durch die Pistenraupe präparierten) Schnee auf dem Hang handle es sich nach der Rechtsprechung aber um keine Sache. Die Frage, ob eine Beschädigung durch die Skispuren vorliege, stelle sich damit nicht mehr. Abgesehen davon, erklärt A, müsse in einer Gesellschaft auch nicht alles, was missbilligenswert sei – und das Verhalten der Tourengeher sei nun einmal nicht in Ordnung –, gleich mit dem scharfen Schwert des Strafrechts geahndet werden. Denn man könnte der Ansicht, das Verhalten der Tourengeher sei nicht in Ordnung, auch entgegenhalten:

In der Bayerischen Verfassung ist in Art. 141 Abs. 3 ausdrücklich festgehalten: …

(3) Der Genuss der Naturschönheiten und die Erholung in der freien Natur, insbesondere das Betreten von Wald und Bergweide, das Befahren der Gewässer und die Aneignung wildwachsender Waldfrüchte in ortsüblichem Umfang ist jedermann gestattet. Dabei ist jedermann verpflichtet, mit Natur und Landschaft pfleglich umzugehen. Staat und Gemeinde sind berechtigt und verpflichtet, der Allgemeinheit die Zugänge zu Bergen, Seen, Flüssen und sonstigen landschaftlichen Schönheiten freizuhalten und allenfalls durch Einschränkungen des Eigentumsrechtes freizumachen sowie Wanderwege und Erholungsparks anzulegen.

Mit anderen Worten: Auch die Tourengeher haben schützenswerte Interessen, die es in Einklang zu bringen gilt.

Sie sehen: Jura umfasst alles, was mit Recht und Konfliktlösung zu tun hat. Die Anwendung des Rechts, also die Beantwortung der Frage, ob ein Sachverhalt unter eine Rechtsnorm passt oder nicht, kann eminent schwierig sein. Es braucht deshalb Spezialisten, den Juristen, um solche Problemstellungen zu lösen.

Absolventen eines Jurastudiums finden für ihre Studienzeit gerne Bilder. Der eine vergleicht das Jurastudium mit einer Bergtour, der andere mit einem Marathon, der nächste mit einer anstrengenden Dschungeldurchquerung. Nur mit einem gemütlichen Spaziergang vergleicht irgendwie niemand diesen Studiengang. Das mag auch daran liegen, dass man im Studium den eigenen Weg erst finden muss. Es sei nicht verhehlt, dass durchaus die Gefahr besteht, in diesem Studium auch – auch phasenweise – verloren zu gehen. Ohne einen festen Plan, eine gute Ausrüstung und ab und an einen hilfsbereiten Lotsen an der Seite kann man ins Straucheln geraten. Dieses Buch soll Ihnen also als Lotse dienen, Ihren Weg zu finden.

Das Gefühl der Orientierungslosigkeit, das manchen im Jura-Studium befällt, beruht zum Teil auf der Organisation des Studienganges und der Abschlussprüfungen. Noch immer ist es – wenn auch mit kleinen Verbesserungen- so, dass man viele Jahre auf die Staatsexamina lernt, ohne dass der eigene Lernfortschritt zwingend von außen überprüft würde. Trotz der Einführung der Schwerpunktbereiche (dazu später) ist die Herausforderung geblieben: Man muss immer noch einen wesentlichen Teil der Ersten Juristischen Prüfung innerhalb sehr kurzer Zeit ablegen. Die Zweite Juristische Staatsprüfung ist sogar eine vollständige Abschlussprüfung, ohne Teilprüfungen während der Referendarzeit.

Die meisten Schüler haben vor Beginn ihres Studiums vielleicht auch nur unzureichende Techniken erlernt, ihr eigenes Studienschicksal allein effektiv zu gestalten. Die Schulen mit ihrer alles in allem doch recht behüteten Atmosphäre vermitteln diese Techniken oft nicht in ausreichender Weise. Die allgemeine Hochschulreife ist nur eine Eintrittskarte in das Studium, garantiert aber nicht dessen Erfolg. Für diesen ist man am Ende des Tages dann doch wieder ganz allein verantwortlich.

Den meisten Gewinn aus der Lektüre dieses Buches kann ziehen, wer bereit ist, sich mit sich selbst kritisch auseinanderzusetzen. Wichtig und hilfreich ist, Klarheit über sich selbst, die eigenen Wünsche und Fähigkeiten zu haben. Erfolg hat im Leben, wer auf sich selbst vertrauen kann und an sich glaubt – und am besten soll diese Zuversicht auf einem festen Fundament fußen. Lernen Sie also mit Hilfe dieses Bandes auch, Ihre Stärken und Schwächen im Hinblick auf die Juristerei zu unterscheiden und mit Ihren positiven Ressourcen zu arbeiten. Das heißt nicht, dass man nicht den guten Rat oder die Einschätzung von außen einholen sollte – aber jeder noch so gelungene Austausch mit anderen kann den aufrichtigen Umgang mit sich selbst ersetzen. Dieses Buch will Ihnen also zeigen, wie Sie den Weg durch Ihr Studium hin zur Ersten Juristischen Prüfung und auch darüber hinaus möglichst erfolgreich selbst finden können. Dass Sie Ihren Weg selbst finden ist wichtig – denn auf dem Wege marschieren müssen ja auch Sie selbst.

Doch eins soll auch vorab klargestellt sein: Der Weg lohnt sich. Jura ist eines der interessantesten und vielseitigsten Studiengänge, die es gibt. Jura kann begeistern. Mit Jura steht Ihnen nicht nur eine breite Vielfalt beruflicher Möglichkeiten, sondern die Welt offen. Wir werden Ihnen sagen, warum.

Teil 1

Wie findet man zum Jura-Studium?

Kapitel 1. Den eigenen Standort bestimmen: Jura, die richtige Wahl?

Sollten Sie zu dem kleinen Prozentsatz gehören, der sich nie einen anderen Beruf als den des Richters oder Rechtsanwalts vorstellen konnte, dann können Sie diesen Abschnitt getrost überspringen. Auch das gibt es ja – Menschen, denen Jura in die Wiege gelegt wurde. Nach unserer Erfahrung handelt es sich hier um einen verschwindend geringen Anteil der Studierenden.

Alle anderen werden mit der Frage ringen, ob Jura für sie das geeignete Studium ist. Für diese Entscheidungsfindung wollen wir Hilfestellung geben. Wir wollen zu einer aktiven Auseinandersetzung mit den eigenen Wünschen und Zielen ermutigen. Man muss nämlich nicht schon in die Details der Juristerei eindringen, um eine Idee haben zu können, ob einen das Studium erfüllen kann.

Die Mehrzahl der Studienanfänger jedoch hat wahrscheinlich keine sehr klaren Erwartungen oder Vorstellungen über das, was sie im Jurastudium und im späteren Berufsleben erwartet. Das kann man auch keinem Abiturienten vorwerfen. Die Studienwahl erschwert der Umstand, dass man zwar als Schüler schon eine gute Vorstellung entwickeln konnte, was ein Lehrer, ein Ingenieur oder Tierarzt leistet, aber weniger Vorstellung davon, was ein Jurist tut. Das liegt nicht zuletzt an der Vielfalt der juristischen Berufe. Obwohl es eine einheitliche Ausbildung zum Juristen gibt, gibt es kein einheitliches Berufsbild – Juristen arbeiten in vielen, ganz unterschiedlichen Berufsfeldern. (Einen Überblick über juristische Berufe geben wir in Kapitel 2 dieses ersten Teils.)

Am Anfang der Studienwahl steht die Selbstreflexion über die eigenen Stärken und Talente, aber auch die Schwächen. Es ist wichtig zu wissen, was das eigene Ziel ist: Wo möchte ich hin? Lohnt sich also das Ziel, dafür jeden Morgen aufzustehen und sich auch durch schwierige Zeiten durchzukämpfen? Genauso wichtig ist es übrigens auch zu wissen, was man nicht möchte.

1. Tests zur Studienorientierung

Einen ersten Anhaltspunkt können die Online- Tests zur Studienwahl geben, die es inzwischen in großer Anzahl im Internet gibt; viele juristische Fakultäten laden auf ihren Websites auch zu einem Persönlichkeitstest ein. Gut gefallen hat uns zum Beispiel der Test auf den Seiten der deutschen Hochschulrektorenkonferenz.

Tests zur Studienorientierung – Eine kleine Auswahl aus der Vielzahl der Online- Tests

- Onlinetest der Agentur für Arbeit, https://www.arbeitsagentur.de/bildung/studium/welches-studium-passt-zu-mir
- Studium- Interessenstest bei Hochschulkompass SIT, Angebot der deutschen Hochschul- Rektorenkonferenz https://www.hochschulkompass.de/studium-interessentest.html
- Angebot des Ministerium für Wissenschaft, Forschung und Kunst Baden-Württemberg https://www.was-studiere-ich.de/index.php?page=wsi&action=content&c=impressum
- Online Studienwahl Assistent der Albert- Ludwigs- Universität Freiburg http://www.osa.uni-freiburg.de/jura/
- Online- Self- Assessment (OSA) der FernUniversität Hagen für den Studiengang Bachelor of Laws https://fernuni-hagen.de/rewi/studium/bachelor/osallb.shtml.

Im Anhang zu diesem Buch finden Sie außerdem einen von Christof Gramm und Heinrich Wolff entwickelten Motivationstest speziell zu diesem Buch. Der kleine Test ist ein reiner Motivationstest und zielt auf Ihre innere Haltung zur Juristerei ab.

2. Indikatoren aus der Schulzeit

Ein nächster Anhaltspunkt sind Erfahrungen aus der Schulzeit. Zwar dürfte der Kontakt zu juristischen Fragestellungen während der Schulzeit nicht sonderlich umfangreich gewesen sein, auch in jenen Bundesländern, die etwa das Fach „Wirtschafts- und Rechtskunde" im Lehrplan stehen haben. In diesem Fach wird ein eher kleiner Ausschnitt präsentiert, nämlich in welchen wirtschaftlichen Zusammenhängen Jura relevant wird. Das Recht regelt aber nicht nur das Wirtschaftsleben. Es hält z.B. im Strafrecht und im Öffentlichen Recht auch Regeln für das Zusammenleben in der Gesellschaft parat; in diese Bereiche hat man in der Schulzeit weniger Einblick nehmen können.

Welche Erkenntnisse kann man also aus der Schulzeit ziehen für die Frage, ob Jura gegebenenfalls ein geeignetes Studium ist?

- Freude an einem Jura-Studium hat derjenige, der sich für analytisches Denken begeistern kann. Gute Indikatoren für das analytische Denken sind nach wie vor Schulfächer wie Latein und Mathematik, auch Informatik. Vielleicht mochten Sie das Aufdröseln mathematischer Fragestellungen oder sind gerne in ein lateinisches Epigramm „eingetaucht"? Dann macht Ihnen vermutlich auch das Lösen juristischer Fragestellungen Freude.
- Allerdings wird im Jura-Studium das eigentliche Lernen (hierzu sogleich) eine stärkere Rolle spielen als in den Naturwissenschaften. In Mathematik, Physik oder Informatik kommen Sie mit Verständnis und Logik sehr weit; in Jura braucht es zusätzlich noch viel angelerntes Wissen. Jura studieren heißt für die meisten Studenten (einige wenige Überflieger ausgenommen) nämlich, sich viel Stoff zunächst einmal anzueignen. Manches muss man wirklich auch auswendig lernen. Wem das selbständige Aneignen von Wissen schon in der Schule schwerfiel – wer Geschichtszah-

len oder Vokabellisten gehasst hat – wird vermutlich nicht glücklich werden in einem so theorielastigen Studiengang wie Jura. Bis man tatsächlich Jura praktisch sicher anwenden kann, vergehen einige Jahre. Andererseits erschöpft sich Jura eben nicht in der Anhäufung von Wissen; am Ende des Tages ist das Verständnis der gesetzlichen Systematiken immer wichtiger als das bloße Sammeln von Wissen.

- Jura bedeutet aber auch: Lesen, Lesen, Lesen. Gerichtsentscheidungen, umfangreiche Akten und Fachtexte wollen eben schnell gelesen und verstanden sein. Sie werden im Studium vor allem das Auslegen und Verstehen von Recht durch methodisch geleitetes Argumentieren lernen. Es kommt für den Studienerfolg entscheidend darauf an, die wesentlichen Punkte in einer Argumentationskette zu erkennen und alles Überflüssige und Unwichtige wegzulassen. Wer sich schon immer schwertat mit komplexen Texten, insbesondere Sachtexten, sollte die Wahl für Jura überdenken.
- Umgekehrt hat Jura auch viel mit gutem Schreiben zu tun: Nur wenn ich die Lösung eines Problems gut begründen und präsentieren kann, wird der Leser meinen Gedankengang nachvollziehen, werden die Parteien eines Streits meine Entscheidung akzeptieren können. Oft hört man den flapsigen Satz „*Jura ohne Begeisterung für die deutsche Sprache ist wie Pilot mit Höhenangst. Geht schief.*“ Da ist viel Wahres dran. Wenn Sie sich also in der Schule gerne mit Texten aller Art auseinandergesetzt haben, wenn Sie vielleicht auch noch gerne selbst Texte verfasst haben, dann kann Jura eine gute Wahl sein.
- Das Recht muss manchmal auch die ganz fundamentalen Fragen lösen: Was ist Schuld? Was ist eine gerechte Strafe? Muss ich den einzelnen schützen oder die Gesellschaft? Eine Idee davon, ob einen solche Fragestellungen fesseln können, hat man in Geschichte und Sozialkunde oder vielleicht auch im Religions-/Ethik-Unterricht bekommen können. Anders als manche Geisteswissenschaft, in der auch einmal l’art pour l’art betrieben wird, hat Jura aber etwas erfrischend Bodenständiges. Am Ende muss man als Jurist eine praktikable Entscheidung finden.

- Für den kreativ-chaotischen Kopf ist Jura hingegen weniger geeignet. Auch Juristen dürfen zwar ab und zu kreativ sein – doch eher nur in vorgegebenen Bahnen. Jura erfordert viel Disziplin – im Lernen und in der Anwendung. Im juristischen Diskurs überzeugen Klarheit und Einfachheit, nicht die blumenreiche Ausschmückung.

Im Jurastudium braucht man Durchhaltevermögen – oder wie es bisweilen salopp heißt: *„Jura lernt man mit dem Allerwertesten"*. Das Studium wird Ihnen immer wieder abverlangen, sich durchzubeißen. Man mutet Ihnen lange Sachverhalte, abstrakten Gesetzestext, komplizierte Problemstellungen und stundenlange Klausuren zu. Als Jurastudent braucht man eine hohe Frustrationstoleranz, zumal sich Erfolge erst nach und nach einstellen werden.

Von Interesse sind in diesem Zusammenhang vielleicht auch die Ergebnisse einer Analyse des Deutschen Zentrums für Hochschul- und Wissenschaftsforschung aus dem Jahre 2017. Hiernach hatten 92 Prozent der erfolgreichen Jura-Absolventen ihre Hochschulzugangsberechtigung an einem Gymnasium erworben. Zudem besteht eine deutliche Korrelation zwischen dem schulischen und universitären Erfolg.[2] So hatten 16 % der erfolgreichen Jura- Absolventen die Schule mit einer Abiturnote von 1,4 oder besser abgeschlossen. Unter den Studienabbrechern hingegen hatte im Untersuchungszeitraum kein einziger ein Abitur von 1,4 oder besser.

Umgekehrt gilt allerdings auch: Nicht wenige starten erst im Studium so richtig durch. Da Jura an vielen Universitäten nicht zulassungsbeschränkt ist (siehe Teil 3, Kap. 1) braucht es kein besonders gutes Abitur, um loszulegen. Besondere Vorkenntnisse braucht man für Jura auch nicht mitzubringen. Bei vielen kommt die Motivation zu lernen, erst später im Studium, mit der Begeisterung für die Sache.

3. Weitere Indikatoren

Aber nicht nur die Erfahrungen aus der Schule sagen etwas aus über die Eignung zum Juristen. Auch sonstige Interessen geben einen Hinweis darauf, ob das Jurastudium erfüllend sein kann. Wer gerne die politischen Analysen und den Wirtschaftsteil der Tageszeitung liest, wird mehr Freude im Studium haben als derjenige, der sich nur für den Sportteil begeistern kann. Denn Jura ist letztlich ein Vehikel zum Lösen von Konflikten in den verschiedensten sozialen Zusammenhängen. Jura ist die notwendige und unerlässliche Konsequenz des Zusammenlebens vieler Menschen in einer Gemeinschaft, die Regeln erfordern und hierbei bestimmt die Gemeinschaft, wie das Miteinander (das Verhältnis der Menschen zueinander), aber auch das Verhältnis zur Gemeinschaft ausgestaltet wird, wobei die Grenze hierbei regelmäßig die Verfassung mit den hierin enthaltenen Menschenrechten darstellt. Wer sich für diese sozialen Zusammenhänge interessiert, profitiert von einem Vorverständnis für die Lebensbereiche, auf die die Rechtsregeln anzuwenden sind. Wer sich nicht dafür interessiert, wird hingegen manche Leidensphase im Studium durchzustehen haben. Konkret: Wer nichts für Politik übrig hat, wird sich den staatsrechtlichen Fragen (die übrigens bereits im Grundstudium gelehrt werden) nur ungern widmen. Wer mit wirtschaftlichen Fragen fremdelt, wird sich in vielen Punkten des Unternehmensrechts oder auch des banalen und fundamentalen Schadensersatzrechts schwertun. Viele Überlegungen des Zivilprozessrechts und bei der Zwangsvollstreckung gründen letztlich in der gerechten Verteilung von Insolvenzrisiken. Wer über solche Zusammenhänge nicht nachdenken mag, wird letztlich immer ein Stück weit frustriert bleiben. Jura als Wissenschaft vermittelt die Fähigkeit, Normen anzuwenden und stellt als Handwerkszeug methodische Regeln zur Verfügung. Ob die Juristerei eine Wissenschaft ist, ob diese anspruchsvoll ist, ob sie ethisch hochstehend ist, ob sie berechenbar ist, etc. – über alle diese Punkte lässt sich streiten. Eindeutig ist aber, dass die Rechtswissenschaft notwendig ist. Eine gute Rechtswissenschaft ist essentielle Grundlage sowohl für ein freiheitliches Gemeinwesen als auch für eine florierende Volkswirtschaft.

Die Juristerei lebt vom Diskurs und auch vom Streitgespräch. Die Freude an der Diskussion, an der geistigen Auseinandersetzung mit anderen Meinungen und anderen Menschen ist auch ein guter Anhaltspunkt für Erfolg im Studium. Die Vielfalt der Fragestellungen, mit denen sich Juristen auseinandersetzen, bilden schließlich das

Leben in seiner ganzen Vielfalt ab. Um das zu verstehen, genügt schon der Blick auf die Aufgaben der verschiedenen Gerichte. Das Bundesverfassungsgericht entscheidet die fundamentalen Fragen unserer Gesellschaft. Wann ist Sterbehilfe erlaubt? Was bedeutet Gleichberechtigung am Arbeitsplatz? Ein Zivilrichter am kleinen Amtsgericht hingegen muss entscheiden, wo der Gartenzaun zwischen den Nachbargrundstücken zu stehen kommt und wer das Sorgerecht nach einer Scheidung erhält. Und doch beruhen die Entscheidungen beider auf den gleichen fundamentalen Ideen, einen gerechten Ausgleich zu finden. Es kann auch die Entscheidung des Amtsrichters für die Beteiligten von großer Tragweite sein. Wer solche grundlegenden Gedanken im Großen spannend findet und sie auch im Kleinen nicht vernachlässigen will, ist im Jurastudium richtig. Dann ist Jura auch nicht „trocken", wie es so oft ja behauptet wird. Die Theorie mag manchmal trocken sein. Das Leben hinter den Normen und juristischen Fragestellungen ist es sicher nicht. Und um gleich noch ein für allemal mit einem Vorurteil aufzuräumen: **Juristen lernen keine Gesetzestexte auswendig.** Juristen wenden Gesetzestext an auf Sachverhalte, die das Leben in seiner ganzen Vielfalt ihnen präsentiert.

In den meisten juristischen Berufen werden Sie daher auch viel mit Menschen zu tun haben. In vielen Zusammenhängen wird es sich dabei für die Betroffenen um Extremsituationen handeln; ein Straftäter wird verhaftet, ein Arbeitnehmer verliert seinen Arbeitsplatz, eine Ehe wird geschieden. Wenn Sie bereit sind, sich trotz aller juristischen Sachlichkeit und Nüchternheit auch auf die Menschen einzulassen, werden Sie auch in der Praxis – und nicht nur in der Theorie- ein guter Jurist werden. Vielleicht treibt Sie ja auch bereits der Gedanke an, dass Sie Menschen „zu ihrem Recht verhelfen wollen" – weil Sie sich politisch oder gesellschaftlich engagieren, z.B. in einer Partei, in der Flüchtlingsarbeit oder in einem Verein. Zuletzt: Die deutsche Juristenausbildung ist ein Exportschlager und wenn Sie juristische Universitätsbibliotheken in Griechenland, Italien, Spanien, Irland, Australien usw. besuchen, werden Sie verblüfft feststellen, wieviel der Ausbildungsliteratur von deutschen Rechtswissenschaftlern geschrieben wurde.

4. Aufräumen mit Vorurteilen

Bei dieser Gelegenheit möchten wir außerdem gleich noch mit einigen Vorurteile gegen die Juristerei aufräumen, damit Sie Ihre Entscheidung – Jura ja oder nein – unbefangen treffen können.

- **„Jura ist trocken und spröde“**

Die Jurisprudenz ist für viele der Inbegriff einer sperrigen, manchmal schlicht nicht verständlichen Sprache, womit eine spröde Materie assoziiert wird. Ursache hierfür ist sicherlich die abstrakte und gewöhnungsbedürftige Ausdrucksweise des Gesetzgebers.

Wenn es etwa in § 113 StGB, Widerstand gegen Vollstreckungsbeamte, heißt:
Absatz 1: *Wer einem Amtsträger oder Soldaten der Bundeswehr, der zur Vollstreckung von Gesetzen, Rechtsverordnungen, Urteilen, Gerichtsbeschlüssen oder Verfügungen berufen ist, bei der Vornahme einer solchen Diensthandlung mit Gewalt oder durch Drohung mit Gewalt Widerstand leistet, wird mit Freiheitsstrafe bis zu drei Jahren oder mit Geldstrafe bestraft.*
Absatz 4: *Nimmt der Täter bei Begehung der Tat irrig an, die Diensthandlung sei nicht rechtmäßig, und konnte er den Irrtum vermeiden, so kann das Gericht die Strafe nach seinem Ermessen mildern (§ 49 Absatz 2) oder bei geringer Schuld von einer Bestrafung nach dieser Vorschrift absehen. 2Konnte der Täter den Irrtum nicht vermeiden und war ihm nach den ihm bekannten Umständen auch nicht zuzumuten, sich mit Rechtsbehelfen gegen die vermeintlich rechtswidrige Diensthandlung zu wehren, so ist die Tat nicht nach dieser Vorschrift strafbar; war ihm dies zuzumuten, so kann das Gericht die Strafe nach seinem Ermessen mildern (§ 49 Absatz 2) oder von einer Bestrafung nach dieser Vorschrift absehen.*

Tatsächlich ist Jura nicht trocken und spröde, sondern das Gegenteil; Normen sind nur „Hilfsmittel“, um Begebenheiten des gesellschaftlichen Lebens rechtlich zu bewerten und zu regeln. Die Jurisprudenz ist ungemein nah an der Realität und so bunt und vielseitig wie die Gesellschaft. Als Jurist arbeiten Sie mit Menschen und haben – egal für welchen Beruf Sie sich entscheiden – eine hohe Verantwortung gegenüber anderen, sei es als Anwalt, Richter, Staatsanwalt, Verwaltungsjurist usw. Es gibt nahezu keine Facette des gesellschaftlichen Lebens, der nicht von Juristen beurteilt werden muss und Sie werden verblüfft feststellen, dass mit dem juristischen Sachverstand – unter Einschluss sachverständiger Hilfe – eine Lösung von Streitigkeiten auch auf anfangs fremdem Terrain möglich ist.

■ „Juristen sind autoritätsabhängig oder arrogant"

Manchmal hört man: Juristen seien autoritätshörig, weil sie sich Norm unterwerfen; unmoralisch, weil sie Normen „blind" anwenden; Wortverdreher, weil sie – geschult im Argumentieren – einem das Wort im Munde umdrehen; arrogant, weil sie festlegen, wie ein Streit zwischen mehreren Personen zu klären ist. Nicht zuletzt seien sie Pessimisten , weil sie immer vor Augen haben, was im Einzelfall alles schief gehen kann. Tatsächlich sind ausgebildete Juristen hervorragende Analytiker, die in den unterschiedlichsten Berufen aufgrund ihrer Fähigkeit, Vorgänge zu strukturieren, zu beurteilen und zu bewerten, ungemein geschätzt werden. Der Jurist verändert im Rahmen seiner Ausbildung seine Art zu denken und entwickelt die Fähigkeit und die Technik, Vorgänge schrittweise zu beurteilen:

- Der Jurist weiß, dass eine Beurteilung müßig ist, wenn der zu beurteilende Lebenssachverhalt als Tatsachenbasis nicht feststeht. Verfolgen Sie im Freundeskreis einmal aufgeregte Diskussionen: Es ist auffällig, dass die einzelnen „Streiter" immer wieder neue Facetten der Geschehnisse anführen und so die Grundlage der Diskussion zu verändern suchen. Der Jurist lernt früh, dass jedwede rechtliche Prüfung sinnentleert ist, wenn unklar ist, wie die Geschehnisse sich genau zugetragen haben. Der Jurist arbeitet stets in zwei Schritten: Schritt 1 ist die – emotionslose – Feststellung, wie sich Geschehnisse zugetragen haben; Schritt 2 dann die Bewertung derselben – und hier geht man durchaus leidenschaftlich vor.
- Eine Kernfähigkeit, die sich der Jurist aneignet, ist das Denken in entscheidungserheblichen Schritten. Zunächst wird logisch ein abstrakter Beurteilungsmaßstab hergeleitet, der vorgibt, welche Gesichtspunkte überhaupt berücksichtigungsfähig sind. Erst

dann (!) wird die Lösung entwickelt. Das klingt selbstverständlich, ist aber schwer.

■ Vor Gericht und auf hoher See …

Das häufigste Vorurteil, mit dem Juristen konfrontiert werden, lautet: *Vor Gericht und auf hoher See ist man in Gottes Hand.* Gemeint: Auf hoher See ist man in so großer Gefahr, dass nur Gott helfen kann. Ebenso soll es dem normalen Menschen vor Gericht (und gegenüber Anwälten, Staatsanwälten … – Juristen eben) gehen, weil man angesichts der vielen (rechtlich unbekannten) Fallstricke hilflos sei. Kurz: Juristen wird vorgeworfen, ihre Entscheidungen seien unvorhersehbar und unberechenbar. Dabei wird verkannt, dass der beurteilende Jurist nicht die Gabe hat, in die Vergangenheit zu reisen und festzustellen, wie sich Ereignisse tatsächlich zugetragen haben. Menschen speichern vergangene Vorgänge unterschiedlich, da mit Erinnerungen Wertungen und Einschätzungen verbunden werden. Da dem Juristen von zwei Parteien häufig zwei konträre Sachverhalte unterbreitet werden – wobei nicht die Lüge den gerichtlichen Alltag dominiert, sondern Missverständnisse und unterschiedlich im Gedächtnis gespeicherte Erinnerungen –, muss zunächst geklärt werden, welche Version oder Zwischenversion der rechtlichen Bewertung zu Grunde gelegt wird. Geht nun der Beurteiler von einem anderen Lebenssachverhalt aus, als ihn eine Partei im Gedächtnis zu haben meint, können die Betroffenen das aus ihrer Perspektive oft nicht gut nachvollziehen. Derjenige, der Geschehnisse als Opfer einer Straftat unmittelbar erlebt hat, kann regelmäßig die Notwendigkeit nicht verstehen, den von ihm geschilderten Sachverhalt durch Zeugen, etc. zu überprüfen. Oder: Wer meint, dass er einen Vertrag geschlossen hat und hierfür das entsprechende Entgelt fordert, wird nicht verstehen, wenn das Gericht zum Ergebnis kommt, dass gerade kein Vertrag zustande gekommen ist. Nicht umsonst heißt es im Englischen so treffend: *A lawyer who defends his own case, has a fool for a client.* (Frei übersetzt: Ein Anwalt, der sich selbst vertritt, hat einen Narren als Mandanten.) Gemeint ist: Der Anwalt, der sich selbst vertritt, kann sich nicht frei machen von seinen persönlichen Erinnerungen und wird wie selbstverständlich die eigene Erinnerung und Einschätzung als Grundlage der rechtlichen Bewertung heranziehen. Darin liegt wiederum die eigentliche Stärke des Richters: Sobald der Anwalt über Mandantengespräche und dem engen Sozialkontakt zunehmend vertraut mit seinem Klienten wird, wird es schwieriger, den Sachverhalt distanziert zu betrachten. Eine solche Distanz ist aber erforderlich, damit emotionslos und nüchtern hinterfragt wird, wie sich Geschehnisse tatsächlich zugetragen haben.

5. Ein Wort noch zu Jura als „Verlegenheitslösung"

Ein Wort noch sei erlaubt zu Jura als „Verlegenheitslösung". Nicht wenige entscheiden sich letztlich auch mangels besserer Alternative für das Studium. Da greift dann vielleicht die Überlegung „*Blut kann ich nicht sehen, für Psychologie genügt der Abiturschnitt nicht, Kunstgeschichte ist brotlos, Lehrer mag ich nicht werden, Naturwissenschaften kann ich nicht. Probiere ich es mit Jura.*" Jura bietet schließlich eine Vielfalt beruflicher Möglichkeiten; es wird oft auch von Eltern und Dritten dem Abiturienten empfohlen. Nicht wenige nehmen das Studium auf, um es auszuprobieren, juristische Kenntnisse kann man schließlich „immer brauchen". Anders als vielleicht bei den Naturwissenschaften braucht man auch keine spezifische Begabung für das Fach. Dass Jura nicht die „erste Wahl" war, muss nicht per se ein Nachteil sein. Nicht wenige Juristen haben erst im Studium – oder auch erst im Referendariat, wenn es an das praktische Arbeiten geht- ihre Leidenschaft für die Juristerei entdeckt. Es gibt viele gute „Vollblutjuristen", die durch Zufall zu diesem Fach gekommen sind. Jura muss einem nicht in die Wiege gelegt werden, um es zu mögen. War Jura aber eine Verlegenheitslösung, dann sollte man im besonderen Maße die Möglichkeit des Scheiterns einkalkulieren. Stellt man dann doch fest, dass Jura nicht die ideale Wahl war, dann sollte man sich früh nach Alternativen umsehen; denn es ist eine Gefahr des Jurastudiums, dass erst sehr spät durch Prüfungen etc. ausgesiebt wird und viel wertvolle Zeit vergeht, bis ein Studienabbrecher sich umorientiert (siehe hierzu im Einzelnen auch Teil 3 Kap. 3).

Kapitel 2. Jura studieren – und was kommt danach?

Wer sich für Jura entscheidet, entscheidet sich nicht nur für ein Studium – er entscheidet sich in gewisser Weise auch bereits für ein bestimmtes (Berufs) Leben. Die Aufnahme eines Jurastudiums ist eine zentrale Weichenstellung im Leben, die entsprechend vorbereitet sein will. Sich vor der Aufnahme eines Studiums möglichst umfassend zu informieren, ist hier daher vielleicht hier noch wichtiger als bei anderen Studiengängen, wo auch später noch grundlegende Korrekturen möglich sind.

Sie werden sicherlich später über 35 Jahre lang Ihren Beruf ausüben. Damit der Beruf auch tatsächlich zur Berufung werden kann, muss er zu Ihnen passen. Nur ein Studium auszuwählen und nach dem Prinzip *„der Rest findet sich dann vielleicht irgendwann"* zu verfahren, scheint wenig ratsam. Wir möchten Sie zu anderem ermutigen: Die Berufsoptionen für den Juristen sind ungemein vielfältig. Nutzen Sie so früh wie möglich alle Chancen, in die unterschiedlichen Tätigkeiten hineinzuschnuppern. Was Sie von Praktikern erfahren können, ist ein Bild von der Vielfalt juristischer Praxis.

Tipp:

Mittlerweile gibt es eine Vielzahl von Karrieremessen und Veranstaltungen rund um die juristischen Berufe z.B. die Veranstaltung *juracon*. Ein Besuch lohnt sich zum Sammeln von Informationen und dem Knüpfen von Kontakten z.B. für Praktika, etc.

Auch ein Besuch des Deutschen Juristentags kann interessante Impulse geben. Diese traditionsreiche, alle zwei Jahre stattfindende Veranstaltung ist eine für alle Juristen offene Tagung, bei der aktuelle, rechtspolitisch bedeutsame Fragen diskutiert werden.

Tipp:

Informationen erhalten Sie bei: Deutscher Juristentag: www.djt.de

Schließlich gilt: wer das Ziel kennt, tut sich leichter, auch einmal Durststrecken im Studium durchzustehen. Das Brennen für ein Ziel motiviert und ist regelmäßig ein Garant für einen erfolgreichen Abschluss. Wer Arbeitsrichter werden möchte, wird mit diesem konkreten Ziel vor Augen mit einer völlig anderen Motivation studieren! Auch wird der Studieninhalt viel greifbarer, wenn man um die praktische Dimension z.B. eines Gesetzestextes weiß. Baurecht lässt sich zwar auch abstrakt lernen, aber wer beim Landratsamt in einem Praktikum die Erstellung eines Bebauungsplans begleitet hat, kann Baurecht eben im wahrsten Sinne des Wortes auch wirklich begreifen. In der Juristerei lebt – wie in kaum einem anderen Studiengang – die Geisteswissenschaft von der Praxis und die Praxis ist abhängig von der Geisteswissenschaft.

Das Studium der Juristerei bietet vielfältige Möglichkeiten zum Erwerb von Zusatzqualifikationen, die Eintrittskarte auch für das spätere Berufsleben sein kann. Natürlich soll das Studium nicht ausschließlich unter dem Blickwinkel der späteren Beschäftigung betrachtet werden; Sie dürfen und sollen natürlich das Studium auch als Chance verstehen, eigene Fähigkeiten zu entdecken und Interessen zu finden. Aber: Warum nicht gleichzeitig über den „Tellerrand blicken" und frühzeitig Weichenstellungen als solche erkennen?

Auf der anderen Seite gilt: Auch wenn von einem Studienfach an sich eine Faszination ausgeht, sollte man hinterfragen, ob sich diese Faszination im späteren Berufsleben fortsetzt. Nicht selten nähren die erheblichen Unterschiede von Theorie und Praxis die Gefahr späterer Unzufriedenheiten, wie manchmal beim Lehramtstudium, bei den Naturwissenschaften und leider in erheblichem Umfang auch bei der Juristerei als Geisteswissenschaft feststellbar. In der Praxis verliert naturgemäß der wissenschaftliche Aspekt an Bedeutung. Hier steht meist eher der Umgang mit Menschen und die hierfür erforderlichen kommunikativen Fähigkeiten im Vordergrund. Die

Gabe, andere zu überzeugen, ein schnelles Erfassen von ungewöhnlichen und unbekannten Sachverhalten, Personalverantwortung oder Teamfähigkeit sind für ein erfolgreiches Berufsleben genauso wichtig wie die wissenschaftliche Begabung. Wer nicht gerne mit Menschen und vor einem Publikum agiert, wird es als Jurist im Beruf ausgesprochen schwer haben!

Irritierenderweise scheinen die späteren Berufsoptionen bei der Wahl des Studienganges bei vielen eine untergeordnete Rolle zu spielen. Selbst Referendare, die kurz vor dem Berufseinstieg stehen, sind häufig die Zugangsvoraussetzungen, der konkrete Arbeitsalltag, die Anforderungen oder auch die Verdienstoptionen unbekannt. Dabei sind die Arbeitsaussichten für Juristen günstig, die Berufsfelder – ähnlich wie für Betriebswirte – ungewöhnlich breit. Im Folgenden möchten wir daher wenigstens einen kurzen Einblick in die klassischen juristischen Berufe geben.

1. Richterin/ Richter

a. Tätigkeit

Der Richterberuf ist „der" klassische Juristenberuf, an dem sich – und das ist auch für Studenten mit anderen Berufswünschen wichtig – die Ausbildungsvorgaben und Prüfungsanforderungen im Studienfach Jura nach wie vor orientieren. Das Grundgesetz vertraut in Artikel 92 die rechtsprechende Gewalt den Richtern an; Richter üben in Unabhängigkeit die rechtsprechende Gewalt aus. Alle Richter sind bei ihrer rechtsprechenden Tätigkeit daher nur dem Gesetz unterworfen und an Weisungen nicht gebunden. Mit der Unabhängigkeit kommt auch ein hohes Maß an Eigenverantwortlichkeit.

Auch wenn die Analyse von Rechtsfragen zum Kerngeschäft des Richters rechnet, ist – das ist für viele Anfänger eine verblüffende Erkenntnis – Schwerpunkt der Tätigkeit auch und zunächst die Klärung, wie sich der zu entscheidende Fall in tatsächlicher Hinsicht zugetragen hat. Erst wenn der Sachverhalt geklärt ist, kann die rechtliche Bewertung erfolgen. Streit entsteht häufiger, weil Beteiligte Geschehnisse unterschiedlich deuten oder vergangene Ereignisse ungleich im Gedächtnis speichern. Diese Aufklärung erfolgt regelmäßig in mündlicher Verhandlung durch eine Beweiserhebung, d.h. der Befragung von Zeugen, der Anhörung von Sachverständigen oder dem Sichten von Urkunde. Die ausgesprochen anspruchsvolle richterliche Aufgabe ist dann die Klärung der vergangenen Geschehnisse. Hierzu gehört die Frage, wem man warum Glauben schenken darf.

Der Richter sucht dann den Ausgleich für den Einzelfall. Er wird meist zunächst versuchen, den Streit der Parteien zu schlichten; einigen sich die Parteien selbst, können sie vor dem Gericht einen Vergleich schließen, dessen Inhalt sie unter Leitung des Richters selbst bestimmen. Wo keine solche Einigung der Parteien möglich ist, muss der Richter entscheiden, also ein Urteil sprechen. Die Aufgabe der neutralen Streitentscheidung prägt auch die Mentalität der Richterinnen und Richter. Das „Pathos der Nüchternheit" wird man bei ihnen ausgeprägt finden. Viele sind in ihrer Lebensführung eher sesshaft und bleiben bei dem Gericht, an dem sie einmal angefangen haben. Der Zwang zur Entscheidung kann mitunter allerdings ausgesprochen belastend sein, vor allem, wenn das geltende Recht es nicht zulässt, in einem harten Einzelfall anders zu entscheiden.

Zum Hintergrund: die Gerichtsbarkeiten in Deutschland

In Deutschland gibt es 5 Gerichtsbarkeiten:

- die ordentliche Gerichtsbarkeit zu der
  - die Zivilgerichtsbarkeit und
  - die Strafgerichtsbarkeit zählt
- die Arbeitsgerichtsbarkeit
- die Sozialgerichtsbarkeit
- die Verwaltungsgerichtsbarkeit
- die Finanzgerichtsbarkeit

Die ordentliche Gerichtsbarkeit, also Zivil- und die Strafgerichtsbarkeit, sind wohl die Bereiche, die der Laie vermutlich sofort vor Augen hat, wenn er vom Richterberuf spricht. Daneben gibt es aber weitere Gerichtsbarkeiten. In jeder der Gerichtsbarkeiten gibt es einen obersten Gerichtshof des Bundes (Bundesgerichtshof, Bundesarbeitsgericht, Bundessozialgericht, Bundesverwaltungsgericht, Bundesfinanzhof) als die jeweils höchste Instanz. Daneben gibt es viele weitere Gerichte auf Landesebene. In den meisten Bundesländern stellt das jeweilige Landesministerium der Justiz die Nachwuchsjuristen für die Zivil- und Strafgerichtsbarkeit ein. Die Einstellung von Nachwuchskräften für die Verwaltungsgerichtsbarkeit obliegt in den meisten Bundesländern hingegen dem Innenministerium, für die Arbeits- und Sozialgerichtsbarkeit dem Arbeits- und Sozialministerium und für Finanzgerichtsbarkeit dem Finanzministerium als zuständigem Fachministerium; man muss sich also immer für das jeweilige Bundesland schlau machen.

In der Regel wird ein Richter lebenslang innerhalb einer bestimmten Gerichtsbarkeit, z.B. der ordentlichen Gerichtsbarkeit bleiben. Das Arbeitsfeld für den Richter ist aber auch innerhalb der jeweiligen Gerichtsbarkeit schon weit genug für ein ganzes Berufsleben. In gewissem Rahmen kann sich auch ein Richter eine Spezialisierung suchen z.B. im Familienrecht, Insolvenzrecht oder Patent- oder Urheberrecht. Außerdem unterscheidet sich die Tätigkeit stark je nachdem, an welchem Gericht ein Richter tätig ist. Amtsgerichte etwa entscheiden in Zivilsachen z.B. grundsätzlich Streitigkeiten mit einem Streitwert unter Euro 5.000,–. Außerdem sind hier die Familien- und Betreuungsgerichte angesiedelt. Amtsgerichte gibt es in vielen kleineren Städten. Der klassische Arbeitsalltag eines Richters besteht hier überwiegend im Studium der zu entscheidenden Akten (Sammlung des Prozessstoffs, Vorbereitung der mündlichen Verhandlung), der Verhandlung (in der Regel zwei Sitzungstage pro Woche) und dem schriftlichen Abfassen der Entscheidungen. Je nach Größe des Dezernats können durchaus 1000 Fälle im Jahr anfallen, d.h. ein hohes Maß an Organisationsgeschick, ein gutes Zeitmanagement und Entscheidungsfreude gehören zum unerlässlichen Anforderungsprofil für diese Tätigkeit. Als besondere Herausforderung empfinden junge Kollegen hierbei, dass Parteien sich nicht von Anwälten vertreten lassen müssen (sogenannte Naturalparteien) und Verhandlungen damit weniger juristisch geführt werden müssen. Der Richter am Amtsgericht ist daher oft nicht so sehr als Jurist gefordert, sondern in der Rolle als Schlichter. Freude am Umgang mit Menschen ist eine Grundvoraussetzung dafür, sich als Richter am Amtsgericht wohlzufühlen.

Bei den **Landgerichten** ist man Mitglied einer Kammer. In den Kammern der Landgerichte oder in den Senaten der Oberlandesgerichte arbeiten Juristen wesentlich juristischer; die Parteien müssen sich hier von Rechtsanwälten vertreten lassen. Im Zivilrecht bearbeitet man alle Fälle, für die nicht das Amtsgericht zuständig ist, überwiegend als Einzelrichter, in gesetzlich bestimmten Fällen zu Dritt als Zivilkammer. Da die Streitwerte höher sind, durchaus auch über sechs- oder siebenstellige Beträge zu entscheiden ist, sind die Akten regelmäßig dicker und die Fallzahlen geringer als bei den Amtsgerichten. Ein Jahrespensum eines Landrichters kann rund 600 Fälle betragen. Der Arbeitsalltag des Landrichters ist grundsätzlich vergleichbar mit dem des Amtsrichters. Unterschiede ergeben sich aus dem Umstand, dass man einer Kammer angehört. Die Fälle, die zur Zuständigkeit der Kammer gehören, werden einem Richter als Sachbearbeiter zugewiesen (dem. sog. Berichterstatter). Dieser bereitet die Sache vor, präsentiert in der Kammerbesprechung den beiden weiteren Kollegen den Verhandlungsstoff und gibt ein Votum ab, d.h. einen Entscheidungsvorschlag. Genau die sich hieran anschließende fachliche Diskussion über die richtige Lösung wird von vielen Richtern als sehr bereichernd empfunden; leider hat der Gesetzgeber aus Gründen der Personaleinsparung im Zivilrecht die Zuständigkeiten der Kammern immer weiter zurückgefahren, sodass auch beim Landgericht der Richter überwiegend als „Einzelkämpfer" tätig ist.

Im Strafrecht beschäftigt sich der Richter z.B. mit dem Jugendstrafrecht, den Kapitaldelikten oder aber dem Wirtschaftsstrafrecht. Hier gilt, dass der Richter am Amtsgericht es entweder als Strafrichter oder als Teil eines Schöffengerichts mit Delikten der kleinen oder mittleren Kriminalität zu tun hat. Im Strafrecht bearbeitet man als Strafrichter Vergehen mit einer Straferwartung von bis zu zwei Jahren oder als Vorsitzender des Schöffengerichts auch Vergehen oder Verbrechen bei einer Straferwartung von bis zu vier Jahren. Bei den Landgerichten ist man überwiegend in der Kammer tätig, da Urteile allein vom Kollegium gefällt werden. Eine große Strafkammer ist in erster Instanz etwa besetzt mit einem Vorsitzenden, ein oder zwei Beisitzern und zwei Schöffen, also Laienrichtern.

Richter an Arbeitsgerichten entscheiden nicht nur über Problemstellungen des individuellen Arbeitsvertrags wie z.B. Kündigungen, sondern auch im Rahmen des kollektiven Arbeitsrechts z.B. über Mitbestimmungsrecht des Betriebsrates oder die Zulässigkeit eines Streiks. Die Sozialgerichte befassen sich mit Streit z.B. aus dem Bereich der Renten-, Kranken- und Unfallversicherungen. Verwaltungsgerichte müssen die Vielfalt von Problemen aus dem öffentlichen Recht bewältigen, z.B. Fälle aus dem Asylrecht, dem öffentlichen Baurecht oder dem Beamtenrecht. Ein Finanzrichter hingegen entscheidet hauptsächlich über Streitigkeiten aus dem Bereich des Steuerrechts. Auch in all diesen Gerichtszweigen gilt, dass die Komplexität der juristischen Fragen zunimmt, je weitere es im Instanzenzug nach oben geht.

b. Verdienst- und Karrieremöglichkeiten

Die Bezahlung der Richter richtet sich nach der sog R-Besoldung der Länder; Beispiele hierfür finden Sie im Anhang. Die Karrierechancen eines Richters sind limitiert und nicht zu vergleichen mit anderen Laufbahnen im öffentlichen Dienst. Man muss sich vergegenwärtigen, dass bei einem mittleren Landgericht mit all den zugeordneten Amtsgerichten regelmäßig nur vier Gehaltsstufen existieren: Die Richter der Eingangsbesoldung (= R1), die weiteren aufsichtsführenden Richter bei den Amtsgerichten oder die Vorsitzenden Richter der Landgerichte (= R2), die Direktoren oder Vizepräsidenten (je nach Größe bis zu R3) und der Präsident des Landgerichts (= R4). Diese geringe Zahl an Beförderungsstellen ist der Unabhängigkeit des Richteramts geschuldet, d.h. man soll frei bei seinen Entscheidungen sein, unabhängig vom eigenen Fortkommen. Dieses „Manko" wird monetär ausgeglichen, da die Richterbesoldung mit zunehmendem Dienstalter automatisch steigt. Ein Aufstieg ist damit wirtschaftlich weniger bedeutsam ist als z.B. ein Aufstieg im Polizeidienst. Und wie schaut es mit dem Verdienst aus? Ein Bonmot sagt, dass man *als Richter selten reich, aber niemals arm wird.* Natürlich, der Kommilitone mit der gleichen Examensnote, der Partner in der Großkanzlei geworden ist, verdient wesentlich mehr und arbeitet oft stundenmäßig gar nicht soviel mehr. Aber man darf und muss den Verdienst auch in Relation setzen zur Lebenszufriedenheit – und da liegen die unabhängigen Richter, die frei sind vom wirtschaftlichen Druck und ihren Arbeitsalltag selbst bestimmen können, in Umfragen regelmäßig vorn. Der richterliche Status hat einen besonderen Reiz: Die richterliche Unabhängigkeit ist verfassungsrechtlich garantiert. Der Richter ist in seiner Entscheidung nur Recht und Gesetz verpflichtet, nicht den Vorgaben eines Vorgesetzten.

Richterliche Unabhängigkeit beinhaltet auch, dass ein Richter nicht gegen seinen Willen versetzt, umgesetzt oder entlassen werden kann. Feste Dienstzeiten gibt es nicht – was allerdings nicht zu dem Fehlschluss verleiten darf, dass Richter wenig zu tun hätten. Tatsächlich bringt ein Richteramt oft eine hohe Arbeitsbelastung mit sich – aber auch eine hohe Zufriedenheit mit der anspruchsvollen Aufgabe. Ein Wechsel in den Richterdienst eines anderen Bundeslandes ist kompliziert, andererseits ist man innerhalb des Bundeslandes örtlich flexibel. Man kann recht unproblematisch das Gericht wechseln; ein Amts- oder Landgericht ist fast immer in der Nähe!

c. Zugang

Ordentliche Gerichtsbarkeit

Der Zugang zum Richterberuf ist von Bundesland zu Bundesland verschieden geregelt. In einigen Bundesländern gibt es sogenannten Gerichtsministerien (z.B. Nordrhein-Westfalen), in anderen Ländern bewirbt man sich bei dem für die jeweilige Gerichtsbarkeit zuständigen Ministerium (z.B. in Bayern das Justizministerium für die ordentliche Gerichtsbarkeit oder das Innenministerium für die Verwaltungsgerichtsbarkeit). Der Unterschied ist gravierend, da ein Tätigkeitswechsel regelmäßig nur innerhalb des jeweiligen Ministeriums möglich ist. Arbeitet man beispielsweise als Verwaltungsrichter in Nordrhein-Westfalen, kann man durchaus in die ordentliche Gerichtsbarkeit wechseln, d.h. ein Wechsel in alle Bereiche der Rechtsprechung ist möglich. Anders in Bayern: Wird man in Bayern zum Richter der ordentlichen Gerichtsbarkeit berufen, ist ein Tätigkeitswechsel nur hierin möglich, d.h. vom Straf- zum Zivilrecht, vom

Amtsrichter zum Landrichter oder ein Laufbahnwechsel zur Staatsanwaltschaft.

Vor dem Zugang zum Richterberuf liegt eine, in der Regel hohe, Hürde: Als „Eintrittskarte“ benötigen Sie jedenfalls ein überdurchschnittliches Examen. Dabei unterscheidet sich die Note allerdings danach, für welche Gerichtsbarkeit Sie sich interessieren und in welchem Bundesland Sie tätig werden wollen. Die sogenannte **Staatsnote** bezeichnet die Note des Kandidaten des letzten Einstellungsdurchgangs, der gerade noch berücksichtigt wurde. Die Staatsnote schwankt je nach Personalbedarf und ist damit von der Haushaltslage und der Personaldecke abhängig. Die zuständigen Ministerien legen regelmäßig die sogenannte Bewerbungsgrenznote fest, d.h. die Note, ab der eine Bewerbung überhaupt angenommen wird und erforderlich ist in der Regel ein gutes „befriedigend“, eine Note, die in etwa nur 20 % der Kandidaten erreichen. Realistisch werden hierbei nur wenige Zusatzqualifikationen berücksichtigt, z.B. eine abgeschlossene Banklehre oder eine dreijährige Berufserfahrung als Anwalt. Diese werden dann der Bewerbungsnote durchaus mit etwa einem halben Punkt gutgeschrieben.

In den letzten Jahren waren überdurchschnittlich viele Frauen unter den Berufsanfängern. Das mag nicht zuletzt auch daran liegen, dass die Vereinbarkeit von Familie und Beruf im Richterberuf gut gelingen kann. Ein Wechsel in eine Teilzeitstelle ist problemlos möglich, wobei man nicht befürchten muss, jetzt nur noch die „uninteressanten Projekte“ zugeteilt zu bekommen – ein halbes Referat bedeutet in aller Regel nämlich schlicht die Hälfte der Fälle. Diese sind genauso spannend oder auch einmal weniger spannend wie die der Kollegen in den Vollzeitstellen.

Ein klassischer Tag im Leben eines Richters an einem Zivilgericht:
Wie jeden Morgen finde ich in meinem Büro einen Aktenstapel vor, dieses Mal sind es 12 Verfahrensakten. Meine Geschäftsstelle hat die Tagespost durchgearbeitet, die eingegangen Schreiben und Schriftsätze den jeweiligen Verfahren zugeordnet und mir diese vorgelegt. Auf dem Flur habe ich beim Hereinkommen schon von Weitem die Kollegen, die heute eine Gerichtsverhandlung (als „Sitzung“ bezeichnet) leiten, an ihren Krägen erkannt. In der Sitzung tragen wir Richter unter der schwarzen Samtrobe ein weißes Hemd mit weißer Krawatte

bzw. eine weiße Bluse. Die Anwälte tragen hingegen eine schwarze Robe aus Seide. Heute findet im Haus auch ein größeres strafrechtliches Verfahren mit Medieninteresse statt, es haben sich zahlreiche Kamerateams vor dem Schwurgerichtssaal eingefunden. Ich beginne mit den ersten Akten: Im ersten Verfahren ist ein Beteiligter– bereits zum wiederholten Mal – an dem von mir festgelegten Verhandlungstermin verhindert und ich muss in der EDV die Umladung vornehmen. Der nächste freie Termin ist erst in sechs Monaten, der Terminplan ist, wie immer, voll und gedrängt. Danach sind zwei neue Verfahren zu bearbeiten, bei denen ich zunächst prüfe, ob ich tatsächlich zuständig bin. Ich überfliege erst einmal die Klage – präzise durcharbeiten werde ich sie erst, wenn der Gegner hierzu erwidert hat. Dann gehe ich durch das vorgefertigte Verfügungsmuster (Verfügungen heißen im Gericht die zu treffenden kleinen Nebenentscheidungen und Arbeitsanweisungen) und entscheide mich für ein „schriftliches Vorverfahren". Die Parteien sollen sich erst einmal schriftlich äußern. Die Akte wandert in den Auslauf. In einem anderen Verfahren wünscht ein Sachverständiger das Einverständnis mit einer Gebührenerhöhung, hierzu sind aber die Parteien zunächst zu hören. Die nächste Akte ist ein Rücklauf vom Oberlandesgericht, mal schauen, ob ich aufgehoben wurde. Erleichtert und stolz überfliege ich die Akte, die Berufung wurde wegen offensichtlicher Erfolglosigkeit per Beschluss zurückgewiesen. Auch diese Akte wandert in den Auslauf. Ähnlich zügig kann ich die folgenden vier Akten erledigen: eine Streitverkündung, bei der allein eine Zustellung anzuordnen ist; ein Kläger hat seinen Anwalt gewechselt, was mich nicht wundert; die Staatsanwaltschaft fordert eine Akte an...Die verbleibenden Akten sind zeitaufwändiger. Hier ist jeweils bereits eine Klageerwiderung eingegangen. Das muss genauer durchgearbeitet werden, um festzustellen, ob Hinweisen an die Parteien erforderlich sind oder ob gleich terminiert werden kann.

Die Mittagspause verbringe ich mit Kollegen. Solche gemeinsamen Richterrunden sind mir wichtig, der Austausch mit den Kollegen hilfreich. Ich empfinde es immer wieder als Privileg, Kollegen zu haben, die sofort bereit sind, sich mit mir in komplexe Fragestellungen hineinzudenken und nach Lösungen zu suchen. Anders als in einer Kanzlei gibt es bei uns keine Konkurrenz um Fälle oder Mandate; interessante Rechtsfragen diskutieren wir gemeinsam, Erfahrungen aus den Gerichtsverhandlungen geben wir weiter. Nach der Pause gilt es, die weiteren Verfahren für morgen vorzubereiten. Zunächst ist da ein Auffahrunfall an einer Ampel, eigentlich kein problematischer Fall. Trotzdem hat der Beklagte alles bestritten, was nur bestritten werden kann... Ist der Kläger tatsächlich Eigentümer seines Fahrzeugs, hat dieser während der Reparaturzeit tatsächlich ein Ersatzfahrzeug gemietet, war der Schaden tatsächlich so hoch wie behauptet, hat der Kläger tatsächlich hierdurch ein HWS Syndrom erlitten und, und, und. Ich arbeite den Streitstand heraus, bereite die Fragen für die Zeugen und den Sachverständi-

genvernehmung vor. Parallel überlege ich mir, auch wenn ich wenige Hoffnung auf einen Vergleich habe, wie das Verfahren gütlich ausgehen könnte. Den Rest des Nachmittags nutze ich dann, ein Urteil zu entwerfen, das ich in den nächsten Tagen fertigstellen und ausformulieren muss, bevor ich es nächste Woche verkünden kann. Als letzte Tat für heute kontrolliere ich dann noch meine Sitzungsmappe (meine Formulare, z.B. ein Musterprotokoll, Formulierungen für Vergleiche, Ordnungsmittelbeschlüsse), den Akkustand meines Diktiergeräts und lege mir Taschenrechner und Gesetz für die morgige Sitzung bereit. Auf das Gespräch mit den Parteien im Gerichtssaal und die Diskussion mit den Anwälten freue ich mich jedes Mal; dass ich eben keinen reinen Bürojob habe, macht für mich den besonderen Reiz meines Berufes aus.

2. Rechtsanwältin/ Rechtsanwalt

Das Berufsbild „des Rechtsanwaltes" gibt es heute als solchen eigentlich nicht mehr. Die Arbeit in einer internationalen Großkanzlei unterscheidet sich enorm von dem Wirken eines Einzelkämpfers in einer „Feld, Wald- und Wiesenkanzlei"; zwischen diesen beiden Polen gibt es dann noch etliche Zwischenformen. Zum 1. Januar 2020 waren bei der Bundesrechtsanwaltskammer in Deutschland rund 165.000 zugelassene Rechtsanwälte registriert. Damit hat sich die Anzahl der Rechtsanwälte seit dem Jahr 1990 etwa verdreifacht. Der Anteil der Rechtsanwältinnen betrug 2019 rund 35 Prozent.[3]

a. In einer Großkanzlei

In den weltweit vernetzten Großkanzleien, den sog. „law firms", agieren hoch spezialisierte Rechtsanwälte in einem oft sehr kompetitiven Umfeld. Die Arbeitssprache ist hier teilweise Englisch. Die Auftraggeber sind Großunternehmen, Banken, Versicherungen. Großkanzleien bieten ihren Mandanten ein breites Spektrum an Leistungen an und kooperieren häufig mit Wirtschaftsprüfungs- und Steuerberatungsgesellschaften. Viele der Anwälte sind ausschließlich beratend tätig und treten nur selten oder gar nicht bei Gericht auf. Als junger Kollege hat man kaum Mandantenkontakt, viel Zeit verbringt man allein an seinem Schreibtisch. Die Mandate sind oft hochkomplex, nicht selten stehen enorme Summen auf dem Spiel, die Taktzahl und der Druck sind hoch.

Die Gehälter, die man zahlt, sind es ebenfalls; so verdienten z.B. im Jahr 2019 die Associates in den top Großkanzleien bereits im ersten Jahr ein Jahresgehalt von mehr als 100.000,–, in der Spitze lagen die Gehälter bei Euro 145.000,–.

Tipp:

Interessante und stets sehr aktuelle Übersichten zu den Verdienstmöglichkeiten von Juristen finden sich auf https://www.azur-online.de/gehalt/

Diese Spitzengehälter kompensieren allerdings eine immense Arbeitsbelastung von über 60 h die Woche und den hohen Zeitdruck. Auch muss man wissen: Von jenen, die als „Associates" starten, werden nur die wenigsten am Ende des Tages auch wirklich Partner dieser Großkanzleien. Viele bleiben auch „auf der Strecke". In vielen Kanzleien gilt noch das Prinzip, dass wer nicht Partner werden kann oder will, die Kanzlei wieder zu verlassen hat („up or out"). So müssen sich viele, die es nicht an die Spitze schaffen, dann in Lebensphasen neu orientieren, wo das nicht mehr so einfach ist wie noch kurz nach Studium und Referendariat.

Umgekehrt treten aber auch gar nicht alle Associates mit der Intention an, es bis zum Partner zu bringen; nicht wenige junge Juristen wollen schlicht zunächst einige Jahre Erfahrung in den Großkanzleien sammeln, bevor sie auf Mandantenseite wechseln, z.B. in ein Unternehmen. Nur zögerlich – und vor allem auch um jenen, die Familie und Beruf unter einen Hut bringen wollen, eine Perspektive zu bieten- etablieren sich auch andere Möglichkeiten der Mitarbeit.

Die Anforderungen an Bewerber sind hoch; neben Prädikatsexamina und verhandlungssicherem Englisch werden weitere Qualifikationen verlangt. Neben den guten Examina sind ein Doktortitel oder ein Masterabschluss gerne gesehen (manchmal auch als „*große Kriegsbemalung*" bezeichnet). In den letzten Jahren ist ein Bemühen der Großkanzleien spürbar, Juristinnen für die Kanzlei zu gewinnen. Man wirbt mit der Vereinbarkeit von Familie und Beruf; sieht man auf die Websites der großen Anwaltskanzleien, stellt man indes schnell fest, dass die Spitzenpositionen nach wie vor stark männlich dominiert sind.

b. Als Einzelkämpfer

Am anderen Ende des Bogens sind die Einzelkämpfer zu finden, viele von ihnen sind als „Allrounder“ gefragt. Ihre Bedeutung für das Funktionieren einer Gesellschaft als Ganzes ist indes nicht minder als die der Großkanzleien. Hier finden sich Rechtsanwälte, die vom Grundstückskauf über den Mietstreit, die Scheidung und den Nachbarschaftsstreit bis zum Verkehrsunfall das Leben in seiner ganzen juristischen Vielfalt betreuen. Das – in positiver wie negativer Hinsicht -Herausfordernde an diesem Beruf ist die soziale Komponente. Die Mandantschaft ist bunt gemischt, viele Privatleute, aber auch kleinere Gewerbetreibende kommen mit all ihren juristischen Nöten. Hier geht es darum, sachgerechte Lösungen zu finden, nicht um eine wissenschaftliche Aufarbeitung.

Nicht selten sind diese Anwälte als Einzelkämpfer oder in kleineren Sozietäten mit zwei oder drei Partnern tätig. Die Gehaltsaussichten sind hier weit weniger gut als in den Wirtschaftskanzleien. Viele junge Anwälte im Anstellungsverhältnis haben ein niedriges Anfangsgehalt. Aber nicht wenigen Rechtsanwälten gelingt es auch hier, durch Engagement und soziales Geschick einen guten Mandantenstamm aufzubauen, der ein solides Einkommen ermöglicht.

c. In einer mittelständischen Kanzlei

Als weitere grobe Kategorie kann man die mittelständische Kanzlei anführen. In solchen Kanzleien finden sich Rechtsanwälte zusammen, die sich auf einen bestimmten, besonders nachgefragten Bereich spezialisieren, z.B. das Arbeitsrecht, Strafrecht, Steuer- oder Familienrecht. Vielen gelingt es, sich in einer solchen Nische gut einzurichten. Hier beginnen Absolventen häufig mit einem Jahresgehalt um die Euro 50.000,–; auch hier gilt jedoch, dass das Gehalt immer in Relation zur Arbeitszeit zu sehen ist.

d. Was für alle Rechtsanwälte gilt…

Für alle Rechtsanwälte gilt, dass Beratung und Serviceleistungen für Kunden, außergerichtliches Konfliktmanagement und „Mediation“ in einer immer komplexer werdenden Rechtsordnung an Bedeutung zu nehmen. Auch die internationale Wirtschaftsverflechtung trägt zu diesem Wandel bei. Verhandlungsgeschick und Fingerspitzengefühl sind erforderlich; ebenso Managementqualitäten bei der Organisation der Kanzlei. Mandanten wollen aquiriert, das Personal der Kanzlei geführt werden. Auch die internationale Wirtschaftsverflechtung trägt zu diesem Wandel bei. Der Rechtsberatungsbedarf für eine Firma, die europaweit operiert und jetzt auch ein Standbein in Moskau haben will, stellt erhebliche Anforderungen an Person und Material. Entsprechend wichtig werden Kompetenzen, die im sozialen Bereich liegen, z.B. Verhandlungsgeschick im Vorfeld gerichtlicher Verfahren, die für Großkunden oft viel zu lange dauern und zu kostspielig sind. Die Tätigkeit ist zwar auch juristisch-analytisch geprägt, aber der Verkauf der eigenen Leistung am Markt steht auch deutlich im Vordergrund. Ein Fachanwaltstitel auf einem Spezialgebiet hilft in der Vermarktung gegenüber dem Mandanten.

Tipp:

Stand Mitte 2019 gibt es 24 Fachanwaltschaften, vom Fachanwalt im Agrarrecht über den Fachanwalt im Strafrecht bis zum Fachanwalt im Verwaltungsrecht. Am häufigsten ist der Fachanwalt im Arbeitsrecht, Familien – und Steuerrecht. Der jeweilige Titel wird von der zuständigen Rechtsanwaltskammer vergeben, sofern der Anwalt entsprechende Fachkenntnisse, die er in zusätzlichen Lehrgängen erwerben musste, und besondere praktische Erfahrung auf dem entsprechenden Rechtsgebiet nachweist.

Natürlich muss ein Anwalt sich verkaufen können. Insoweit nützt es nichts, sich etwas vorzumachen. Wer es sich nicht zutraut, ein Leben lang Mandanten zu aquirieren und aktiv auf potenzielle Auftraggeber zuzugehen, sollte nicht den Anwaltsberuf wählen. Eine Anwaltskanzlei ist ein nach wirtschaftlichen Grundsätzen geführter Betrieb, in dem die laufenden Kosten für Personal und den Betrieb Monat für Monat eingespielt werden müssen.

Rechtsanwälte verlangen Gebühren nach dem Rechtsanwaltsvergütungsgesetz (RVG). Diese Gebühren berechnen sich nicht nach der Schwierigkeit des Falles, sondern nach dem Streitwert. Daneben besteht die Möglichkeit einer freien Honorarvereinbarung, auf die sich aber nur zahlungskräftige Mandanten einlassen werden. Auch wenn der Gesetzgeber die seit langem überfällige Erhöhung der Rechtsanwaltsvergütung vorgenommen hat, müssen die laufenden Kosten für Personal und den „eigenen Laden“ mit allem, was so dazugehört, erst einmal Monat für Monat eingespielt werden: Miete, Fachliteratur, in immer zunehmenden Maße die EDV und vor allem das Personal schlagen mit schöner Regelmäßigkeit zu Buche. Daher muss der Rechtsanwalt auch Spezialist im Kostenrecht sein – oder zumindest einen solchen beschäftigen.

Ein klassischer Tag im Leben einer Rechtsanwältin/ eines Rechtsanwaltes:
Um 9.00 Uhr ist die Sitzung vor dem Landgericht terminiert; ich vertrete hier die Käufer einer Immobilie, die sich als mangelhaft erwies. Mein Partner und ich haben uns in unserer Kanzlei auf das Baurecht spezialisiert, das Rechtsgebiet ist vielseitig und die Streitwerte wirtschaftlich interessant. Eine Vierteilstunde vor Verhandlungsbeginn treffe ich mich also mit dem Ehepaar, das mich mandatiert hat, und ihrem Sohn in der Halle des Gerichtsgebäudes und wirke beruhigend auf alle Beteiligten ein. In der Sitzung möchte der Beklagte dem Vergleichsvorschlag des Gerichts nicht folgen, also beginnt die Beweisaufnahme durch Einvernahme eines Sachverständigen, die sich bis Mittag hinzieht. Ein Urteil wird in ein paar Wochen fallen. Zurück in der Kanzlei sichte ich die Tagespost und die Liste der Anrufe, die mir mein Sekretariat vorbereitet hat. Auf der Anruferliste steht auch der Geschäftsführer eines großen Bauunternehmens, der privat einen Verkehrsunfall hatte, eigentlich nicht mein Spezialgebiet – aber ich möchte den alten Mandanten ungern an die Konkurrenz verweisen und gebe den Fall an unseren Referendar für einen Klageentwurf. Geht der Fall vor Gericht, kann ich bei einem Streitwert von Euro 8.500,– nach dem RVG etwa Euro 1.500,– brutto abrechnen, muss aber mehrere Mandantengespräche führen, den Sachverhaltsstoff zusammentragen und rechtlich bewerten, die entsprechenden Schriftsätze, d.h. Klage, Replik, Stellungnahmen erstellen, an den gerichtlichen Verhandlungen teilnehmen, etc. Ein Mehr an Terminen führt dabei nicht zu einem Mehr an Gebühren, ein geschicktes Mandatsmanagement ist daher wirtschaftlich geboten. Mittags gehe ich mit meinem Kanzleipartner zum Mittagessen- wir nutzen die Zeit, das neue Layout unserer Website zu besprechen, das bei der Agentur in Auftrag gegeben werden muss. Glücklicherweise liegen mein Partner und ich in der Ausrichtung und der Präsentation der Kanzlei genau auf einer Wellenlänge; dass wir uns zusammen auch am Markt immer wieder neu positionieren können, macht mir immer wieder Freude. Auch wollen wir eventuell zum Herbst wieder einen jungen Menschen zum Rechtsanwalt- und Notarfachangestellten ausbil-

den. Gutes und freundliches Personal ist das Rückgrat der Kanzlei, aber nicht immer leicht zu finden. Mein Partner berichtet von seinem Buchprojekt; Veröffentlichungen sind ein Baustein unseres Konzepts der Mandantenakquise. Am Nachmittag überarbeite ich die Klage in einem großen Architektenhaftungsverfahren in einem städtischen Bauprojekt; hier muss ich mich auch in zahlreiche technische Details einlesen. Zwischendurch telefoniere ich mit einem privaten Fachgutachter, der den Mandanten in dieser Sache berät. Die Brücke zu schlagen zwischen Jura und technischen Sachverhalten, Diskussionen zu führen mit Statikern, Bauingenieuren, etc. finde ich an meinem Beruf besonders reizvoll. Am frühen Abend verlasse ich die Kanzlei Richtung Stadthalle; der örtliche Rotary-Club hat zu einer Gala eingeladen. Auf solchen Abendveranstaltungen verbindet sich das Private mit dem Beruflichen – ich nutze diese Gelegenheiten immer auch zur Akquise. Mir liegt das – mit anderen Menschen ins Gespräch zu kommen. Deswegen bin ich auch derjenige aus der Kanzlei, der regelmäßig auf die großen Messen der Baubranche geht, um dort Kontakte zu pflegen.

Tipp:

Umfassende Infos zum Beruf des Rechtsanwalts finden Sie auf der Website der Bundesrechtsanwaltskammer unter www.brak.de sowie auf den Seiten der 27 regionalen Anwaltskammern. Statistiken rund um die Rechtsanwaltschaft finden Sie unter https://www.brak.de/fuer-journalisten/zahlen-zur-anwaltschaft/.

3. Verwaltungsjuristin/Verwaltungsjurist

Die Tätigkeiten in der Verwaltung sind im modernen Sozialstaat vielfältig und bunt – und viel spannender, als sich der Laie das vielleicht so vorstellt. Der überwiegende Teil der Verwaltungsaufgaben liegt heute im Bereich der leistenden und planenden Tätigkeiten. Besonders lebendig ist der Aufgabenkreis unmittelbar vor Ort in den Kommunalverwaltungen von Städten und Landkreisen, aber auch noch in den Mittelbehörden der Landesverwaltungen (Regierungspräsidien bzw. Bezirksregierungen). Hier geht es für den Juristen meistens um konkrete Fragen: die Errichtung von Kindergärten, die Neuorganisation der Abfallentsorgung, die Erarbeitung eines neuen Verkehrswegekonzeptes, die Ausweisung von geeigneten Gewerbeflächen, etc. Vor allem bei Genehmigungsverfahren mit komplexen Rechts- und Entscheidungsstrukturen brauchen Verwaltungsleute Verhandlungsgeschick; denn hier steht weniger die Rechtsanwendung im Vordergrund, sondern eher die kluge Nutzung vorhandener rechtlicher Spielräume im Einzelfall, um bestimmte Ziele optimal zu verwirklichen. Das rechtlich Zulässige muss mit dem praktisch Machbaren zusammengebracht werden. Das leidige Thema der – immer knappen – öffentlichen Haushaltsmittel bestimmt dabei die Gestaltungsspielräume vor Ort entscheidend mit.

Ganz anders sieht die Verwaltungstätigkeit in den Ministerien und Oberbehörden aus. Hier geht es meistens um abstraktere Fragen. Ein großer Teil der Tätigkeit von Ministerien besteht in der Aufsicht über andere Behörden und Körperschaften. Ein anderer Schwerpunkt ist die Erarbeitung von Verwaltungsvorschriften, von Rechtsverordnungen und von generellen Weisungen an nachgeordnete Behörden. In den letzten Jahren sind hier die Einflüsse des europäischen Rechts immer mehr spürbar, sodass der Jurist auch über den Tellerrand schauen können muss. Die Hierarchie ist in Ministerien stark ausgeprägt; Vorlagen werden vom Referenten erarbeitet und auf der Leiter über Referatsleiter, Unterabteilungsleiter, Abteilungsleiter und Staatssekretär zum Minister nach oben gegeben. Gemeinsames Grundmerkmal aller Verwaltungstätigkeit ist die mehr oder weniger stark ausgeprägte Nähe zur Politik. Das Spannungsfeld Politik – Verwaltung besteht auf kommunaler Ebene ebenso wie in einem Ministerium.

Die Verdienstmöglichkeiten richtet sich nach der Besoldungsordnung A der Landesbesoldungsgesetze; die Besoldungsgruppe richtet sich nach dem jeweiligen Amt. Die Qualifikationsebene IV (früher: höherer Dienst) steigt mit A 13 ein.

Ein klassischer Tag im Leben einer Abteilungsleiterin/ eines Abteilungsleiters im Landratsamt

Als Geschäftsbereichsleiterin bin ich schon in jungen Jahren Teil der Verwaltungsspitze des Landratsamtes als Staats- und Kreisbehörde. Da der Landkreis mehr als 100.000 Einwohner hat, sind wir immerhin vier Juristen hier im Landratsamt. Aus der Qualifikationsebene IV (früher: höheren Dienst) stammt indes der geringste Teil der Mitarbeiter, die Hauptarbeit stemmen die Kollegen aus den

Qualifikationsebenen II und III (früher: gehobener und mittlerer Dienst). Entsprechend habe ich gleich am Morgen eine Besprechung der in dieser Woche anliegenden Themen mit meinen Mitarbeitern zu leiten. Zu meiner Abteilung gehören das Bauamt, das Sachgebiet Öffentliche Sicherheit und Ordnung, das Sachgebiet Wasserrecht, Naturschutz, Immissionsschutz und Abfallrecht sowie das Kreisjugendamt. Ein Kieswerkbetreiber trägt sich mit dem Gedanken eines größeren Investitionsvorhabens bei uns im Landkreis, welches allerdings den Landkreis in mancher Hinsicht prägen und verändern würde. Die Ansiedlung eines solchen Gewerbebetriebs ist einerseits in finanzieller Hinsicht für die beteiligten Kommunen interessant. Auf der anderen Seite sehe ich – neben der verkehrstechnischen Erschließung des Werksgeländes über das Gebiet mehrerer Gemeinden – auch bei den baurechtlichen Belangen und dem Umweltschutz nicht unerhebliche Probleme auf den Landkreis zukommen. Nach einigen schlimmen Hochwassern in den vergangenen Jahren fühle ich mich gerade bei den Umweltbelangen auch in einer besonderen Verantwortung gegenüber den Bürgern. Ich hole mir daher zunächst die Beteiligten an einen runden Tisch; der Investor beschreibt das Vorhaben und das Investitionsvolumen und präsentiert die Baupläne. Unmittelbar im Anschluss an die Sitzung ruft mich schon die Lokalpresse an, die über das Projekt kritisch berichten möchte.

Wir sind hier am Landratsamt auch Ansprechpartner der Kommunen. Am frühen Nachmittag habe ich einen Termin mit einem Bürgermeister; es geht um das Sicherheitskonzept für ein überregional bekanntes Volksfest in seiner Gemeinde. In den letzten Jahren gab es im Umfeld der Veranstaltung Probleme mit betrunkenen Besuchern, auch unter den Autofahrern; der Festzeltbetreiber nahm es wohl auch mit dem Jugendschutz nicht ganz so ernst. Wenn das Volksfest in der gewohnten Form weiter stattfinden können soll, müssen künftig bestimmte Auflagen erfüllt werden.

Danach muss ich ein nicht ganz einfaches Personalgespräch mit einem längerfristig erkrankten Mitarbeiter führen. Als Führungskraft bin ich neben der Facharbeit auch für Personalentscheidungen verantwortlich; solche Gespräche können herausfordernd sein. Wenn ich hingegen Dinge nach vorne bringen kann – ein Mitarbeiter entscheidet sich, den Laufbahnaufstieg zu versuchen, Mitarbeiter möchten mehr Führungsverantwortung übernehmen- dann freut mich das. Ich erlebe immer wieder unmittelbar, wies sehr die moderne Verwaltung an motivierten Mitarbeitern hängt. Unmittelbar im Anschluss daran habe ich die letzte große Besprechung für den heutigen Tag. Die Kollegen, die den Nahverkehrsplan fortschreiben, haben mich zu ihrer Besprechung hinzugebeten. Einmal mehr kann ich hier Umweltschutz vor Ort mitgestalten; dass ich hier etwas mit bewegen und Akzente setzen kann, erfüllt mich dann auch persönlich.

4. Volljuristin/Volljurist in der freien Wirtschaft

Auch in der freien Wirtschaft sind viele Juristen tätig. Die Aufgaben sind dabei so vielfältig, dass sie hier nur angerissen werden können. Ein paar Anhaltspunkte wollen wir trotzdem geben. Man kann vielleicht folgende Grundtypen von Juristen in der Wirtschaft unterscheiden:

Es gibt zunächst den sehr juristisch arbeitenden Angestellten in der Rechtsabteilung eines Unternehmens, einer Bank oder Versicherung, der so etwas wie den klassischen Fall des „Wirtschaftsjuristen" bildet. Die juristischen Arbeitsfelder sind wirtschaftsnah, oft auch international. Erforderlich sind gute Kenntnisse im Gesellschaftsrecht, Handelsrecht, Vertrags- und Schadensrecht, Wettbewerbsrecht, aber auch Steuerrecht. Zusätzliche spezielle Rechtsgebiete ergeben sich aus dem jeweiligen Wirtschaftsbereich, z.B. in der der Lebensmittelindustrie oder in der Chemie. Zum Teil gehen die Unternehmen verstärkt dazu über, aus Kostengründen ihre Rechtsabteilungen abzubauen und die entsprechenden Funktionen Anwaltskanzleien zu übertragen. Ein weiter wichtiger Bereich ist der des Arbeitsrechtlers in einem Unternehmen. Hier ist der bei dem Unternehmen angestellte Wirtschaftsjurist gleichzeitig so etwas wie der „Hausanwalt", der sein Unternehmen auch regelmäßig vor Gericht vertritt.

Daneben gibt es das Berufsbild des Verbandsjuristen. Seine Tätigkeit ist in erster Linie beratender Art. Bei den örtlichen Industrie- und Handelskammern, bei den Handwerkskammern, bei überregional und bei bundesweit arbeitenden Verbänden hat er die Aufgabe, der Klientel des Verbandes Rechtsbeistand zu leisten.

Schlussendlich gibt es jene, die in ihrer Tätigkeit mit der Juristerei im engeren Sinn kaum mehr etwas zu tun haben; ihre Rolle könnte z.B. auch von Volks- oder Betriebswirten übernommen werden. Besonders Großunternehmen mit einem eigenen, hochentwickelten Aus- und Fortbildungswesen wie Banken und Versicherungen bieten gelegentlich für Juristen ein „training on the job" an. Allerdings übernehmen aktuell eher Volks- und Betriebswirte die leitenden Managementpositionen und verdrängen die Juristen zunehmend aus diesem Bereich. Konkurrenz erwächst den „VolljuristInnen" auch durch Absolventen des Studiengangs „Wirtschaftsrecht" (Diplom Fachhochschule). Wer das Ziel anstrebt, in die Wirtschaft zu gehen, sollte auf den rechtzeitigen Erwerb von besonderen Qualifikationen achten. Fremdsprachenkenntnisse gehören dazu, aber auch wirtschaftsnahe Fachkenntnisse.

Die Verdienst- und Karrierechancen fallen im Schnitt eher besser als im öffentlichen Dienst aus; sie hängen aber natürlich maßgeblich ab von der Branche und der Größe des Unternehmens. Die Möglichkeit, Teilzeit zu arbeiten, ist in den letzten Jahren sichtbar gestiegen; ebenso der Anteil von Juristinnen in Führungspositionen, auch wenn sie mit den Männern noch nicht gleichgezogen haben.

Ein klassischer Tag im Leben einer Wirtschaftsjuristin/ eines Wirtschaftsjuristen:
Als ich mein Büro um 8.00 Uhr betrete, bin ich der erste am Arbeitsplatz. Mein Unternehmen arbeitet viel mit Auftraggebern in den USA zusammen – unsere Uhren laufen daher eher nach der New Yorker Zeit als nach der deutschen. Wir sind als Firma schnell gewachsen – aus einem winzigen Start Up ist ein kleines Unternehmen geworden. Eine richtiggehende Rechtsabteilung haben wir noch nicht, vielmehr fungieren ein Kollege und ich hier als interner Dienstleister für alle rechtlichen Themen und viele steuerliche Fragen.
Auf meinem Schreibtisch finde ich eine Abmahnung vor; ein Mitbewerber hat uns wegen der Gestaltung unseres Internetauftritts abgemahnt. Das Wettbewerbsrecht ist mein ursprüngliches Spezialgebiet, mit dem Thema werde ich mich daher selbst beschäftigen. Ganz anders sieht es mit dem anderen Vorgang auf meinem Schreibtisch aus; ein ehemaliger Mitarbeiter hat Kündigungsschutzklage eingelegt. Die Sache werde ich an einen externen Rechtsanwalt auslagern müssen, aber mit ihm die weitere Vorgehensweise eigenständig abklären. Bei der Auswahl und Beauftragung externer Rechtsanwälte habe ich Spielraum, muss aber immer auch das Budget im Auge behalten. Sodann kann ich mich dem widmen, was ich mir eigentlich für heute vorgenommen hatte- der Überarbeitung unserer Allgemeinen Geschäftsbedingungen. Mit meinem Kollegen gehe ich für einen kurzen Lunch auf unsere Terrasse. Er begleitet aus juristischer Perspektive die anstehende Umstrukturierung unseres Betriebes, die über die europäischen Ländergrenzen hinausgehen wird. Er steht hierfür in ständigem Kontakt mit unseren Steuerberatern, denn unangenehme Überraschungen bei den steuerlichen Betriebsprüfungen gilt es auf jeden Fall zu vermeiden.
Am Nachmittag begleite ich unseren Vorstand in Vertragsverhandlungen. Meine Aufgabe ist, da wir am Anfang der Vertragsgespräche mit einem IT- Dienstleister

stehen, eher eine passive; jetzt haben erst einmal die Kaufleute das Sagen. Später und in einem nächsten Schritt wird es meine Aufgabe sein, das Verhandlungsergebnis in einen Vertragstext zu gießen. Wegen der globalen Bezüge unseres Geschäftes ist das kein leichtes Unterfangen. Ich muss hier andere Rechtsordnungen im Blick halten und juristisch wasserfeste Ergebnisse liefern; da darf ich mir dann schon einmal den gutmütigen Spott der Kollegen anhören, ich sei doch „hauptberuflich Bedenkenträger". Zurück an meinem Schreibtisch wartet eine lange Telefonliste auf mich. Eine Reihe von Kunden in den USA sind nun wach und haben Rückfragen; so führe ich bis in die Abendstunden eine ganze Reihe von Telefonaten in englischer Sprache – die besprochenen Themen reichen von Lizenzfragen bis hin zum Datenschutz.

5. Wissenschaft

Die kleine Berufsgruppe der Professoren sei hier immerhin noch erwähnt, denn mit ihr haben Sie es in den Jahren Ihres Studiums an der Universität vor allem zu tun. *Wilhelm von Humboldts* Grundbeschreibung von „Einsamkeit und Freiheit" als Grundbedingung für akademisches Arbeiten hat gerade bei Juristen noch immer ihre Gültigkeit. Bei allen Wandlungen im nationalen und internationalen Diskurs wird wissenschaftliche Produktion vor allem in Einzelarbeit erbracht. Dies steht übrigens ganz im Gegensatz zu anderen Wissenschaftszweigen, wo hervorragende Ergebnisse zum Teil überhaupt nur noch im Teamwork denkbar sind. Der Weg zum Professor geht über die Promotion und trotz gesetzlicher Änderungen bei den Juristen zurzeit idR immer noch über die anschließende Habilitation. Ein Habilitationsverfahren dauert in den seltensten Fällen unter drei Jahren, oft deutlich länger. Dann folgt eine Zeit als Privatdozent, in der man vor allem aus dem Koffer lebt und so genannte Lehrstuhlvertretungen übernimmt, um Profil zu gewinnen und Erfahrungen zu sammeln. Ist man dann glücklich auf eine Universitätsprofessur berufen worden, ist die Stellung als Professor wohl einzigartig in der Gesellschaft: Es gibt kaum einen freieren Beruf als den des Hochschullehrenden. Der Freiheit in Forschung und Lehre, übrigens auch in der eigenen Gestaltung des Alltags, steht allerdings ein beachtlicher Leistungs- und Profilierungsdruck gegenüber, der auch später im Berufsleben nicht aufhören wird. Die Arbeitszeit liegt im Schnitt gerade bei den Juristen außerordentlich hoch. Hinzu kommt der immer größer werdende Aufwand für Prüfungen, Verwaltungsarbeiten und Organisationsaufgaben im Bereich der universitären Selbstverwaltung.

Die sog. W-Besoldung regelt das Gehalt von verbeamteten Professoren; neben dem Grundgehalt gibt es auf jeder Besoldungsstufe zusätzliche Leistungsbezüge. Man unterscheidet drei Besoldungsstufen: W1 gilt für die Juniorprofessoren, die Stufen W2 und W3 für alle anderen Professoren mit Beamtenstatus. Die Grundgehälter für W2- und W3-Professoren sind je nach Bundesland sehr unterschiedlich. Viele Professoren verfügen allerdings zusätzlich über Nebeneinnahmen aus Gutachten, Vorträgen, Publikationen, Beratungstätigkeiten und sonstigen Mandaten. Frauen sind an den Hochschulen auch im Fach Jura immer noch unterrepräsentiert.

6. Weitere berufliche Perspektiven

Neben diesen genannten Berufen gibt es noch eine Vielzahl von Tätigkeiten, die in der Praxis von Juristen ausgeübt werden, obwohl viele von diesen mit der Juristerei im engeren Sinne nichts zu tun haben. Der Umstand, dass Arbeitgeber auch für solche Stellen Juristen einstellen, liegt an der Art des juristischen Denkens, das eben auch für andere Tätigkeiten hilfreich ist. Überall da, wo die klare Strukturierung des Denkens, die argumentativ überzeugende Aufbereitung von Sachpositionen und die Durchsetzung von Inhalten gefragt ist, findet man auch Juristen. Das gilt beispielsweise für die Politik und die Politikberatung oder für den Journalismus. Manche Juristen arbeiten auch weit weg von ihrer ursprünglichen Ausbildung und haben nur noch am Rande mit juristischen Kerntätigkeiten zu tun. Solche „krummen" Berufswege, die sich nicht in die herkömmlichen Karrierebilder einfügen, können besonders interessant und spannend sein. Wie kaum eine andere Berufsausbildung bietet die Juristerei Anknüpfungspunkte für originelle Wege.

7. Wie gut muss man sein, um seinen Wunschberuf aus dem juristischen Berufsspektrum zu erreichen?

Ein Jurastudium lohnt sich: Sie lernen strukturiert und methodisch zu denken und es steht Ihnen eine ungewöhnlich breite Palette unterschiedlichster Berufe im In- und Ausland offen, die teilweise höchste Anerkennung in Staat und Gesellschaft genießen. Viele Jura-Absolventen erzielen überdurchschnittliche Einkommen. Ein ausgebildeter Jurist ist faktisch nie „arbeitslos". Was die Lebensqualität angeht, ist der ganz überwiegende Teil der Juristen mit seiner Tätigkeit auch noch nach Jahrzehnten sehr zufrieden. Trotzdem und in aller Offenheit gesprochen: Mit zwei eben ausreichenden Examina sind Ihre Wahlmöglichkeiten deutlich eingeschränkter als mit zwei befriedigenden Examina. (Zu den Noten in den Examina siehe im Einzelnen auch noch Teil 3, Kapitel 3 Nr. 1). Denn daran gibt es wenig zu deuteln: der Jurist wird, jedenfalls beim Berufseinstieg, immer noch wesentlich an seiner Examensnote gemessen. Allerdings und zum Trost: außerhalb des Staatsdienstes wird sie in wenigen Jahren schon niemand mehr nach Ihren Examensnoten befragen. Die Bedeutung dieser Eintrittskarte in das Berufsleben nimmt in dem Maß ab, wie Sie fest in der Arbeitswelt integriert sind. Aber um hineinzukommen sind die Noten verhältnismäßig wichtig und erklären die Fixierung mancher Studenten auf die Punktezahlen in den Klausuren.

Es gilt: mit zwei Prädikatsexamina (also ab der Notenstufe „voll befriedigend") steht Ihnen jedenfalls der juristische Berufshimmel offen. Allenfalls um in manchen Bundesländern Notar zu werden, muss die Note noch ein wenig besser sein. Daraus folgt: Wer Richter werden will, muss sein Studium möglichst früh so in Angriff nehmen, dass er vollbefriedigende Examina machen wird. Ein Stück weit jedenfalls lässt sich das planen, dazu später mehr in Teil 3. Etwas flexibler handhabt die Verwaltung ihre Einstellungspolitik. Die Note ist hier zwar nicht unwichtig, aber sie ist nicht alles; längst werden Einstellungsentscheidungen auch in der Verwaltung in vielen Bundesländern von „Assessment-Centern" abhängig gemacht, bei denen in Gruppengesprächen und Kommunikationsspielen soziale, diskursive und argumentative Kompetenzen getestet werden. Es geht dabei idR nicht um Fachkenntnisse, sondern um Verhandlungsgeschick, Argumentationskunst, die Fähigkeit auf andere einzugehen, Führungsstärke, Teamgeist und dergleichen mehr.

Bei Rechtsanwälten und in der Wirtschaft besteht – zumindest der Theorie nach- am meisten Spielraum. In der Praxis ist es allerdings doch so, dass die renommierten Großkanzleien und die Unternehmen im „gleichen Bewerberpool angeln" wie die Ministerien und die Justiz. Auch hier möchte man möglichst zweimal das „Vollbefriedigend". Zusatzqualifikationen spielen hier allerdings eine noch größere Rolle, können zum einen das Anfangsgehalt in die Höhe treiben, zum anderen Defizite in der Note ausgleichen. Sprachkenntnisse, Auslandserfahrung und durchschnittliches EDV-Wissen sind Selbstverständlichkeit. Wer über Spezialkenntnisse verfügt – etwa Mandarin spricht oder besondere Kenntnisse im britischen Recht mitbringt- hat dagegen eine deutlich bessere Verhandlungsposition. Immer wichtiger werden vertiefte IT-Kenntnisse. Angesichts des digitalen Wandels ist zu erwarten, dass klassische Bewerberanforderungen wie Noten weiter an Bedeutung verlieren werden; stattdessen wird der Wettbewerb um die klugen Köpfe mit Legal Tech-Kenntnissen entbrennen.

Auf den Punkt gebracht heißt das: Die fachliche Qualifikation plus das persönliche Profil erhöhen die Chancen bei der Auswahl des Berufes, der Höhe des Anfangsgehaltes in der freien Wirtschaft und beim beruflichen Fortkommen erheblich. An beidem können Sie gezielt arbeiten. Vergessen Sie also nicht, rechtzeitig auch Ihr individuelles Profil zu pflegen: Sie müssen immer auch mit Ihrer Persönlichkeit überzeugen. Es ist ein Mythos, dass der persönliche Erfolg ein angepasstes Stromlinienformat verlangt; manchmal ist das Gegenteil der Fall. Ihr Profil schärfen können Sie mit allem, was eine Brücke von Ihrem Studium zu Ihren persönlichen Interessen baut. Es müssen keineswegs die auf den ersten Blick nahe liegenden – vermeintlichen – Erfolgskombinationen sein, wie zum Beispiel die Spezialisierung auf das Wirtschaftsrecht. Auch ausgefallene Wege und Interessen können für den Arbeitgeber interessant sein. Als Frau ist man in der Jurisprudenz gut aufgehoben. Es gibt zwar signifikante

Unterrepräsentanz von Frauen in einigen juristischen Berufen, insbesondere in der Wissenschaft und den einflussreichen Anwaltskanzleien und eine ausgesprochen starke Präsenz in anderen Berufssparten (wie insbesondere dem Richterberuf). Insgesamt ist aber das Bemühen um Gleichberechtigung in dem Fach im Allgemeinen deutlich spürbar.

Teil 2

Der Inhalt des Studiums – oder: die Materie Jura

Des Pudels Kern. Wenn Sie noch unentschlossen sind, ob Sie Jura studieren wollen, ist dieser Teil des Buches für Sie zunächst der Wichtigste. Sie sollten sich für ein gründliches Lesen – besser wäre noch: ein gründlicheres „Studieren" – dieses zentralen Teiles ruhig etwas Zeit nehmen. Im Folgenden werden wir auch auf einige Normen eingehen. Am besten wäre es, Sie würden den Gesetzestext direkt im Gesetzbuch mitlesen.

Tipp:

Für den Anfang lohnt sich die Anschaffung der folgenden drei Taschenbücher:

- BGB, Bürgerliches Gesetzbuch, Beck-Texte dtv, 5,90 €;
- StGB, Strafgesetzbuch, Beck-Texte dtv, 9,90 €;
- Basistexte Öffentliches Recht, Beck-Texte, dtv, 16,90 €.

Kapitel 1. Normen

Ohne Regeln oder Normen im weitesten Sinn ist ein Zusammenleben von Individuen nicht vorstellbar. Ohne sie kann ein Staat, nicht funktionieren – im Großen wie im Kleinen: von den Verfassungsgrundsätzen zu den DIN- Normen in der Industrie sind sie die Basis der Gemeinschaft.

Was sind also die Funktionen von Normen?

- Normen legen fest, was in einer bestimmten Situation eine angemessene, sozial akzeptierte und erwartete Verhaltensweise ist; so ist es eine moralische Norm, nicht in der Badehose in die Kirche zu gehen oder auf der Straße zurück zu grüßen.
- Normen geben ein bestimmtes Verhalten vor: Im Straßenverkehr fährt man rechts; was man im Supermarkt einkauft, muss man bezahlen, etc.
- Normen sind Regeln oder Maßstäbe, die die Beziehungen zwischen Individuen untereinander und im Verhältnis von Individuen und Institutionen von Gemeinschaften regeln.
- Normen sind aus Werten abgeleitet, also aus allgemein geteilten Vorstellungen darüber, was die Mitglieder einer Gesellschaft für wünschenswert erachten: Man bestiehlt seinen Mitmenschen nicht; man hält Wort; man beleidigt keine Arbeitskollegen.

1. Rechtsnormen

a. Begriff

Unter den Normen bilden die Rechtsnormen eine eigene Gruppe. Sie beruhen auf einer hoheitlichen Anordnung (des Staates und seinen Institutionen) und gelten für eine unbestimmte Anzahl von Personen und Fällen. Damit sind sie generell-abstrakt, allgemeinverbindlich und mit Befehl und Zwang durchsetzbar. Blicken wir kurz zu unseren Nachbarn in der Schweiz: das Schweizer Geschäftsverkehrsgesetz definiert die Rechtsnorm in Artikel 5 Absatz 2 recht plastisch so: „*Der Rechtssatz ist eine Regelung, die sich an eine unbestimmte Zahl von Adressaten richtet und eine unbestimmte Zahl von Fällen erfasst und welche Rechte und Pflichten der Bürger begründet oder die Organisation, Zuständigkeit oder Aufgaben der Behörden oder das Verfahren regelt.*“ Rechtsordnungen sind sogenanntes positives Recht, weil sie von Menschen gemacht sind. Moralische Normen können nicht zwangsweise durchgesetzt werden; man befolgt sie freiwillig; sie entspringen dem Naturrecht.

b. Die Normenpyramide

Normen (präziser: Rechtsnormen) werden typischerweise in einer Pyramidenform veranschaulicht, mit der das Rangverhältnis der Rechtsvorschriften zum Ausdruck gebracht wird.

An der Spitze des Pyramide – das schwierige Verhältnis der nationalen Normen zu europarechtlichen Vorschriften wird hier ausgeblendet – steht die **Verfassung**. Sie gibt ua. vor, in welchem Verfahren, durch wen und wie weitere Rechtsvorschriften überhaupt geschaffen werden dürfen. Darunter stehen die unterschiedlichen Arten der Normen, die sich vor allem in der Zahl der geregelten Sachverhalte und Adressaten unterscheiden, d.h. danach, wie abstrakt/generell oder konkret/individuell sie sind.

c. Arten

Man unterscheidet:

- **Gesetze**: Sie werden vom Parlament (Bundestag) in einem vom Grundgesetz in Art. 76 vorgeschriebenen Verfahren erlassen: z.B. das Bürgerliche Gesetzbuch, das Handelsgesetzbuch, das Strafgesetzbuch, das Bayerische Polizeiaufgabengesetz u.s.w. u.s.w. Gesetze gelten für jeden, sind also *materielle Gesetze.* Da Gesetze zudem in einem formalisierten Verfahren zustande kommen, sind sie auch *Gesetze im formellen Sinn* genannt.
- **Rechtsverordnungen**. Eine Verordnung gilt gegenüber jedem Bürger, d.h. es handelt sich um ein „Gesetz im materiellen Sinn", nicht aber im formellen, da Rechtsverordnungen durch die Exekutive erlassen werden. Eine Rechtsverordnung benötigt immer in einem formellen Gesetz eine entsprechende Ermächtigung.

Beispiel: § 26a StVG **Bußgeldkatalog** (= Straßenverkehrsgesetz):
(1) Das Bundesministerium für Verkehr und digitale Infrastruktur wird ermächtigt, durch **Rechtsverordnung** *mit Zustimmung des Bundesrates Vorschriften zu erlassen über*
1. die Erteilung einer Verwarnung (§ 56 des Gesetzes über Ordnungswidrigkeiten) wegen einer Ordnungswidrigkeit nach § 24,
2. Regelsätze für Geldbußen wegen einer Ordnungswidrigkeit nach den §§ 24, 24a und 24c,
3. die Anordnung des Fahrverbots nach § 25.

Rechtsverordnung dienen letztlich der Entlastung der Parlamente. Das Bundesverfassungsgericht betont indes, dass die wesentlichen Entscheidungen, zB. Grundrechtseingriffe, nicht auf die Exekutive übertragbar sind. Die jeweiligen Rechtsverordnungen müssen die Ermächtigungsgrundlage bezeichnen und so heißt es beispielsweise in der Straßenverkehrsordnung: Die StVO wurde erlassen auf Grund des § 5b Absatz 3 sowie § 6 Absatz 1 des Straßenverkehrsgesetzes.

- **Satzungen** sind Rechtsnormen, die von einer juristischen Person des öffentlichen Rechts für deren Bereich erlassen werden. Sicherlich sind Ihnen schon Satzungen Ihrer Gemeinde oder Ihrer Stadt begegnet. Typsicherweise ergibt sich aus der Gemeindeordnung die Satzungsgewalt.

So heißt es beispielsweise in Art. 23 BayGO **Ortsrecht:**
Die Gemeinden können zur Regelung ihrer Angelegenheiten Satzungen erlassen. Satzungen zur Regelung übertragener Angelegenheiten, bewehrte Satzungen (Art. 24 Abs. 2) und Verordnungen sind nur in den gesetzlich bestimmten Fällen zulässig. In solchen Satzungen und in Verordnungen soll ihre besondere Rechtsgrundlage angegeben werden.

In den meisten Kommunen finden sich Satzungen, die die Nutzung der Parkanlagen regeln (zB Satzung der Stadt Traunstein aufgrund Stadtratsbeschlusses vom 19.9.2019):

§ 2 Verhalten in den Grünanlagen
...
(3) In den Grünanlagen sind insbesondere die nachfolgenden aufgeführten Verhaltensweisen untersagt:
... 2. Grünanlagen und ihre Einrichtungen zu verunreinigen, insbesondere durch das Hinterlassen von Müll oder das Nichtentfernen von Hundekot.
3. Das Nächtigen in Grünanlagen, sowie das Zelten und Aufstellen von Pavillons und Wohnwägen.
4. Das Errichten und Betreiben von Feuerstellen und das Grillen.
5. Der Alkoholgenuss außerhalb zugelassener Freischankflächen sowie die Einnahme „berauschender Mittel", soweit dadurch andere Personen in ihrem Nutzungsrecht erheblich behindert oder belästigt werden oder die öffentliche Sicherheit und Ordnung beeinträchtigt wird.
...
§ 5 Ordnungswidrigkeiten. Nach Art. 24 Abs. 2 Satz 2 GO kann mit Geldbuße bis zu zweitausendfünfhundert Euro belegt werden, wer vorsätzlich gegen die in § 2 aufgeführten Verhaltensregeln verstößt.

2. Die drei Säulen oder: die drei großen Rechtsgebiete

Ihrem Inhalt nach (und auch aus didaktischen Gründen) teilt man alle Normen ein in drei Gebiete:

- Strafrecht,
- Zivilrecht und
- Öffentliches Recht.

Was verbirgt sich hinter diesen drei Gebieten?

Als Strafrecht bezeichnet man die Gesamtheit der Normen, die ein bestimmtes, gesellschaftlich verachtenswertes Verhalten unter Strafe verbieten. Die wichtigsten Strafvorschriften sind im sogenannten Strafgesetzbuch (StGB) zusammengefasst, z.B. der Mord in § 211 StGB. Weitere Straftatbestände finden sich im sogenannten Nebenstrafrecht. Auch die meisten öffentlichen Vorschriften – zB das Versammlungsgesetz, das Jagdrecht, die Vorschriften zum Naturschutz oder zum Datenschutz – enthalten (regelmäßig am Ende) Strafvorschriften.

Als Zivilrecht oder Privatrecht wird die Gesamtheit der Normen, die das Rechtsverhältnis der Bürger untereinander regelt, bezeichnet. Kann der Arbeitgeber von seinem Arbeitnehmer Schadensersatz verlangen, weil dieser bei seiner Tätigkeit Werkzeug beschädigt hat? Kann die Studentin von ihren Eltern verlangen, dass diese ihr Studium finanzieren? Darf ein Minderjähriger mit gefundenem Geld einkaufen?

Mit dem **öffentlichen Recht** – die Zuordnung ist im Einzelnen schwer und umstritten – ist die Gesamtheit der Normen gemeint, bei denen Staat und Bürger sich in einem Über- und Unterordnungsverhältnis treffen, z.B. dem Baurecht, in dem die Voraussetzungen für das Bauen geregelt sind oder dem Polizeirecht, in dem Befugnisse der Polizeibeamten, z.B. einem Platzverweis oder einer Durchsuchung, geregelt sind.

3. Die Struktur einer Norm

Um eine Norm verstehen und anwenden zu können, ist es hilfreich, sich zu verdeutlich, dass Normen typischerweise zwei Elemente enthalten: Tatbestand und Rechtsfolge.

Tatbestand		Rechtsfolge
Eine bestimmte Situation bzw. ein bestimmter Sachverhalt, der nach dem Willen des Gesetzgebers geregelt werden soll	→	Konsequenz aus dem Vorliegen der Situation/des Sachverhalt

Am besten lässt sich das an einem Beispiel verstehen, – für jedes der drei Rechtsgebiete hier eines:

Beispiel 1 aus dem Strafrecht
§ 242 StGB Diebstahl: (1) *Wer eine fremde bewegliche Sache einem anderen in der Absicht wegnimmt, die Sache sich oder einem Dritten rechtswidrig zuzueignen, wird mit Freiheitsstrafe bis zu fünf Jahren oder mit Geldstrafe bestraft. …*

Die Sprache des Gesetzes wirkt auf den ersten Blick vielleicht etwas umständlich. Das beruht nicht etwa an einer sprachlichen Unbeholfenheit des Gesetzgebers, sondern ist die Konsequenz aus dem Erfordernis, bei der Abfassung von Straftaten das verbotene Verhalten exakt und in abstrakter Weise zu beschreiben. Im Laufe des Studiums wird man sich an diese Sprache gewöhnen und ihre Präzision zu schätzen lernen. Der Gesetzgeber darf nicht nachlässig arbeiten. Sonst wäre Rechtsunsicherheit vorprogrammiert, weil jeder Richter den Tatbestand des Diebstahls dann anders anwenden würde. Nehmen Sie z.B. an, im § 242 StGB würde das Merkmal *„sich oder einem Dritten … zuzueignen"* fehlen. A, der seinem Nachbarn P den Rasenmäher für zwei Stunden entwendet, um in dieser Zeit seinen Rasen zu mähen, wäre dann wegen Diebstahls strafbar. A will aber den Mäher doch gar nicht behalten, so wie das bei einem Diebstahl eigentlich doch der Fall ist: Ein Taschendieb will schließlich die einem Festplatzbesucher entwendete Brieftasche nicht nach einiger Zeit zurückgeben! Nach der vollständigen Regelung in § 242 StGB bleibt A richtigerweise straflos: Er hat sich den Rasenmäher lediglich zum Gebrauch für zwei Stunden geholt, wollte ihn also nicht auf Dauer behalten (= ihn sich nicht zueignen: „sich oder einem Dritten zuzueignen"). Es liegt eine straflose Gebrauchsanmaßung vor (A müsste aber zivilrechtlich Schadensersatz leisten, wenn P nicht großzügig ist – aber das ist eine ganz andere Frage).

Will der Jurist mit einer Norm arbeiten, zerpflückt er den sog. Tatbestand der Norm in seine einzelnen Elemente; man bezeichnet diese Elemente als **Tatbestandsmerkmale**. Hier wären das also die Tatbestandsmerkmale:

- eine *Sache*, die der Gesetzgeber als *fremd* und *beweglich* beschreibt,
- muss *weggenommen* werden,
- um diese *sich (oder einem Dritten) anzueignen*

Ist der Tatbestand verwirklicht (die genauen Voraussetzungen dürfen an dieser Stelle noch dahinstehen), ergibt sich zwanglos die Rechtsfolge, die

- *Bestrafung.*

Damit gilt in der Zusammenfassung:

Tatbestand		Rechtsfolge
Wegnahme einer fremden beweglichen Sache in der Absicht, sich (oder einem Dritten) diese anzueignen	→	Freiheitsstrafe bis zu 5 Jahre oder Geldstrafe

Normen stehen nicht allein. Im Studium lernen Sie die Wechselwirkung der Vorschriften des Strafgesetzbuchs kennen. Insbesondere aus den Grundsätzen des Allgemeinen Teils folgt, dass für jede Tatbestandsverwirklichung weitere Voraussetzungen hinzukommen müssen: Steckt A aufgrund einer Verwechslung das identische Handy seines Tischnachbarn ein und nimmt es mit nach Hause, findet man im Tatbestand des § 242 StGB hierzu nichts. In § 15 StGB heißt es nun insoweit, dass nur **vorsätzliches** Verhalten strafbar ist und in § 16 StGB, dass jemand, der bei *Begehung der Tat einen Umstand nicht kennt, der zum gesetzlichen Tatbestand gehört,* nicht vorsätzlich handelt.

Beispiel 2 aus dem Zivilrecht
§ 433 BGB Vertragstypische Pflichten beim Kaufvertrag:
(1) Durch den Kaufvertrag wird der Verkäufer einer Sache verpflichtet, dem Käufer die Sache zu übergeben und das Eigentum an der Sache zu verschaffen. Der Verkäufer hat dem Käufer die Sache frei von Sach- und Rechtsmängeln zu verschaffen.
(2) Der Käufer ist verpflichtet, dem Verkäufer den vereinbarten Kaufpreis zu zahlen und die gekaufte Sache abzunehmen.

Der **Tatbestand** ist auf den ersten Blick schwerer auszumachen als im Strafrecht, weil die Aufgabe, für alle wirtschaftlichen Vorgänge eines Austausches von Ware gegen Geld eine abstrakte Regelung zu schaffen, deutlich komplexer ist als die Formulierung eines Tatbestandes für den Diebstahl. Er lautet: Ein *Käufer* und ein *Verkäufer* haben einen *Kaufvertrag geschlossen.* Mehr nicht. Die **Rechtsfolge** ist leichter zu ermitteln: Absatz 1: Der Verkäufer muss dem Käufer die Sache übergeben und das Eigentum daran verschaffen. Absatz 2: Der Käufer muss den Kaufpreis zahlen.

Tatbestand		Rechtsfolge
Verkäufer und Käufer haben einen Kaufvertrag geschlossen	→	Abs. 1: Verkäufer muss dem Käufer die Sache übergeben und das Eigentum verschaffen. Abs. 2: Käufer muss den Kaufpreis zahlen.

Der Kaufvertrag ist nur einer von vielen Verträgen des täglichen Lebens: Es gibt Leihverträge, Schenkungsverträge, Werkverträge (Beauftragung eines Handwerkers), Dienstverträge (Beschäftigung des Putzmannes oder der Haushälterin), Darlehensverträge, Bürgschaftsverträge und, und. Im Studium lernt man, die Gemeinsamkeiten und Besonderheiten all dieser Verträge kennen. Zu diesen Gemeinsamkeiten gilt etwa: Alle Verträge sind sog. Rechtsgeschäfte, die durch Angebot und Annahme zustande kommen; Angebot und Annahme liegt wiederum eine Willenserklärung zugrunde liegt.

Beispiel 3 aus dem öffentlichen Recht

Art. 16 BayPAG (Bayerisches Polizeiaufgabengesetz) Platzverweis, Kontaktverbot, Aufenthalts- und Meldeanordnung:

(1) [1]Die Polizei kann zur Abwehr 1. einer Gefahr oder 2. einer drohenden Gefahr für ein bedeutendes Rechtsgut eine Person vorübergehend von einem Ort verweisen oder ihr vorübergehend das Betreten eines Orts verbieten. …

Der vollständige Tatbestand erschließt sich nicht auf Anhieb. Der juristische Laie denkt: OK, es muss eine Gefahr vorliegen… Gefahren gibt es nun viele: es droht eine Seuche, ein Verkehrskollaps, eine Schlägerei, eine Störung der öffentlichen Ordnung etc. Aber: Im Jura-Studium lernt man, dass Artikel 16 des Bayerischen Polizeiaufgabensatz nicht isoliert steht, sondern sein Absatz 1 im Kontext zu lesen ist: Es muss eine Gefahr vorliegen, die *abgewehrt* werden kann, *wenn* eine Person von einem Ort verwiesen oder ihr vorübergehend das Betreten verboten wird (bzw. dadurch abgewehrt werden kann, dass eine Person …). Die Rechtsfolge der Norm ist dann wieder leicht zu verstehen: die Polizei erteilt einen Platzverweis oder Platzverbot.

Tatbestand		Rechtsfolge
Gefahr – Abwehr der Gefahr muss möglich sein durch Verweisung von einem Ort oder vorübergehendes Verbot des Betretens des Ortes	→	Platzverweis oder Platzverbot

Wie im strafrechtlichen Beispiel gilt auch hier: Normen stehen nicht isoliert, weshalb weitere Voraussetzungen und Konsequenzen aufgrund von Wechselwirkungen der Vorschriften zu beachten sind: Im Polizeirecht darf auf eine sog. „Befugnisnorm" wie dem Platzverweis nur zurückgegriffen werden, wenn der Aufgabenbereich des polizeilichen Handelns eröffnet ist. Fordert ein Nachbar den andern im Streit zum Verlassen seines Garagenvorplatzes auf, liegt zunächst eine rein zivilrechtliche Streitigkeit vor, in der sich die Polizei nicht einmischen darf, so lange nicht gewaltsame Übergriffe zu befürchten sind. Ein Tätigwerden der Polizei setzt zB nach Art. 2 Abs. 1 BayPAG – *Die Polizei hat die Aufgabe, die allgemein oder im Einzelfall bestehenden Gefahren für die öffentliche Sicherheit oder Ordnung abzuwehren* – voraus, dass eine Gefahrensituation vorliegt, die die Polizei abwehren soll! Geht es später um gerichtliche Überprüfung des polizeilichen Handelns, ergeben sich aus den Vorschriften des Verwaltungsverfahrensgesetzes (der jeweiligen Länder) und der Verwaltungsgerichtsordnung, dass ein polizeilicher Platzverweis einen sogenannten *Verwaltungsakt* darstellt und wie dieser angefochten und überprüft wird.

Das war also das grundlegende Prinzip, das jeder Norm zugrunde liegt: Tatbestand und Rechtsfolge. Wenn Ihnen dieses Prinzip nun geläufig ist, dann haben Sie schon ganz viel verstanden! Die konkrete „Arbeit" mit dem Tatbestand der Norm lässt sich am besten an einem größeren Fall demonstrieren. Anhand dieser Fälle wollen wir Ihnen nun auch die Besonderheiten juristischen Argumentierens zeigen.

Kapitel 2. Das Arbeiten mit Rechtsnormen

1. Ein Einblick in zwei klassische juristische Arbeitsweisen

a. Die Subsumtion

Beispiel: „Der Bierdeckel- Fall"
A sitzt in einer Kneipe und bestellt ein Pils. Die Kellnerin kommt mit dem Bier, zeichnet mit ihren Kugelschreiber einen Strich auf den vor A liegenden, recht gebrauchten und mit Kratzern versehenen Bierdeckel. Der Abend zieht sich hin und die Anzahl der Biere, die A trinkt, wächst. Als es ans Zahlen geht, stellt er erschreckt fest, dass sich auf seinem Bierdeckel 6 Striche befinden. Das lassen seine Finanzen nicht zu. Er kratzt mit seinem Fingernagel 2 Striche ab. Die Bedienung stellt beim Kassieren entsprechend weniger Biere in Rechnung.

Dieser „Bierdeckel- Fall" ist ein Klassiker der Juristenausbildung. Die Frage ist, ob hier eine Urkundenfälschung vorliegt. Schauen wir also zunächst auf die Norm, die die Urkundenfälschung regelt. Das ist § 267 StGB:

§ 267 StGB Urkundenfälschung: *(1) Wer zur Täuschung im Rechtsverkehr eine unechte Urkunde herstellt, eine echte Urkunde verfälscht oder eine unechte oder verfälschte Urkunde gebraucht, wird mit Freiheitsstrafe bis zu fünf Jahren oder mit Geldstrafe bestraft…*

Kann ein Bierdeckel also wirklich eine Urkunde sein? Und hat A sie verfälscht? Eine Urkunde ist – auch nach dem laienhaften Verständnis – etwas zum Anfassen, d.h. es ist ein körperlicher Gegenstand. Muss es ein Blatt Papier sein? Das dürfte die Regel sein, aber auch (wie oft in Film und Fernsehen gezeigt) ein Eingekerkerter, der mit Asche und Holz seinen letzten Willen an der Zellenwand anbringt, kann wirksam sein Testament verfassen (ein Testament ist ein Paradebeispiel für eine Urkunde). Das Wesentliche ist nicht ein Stück Papier, sondern eine dauerhafte Verkörperung. Setzen wir noch einmal aus einem anderen Blickwinkel an: Der Sinn einer Urkunde ist es, etwas zu beweisen. Die Nachweisfunktion gehört also zum Wesen einer Urkunde, dafür genügt jede dauerhafte Verkörperung. Ein Stück Papier oder Pergament sind nur Unterfälle einer dauerhaften Niederlegung. Muss man unterschreiben? Auch insoweit gilt: Die Unterschrift ist häufig Bestandteil von Urkunden, aber sicher nicht immer. Maßgeblich ist nur, dass es einen Ersteller gibt. Die Rechtsprechung hat in vielen Einzelentscheidungen die Tatbestandsmerkmale des § 267 StGB mit Leben gefüllt, sie definiert. Für die Urkunde hat der Bundesgerichtshof den Prüfungsmaßstab wie folgt festgelegt: *„Eine Urkunde ist eine verkörperte menschliche Gedankenerklärung, die geeignet ist, im Rechtsverkehr Beweis zu erbringen und die einen bestimmten Aussteller erkennen lässt.“* Versuchen Sie nun Testamente, Quittungen, notarielle Kaufverträge, Einkaufsbelege etc. hieran zu messen. Sie werden feststellen: Das passt. Und unser Bierdeckel passt auch, wie wir jetzt sehen werden.

Haben Sie die Definition gefunden, folgt der eigentliche Vorgang der Prüfung. Jetzt beurteilt man, ob der konkrete Sachverhalt zum Prüfungsmaßstab passt, was der Jurist als *subsumieren* bezeichnet. Sie würden also gedanklich die folgenden Schritte vollziehen:

- Der Bierdeckel ein körperlicher Gegenstand, denn man kann ihn anlangen.
- Er bringt zum Ausdruck, wie viele Getränke der Gast bestellt hat und geliefert wurden; er ist also eine menschliche Gedankenerklärung
- Auch ist er geeignet, im Rechtsverkehr Beweis zu erbringen, da beim Kassieren der Bierdeckel Grundlage der Abrechnung ist.
- Auch ist er geeignet, die Bedienung als Aussteller erkennen zu lassen.

Im Ergebnis gilt also: Eine Urkunde liegt vor. Entfernt A die Striche vom Deckel, begeht er tatsächlich eine Urkundenfälschung.

b. Der Gutachtenstil

Begriff

Die rechtliche Bewertung eines Lebenssachverhalts erfolgt durch ein Gutachten. Dieses Gutachten wird in einer bestimmten Form erstellt, die man als Gutachtenstil bezeichnet und gehört zu klassischen Handwerkszeugen eines Juristen. In der Theorie stößt der Gutachtenstil kaum auf Verständnisschwierigkeiten, in der praktischen Anwendung stellt er für den Studierenden eine erhebliche Hürde dar, die nur durch ein intensives Üben überwunden werden kann. Gefragt ist die Beherrschung des Gutachtenstils vom ersten Semester an, gleichsam als „tägliches Brot", in Übungen, Klausuren, Hausarbeiten und im ersten Staatsexamen. Im Zweiten Staatsexamen tritt an die Stelle des Gutachtenstils sein Gegenteil, der Urteilsstil.

	Gutachtenstil
Obersatz	Der Bierdeckel könnte eine Urkunde sein.
Definition (abstrakter Prüfungsmaßstab)	Eine Urkunde ist eine verkörperte menschliche Gedankenerklärung, die geeignet ist, im Rechtsverkehr Beweis zu erbringen und die einen bestimmten Aussteller erkennen lässt.
Subsumtion (= konkrete Prüfung) konkret	s.o.
Ergebnis	Der Bierdeckel ist folglich eine taugliche Urkunde.

	Urteilsstil
Ergebnis	Der Bierdeckel ist eine Urkunde.
Definition (abstrakter Prüfungsmaßstab)	Nach ständiger Rechtsprechung erfordert eine Urkunde eine verkörperte menschliche Gedankenerklärung, die geeignet ist, im Rechtsverkehr Beweis zu erbringen und die einen bestimmten Aussteller erkennen lässt.
Subsumtion (= konkrete Prüfung)	s.o.
	entfällt

Der Gutachtenstil ist somit die Anwendung eines logischen Schlusses in Form eines Syllogismus auf rechtlichem Gebiet. Im Gegensatz zum Gutachtenstil besteht der Syllogismus aber nur aus drei Schritten. Bekanntes Beispiel:

Obersatz
Untersatz
Schlussfolgerung

Zum Obersatz

Er beinhaltet die Formulierung der rechtlichen Fragestellung, die sich aus dem Sachverhalt ergibt. Im Bierdeckelfall geht es um die Frage, ob A eine Urkundenfälschung begangen hat. Das setzt unter anderem voraus, dass der Bierdeckel eine Urkunde ist. Diese Fragestellung formuliert man sprachlich so: Fraglich ist, ob der Bierdeckel eine Urkunde ist. Oder: Möglicherweise ist der Bierdeckel eine Urkunde. Oder: Der Bierdeckel könnte eine Urkunde sein.

Bei den genannten Beispielsformulierungen wird im Obersatz nur ein rechtliches Merkmal (sog. Tatbestandsmerkmal) – die „Urkunde" – näher untersucht. Der Obersatz kann sich aber auch auf einen Sachverhalt und ein oder mehrere Tatbestandsmerkmale beziehen: A könnte durch das Ausradieren eines Striches auf dem Bierdeckel eine Urkundenfälschung begangen haben, § 267 StGB (= Sachverhalt). Dann müsste der Bierdeckel eine Urkunde (Tatbestandsmerkmal 1) sein und A müsste diese Urkunde gefälscht (Tatbestandsmerkmal 2) haben.

Zur Definition

Sie ermöglichen die Anwendung des Gesetzes – genauer: eines Tatbestandsmerkmal des Gesetzes – auf den zu untersuchenden Sachverhalt. Definitionen werden entweder vom Gesetzgeber entwickelt (z.B. § 90 BGB: Sachen im Sinne des Gesetzes sind nur körperliche Gegenstände; § 276 II BGB: Fahrlässig handelt, wer die im Verkehr erforderliche Sorgfalt außer Acht lässt) oder von der Rechtsprechung und/oder Lehre: z.B.: Haustier, § 833 S. 2 BGB: Ein zahmes Tier, das vom Menschen in seiner Wirtschaft zu seinem Nutzen gezogen und gehalten wird. Man findet sie in Kommentaren oder Lehrbüchern. Im Wege der **Auslegung** kann man auch selbst Definitionen entwickeln. Dazu unten.

Zur Subsumtion

Man prüft, ob der Sachverhalt von der Definition erfasst wird. Bei diesem Schritt liegt in der Regel der Schwerpunkt der Darlegung. In obigem Bierdeckel-Fall muss am konkreten Fall erarbeitet werden, dass jede der einzelnen Voraussetzungen erfüllt wurde. Definition und Subsumtion müssen sich daher ergänzen. Entscheidend für die juristische Qualität ist die Begründung und zu oft finden sich hier reine Sachverhaltszusammenfassungen, wie z.B. *Mit den vier Strichen hat die Bedienung deutlich gemacht, dass A insgesamt sechs Bier bestellt hat, die ihm gebracht wurden. Da nunmehr nur noch vier Striche vorhanden sind, hat A diese Erklärung verändert.* Das ist unbrauchbar; auszugehen ist von der Definition und hierbei ist jede Voraussetzung abzuarbeiten und logisch zu begründen. Heißt es in der Definition, dass Voraussetzung ein *körperlicher Gegenstand ist,* ist die naheliegende Begründung *man kann ihn anfassen.*

2. Ein Einblick in das Zivilrecht

Austern-Perle-Fall. Dieser Fall hat über Generationen von Juristen Interesse erweckt und in Ausbildungsliteratur vielfachen Niederschlag gefunden (Die nachstehenden Ausführungen sind eng an die Darstellung von Fahl a.a.O. angelehnt): A und seine Freundin F, die beide in München Medizin studieren, haben beschlossen, bei getrennter Kasse, noch ein letztes Mal gemeinsam in den Urlaub zu fahren und sich dann in aller Freundschaft zu trennen. Als Ziel haben die beiden Cannes an der französischen Riviera gewählt. Am Vorabend Ihres Rückflugs lädt A die F zu einem festlichen Abendessen ein. Als Vorspeise wählt A jeweils ½ Dutzend Austern. Beim Essen findet F in einer Auster eine Perle. Am Nachbartisch sitzt Juwelier J, der den Vorgang beobachtet hat. Er stellt sich vor und bietet an, die Perle zu schätzen. F nickt erfreut und J schätzt die Perle auf 1.500 €. Restaurantbesitzer R, der durch den Kellner über den Vorfall informiert wurde und herbeigeeilt ist, beansprucht die Perle für sich. A und F weisen das zurück. A meint, die Perle gehöre ihm, da er die Austern bestellt habe und auch dafür zahlen müsse und werde. F bestreitet das; A habe sie eingeladen und die Perle war in der auf ihrem Teller liegenden Auster. Zufällig ist auch Fischer E anwesend, der sich nach einem guten Fang am Morgen ein Glas Wein gönnt. Auch er sieht sich als Eigentümer der Perle. – Wem gehört denn jetzt die Perle?

Das würden Sie im Studium zu diesem Fall lernen:

- Geht eine Sache durch mehrere Hände und ist nach dem Eigentum an der Sache gefragt, geht man bei der Lösung des Falles „historisch“ vor, d.h. man geht zurück an den Anfang und arbeitet sich dann Schritt für Schritt zeitlich vorwärts.

- Beim Aufsuchen der Paragrafen, die in Betracht kommen oder kommen könnten, darf der Anfänger ruhig das Inhaltsverzeichnis des Gesetzes zu Hilfe nehmen; später weiß man dann schon im Schlaf, welche Vorschriften von den 5 Büchern des BGB mit seinen insgesamt rund 2.400 Paragrafen einschlägig sein könnten.
- Hier kommen in Betracht: §§ 90 ff und §§ 854 ff BGB. („ff" heißt *fortfolgende* und drückt aus, dass die §§ 90 bis 103 BGB und – aus dem Sachenrecht- § 854 bis 1296 BGB einschlägig sind). Zugegeben: diese Paragrafenmenge erschlägt den Nichtjuristen. Doch den Studierenden schon im 2. Semester lässt sie kalt…

Nun aber zurück zum Fall und dem historischen Ausgangspunkt des Schicksals der Auster.

(1) Von der Auster im Meer ins Netz des Fischers F.
Solange die Perle in der Auster und die Auster am Meeresgrund war, gehörte sie niemandem (anders, wenn es sich um eine Austernzucht gehandelt hätte: dann wäre der Züchter Eigentümer der Auster und damit auch der Perle). Erster Eigentümer wurde Fischer E, wenn die Voraussetzungen des § 958 Abs. 1 BGB – *Wer eine herrenlose bewegliche Sache in Eigenbesitz nimmt, erwirbt das Eigentum an der Sache* – vorlagen. Frage damit: Ist die Auster eine Sache und war sie herrenlos? § 90 BGB (*Sachen im Sinne des Gesetzes sind nur körperliche Gegenstände*) bejaht die Frage nach dem Sachcharakter. Widerspricht § 90a Satz 1 BGB (*Tiere sind keine Sachen*) diesem Ergebnis? Nein, denn in § 90a Satz 3 heißt es: *Auf sie sind die für Sachen geltenden Vorschriften entsprechend anzuwenden, soweit nicht anderes bestimmt ist.* Da sich keine andere Bestimmung findet, bleibt es beim Ergebnis: Die Auster ist eine Sache. (Wer diese Regelung des Gesetzgebers reichlich verwirrend empfindet – Tiere sind keine Sachen, aber sachenrechtliche Vorschriften sind *entsprechend* anzuwenden, so dass sie im Grund doch wieder Sachen sind – stößt auf die Sympathie der Autoren.)

Bleibt zu beantworten, ob die Auster *herrenlos* war. § 960 BGB lautet: *(1) Wilde Tiere sind herrenlos, solange sie sich in der Freiheit befinden. Wilde Tiere in Tiergärten und Fische in Teichen oder andere geschlossenen Privatgewässern sind nicht herrenlos. (2) Erlangt ein ge-*

fangenes wildes Tier die Freiheit wieder, so wird es herrenlos, wenn nicht der Eigentümer das Tier unverzüglich verfolgt oder wenn er die Verfolgung aufgibt. (3) Ein gezähmtes Tier wird herrenlos, wenn es die Gewohnheit ablegt, an den ihm bestimmten Ort zurückzukehren. Einschlägig ist hier Satz 1 im ersten Absatz: Die Auster war herrenlos, solange sie sich im Meer befand. Diesen „Status" verlor sie, als E sie aus dem Meer fischte und in Besitz nahm (genauer: in Eigenbesitz; vgl. § 872 BGB: *Wer eine Sache als ihm gehörend besitzt, ist Eigenbesitzer*) und damit Eigentümer geworden ist (lesen Sie erneut den eingangs zitierten § 958 Absatz 1 BGB).

E steht als Eigentümer der Auster fest. Ist er damit auch Eigentümer der in der Auster liegenden Perle? Die Perle ist ein körperlicher Gegenstand, also eine Sache (§ 90 BGB, siehe oben). Auster und Perle sind damit zwei Sachen, im allgemeinen Sprachgebrauch allerdings „Teile" bzw. „Bestandteile" *einer* Sache, der Auster im Ganzen. Theoretisch denkbar wäre nun, dass diese beiden Teile rechtlich gesondert behandelt werden. Der Gesetzgeber sagt dazu in § 93 BGB: *Bestandteile einer Sache, die von einander nicht getrennt werden können, ohne dass der eine oder der andere zerstört oder in seinem Wesen verändert wird (wesentliche Bestandteile), können nicht Gegenstand besonderer Rechte sein.* Ist die Perle ein solcher „wesentlicher Bestandteil" der Auster?

Jetzt wird es interessant! Mag Ihnen schon die bislang dargelegte Vorgehensweise des Aufsuchens und Arbeitens mit Paragrafen eine Vorstellung von der juristischen Arbeitsweise vermittelt haben, – hier kommt ein zentrales Element juristischer Technik, das erweist: Bei der Anwendung von Recht und Gesetz lässt sich mit den dazu herrschenden Vorstellung von Nichtjuristen (dem „gesunden Rechtsempfinden" eines Laien) wenig anzufangen. Kein Leser wird daran zweifeln, dass gerade die Perle **der** Bestandteil der Auster überhaupt ist, – und zwar der ganz wesentliche. Ein Jurist sieht die Welt nicht mit den Augen eines Laien, sondern mit den Augen – gemeint: den Worten – des Gesetzes. § 93 BGB definiert einen „wesentlichen" Bestanteil diametral anders als der Laie das tut. Die Auster in der Schale (das Tier) **und** die Schale sind danach wesentliche Bestandteile, weil bei einer Trennung die Schale aufgebrochen und wertlos wird (§ 93

BGB: „ … die von einander nicht getrennt werden können, ohne dass der eine“ – das Tier – „oder der andere“ – die Schale – „zerstört wird“). Die Perle hingegen wird durch die Trennung gerade nicht wertlos („zerstört“), sondern wertvoll.

Die Perle in der Auster ist also nicht deren wesentlicher Bestandteil, sondern – das ergibt sich im Umkehrschluss (Juristen verwenden hier gern die lateinische Bezeichnung: argumentum e contrario) –, einfacher Bestandteil (und kann damit auch Gegenstand besonderer Rechte sein). Als solcher ist sie in rechtlicher Hinsicht ohne Interesse, d.h. sie ist bis zu ihrer Trennung von Schale und Tier schlichtweg nur ihr Teil.

(2) Von der Auster in der Hand des Fischers F in die Hand des Restaurantbesitzers R.

§ 433 BGB, Vertragstypische Pflichten beim Kaufvertrag: (1) [1]Durch den Kaufvertrag wird der Verkäufer einer Sache verpflichtet, dem Käufer die Sache zu übergeben und das Eigentum an der Sache zu verschaffen. [2]Der Verkäufer hat dem Käufer die Sache frei von Sach- und Rechtsmängeln zu verschaffen. (2) Der Käufer ist verpflichtet, dem Verkäufer den vereinbarten Kaufpreis zu zahlen und die gekaufte Sache abzunehmen.

§ 929 BGB Einigung und Übergabe: Zur Übertragung des Eigentums an einer beweglichen Sache ist erforderlich, dass der Eigentümer die Sache dem Erwerber übergibt und beide darüber einig sind, dass das Eigentum übergehen soll.

Die meisten Menschen gehen davon aus, dass sie mit dem Kauf einer Sache automatisch auch Eigentümer der Sache werden. Huber wird, wenn ihn sein Nachbar fragt, ob ihm das neue Rad, das da am Zaun lehne, gehöre, in aller Regel antworten: „Ja, habe ich mit gestern gekauft“; er wird aber kaum sagen: „Ja, das habe ich gestern zu Eigentum erworben“ oder „Ja, ich bin seit gestern Eigentümer“. Obwohl dies die juristisch korrekte Formulierung wäre. Eigentum erwirbt man nicht automatisch durch den Abschluss eines Kaufvertrags (einer Schenkung, eines Tauschgeschäfts etc.), sondern aufgrund eines eigenen besonderen Vertrags, den man „dinglichen Vertrag“ nennt, weil in aller Regel das Eigentum an Dingen übertragen wird. Wie das geschieht, bestimmt § 929 BGB, also durch Einigung und Übergabe. Eine solche Eigentumsübertragung geschieht nicht ohne Grund: er liegt im Abschluss eines Kaufvertrags, eines Tauschvertrags, eines Schenkungsvertrags etc. (man bezeichnet deshalb den Kaufvertrag auch als „Grundgeschäft“ und die Eigentumsübertragung als „Erfüllungsgeschäft“). Im BGB sind die Grundgeschäfte im Schuldrecht geregelt, die dinglichen Verträge (es gibt neben der Eigentumsübertragung noch weitere) im Sachenrecht. Schuldrecht ist ein recht passender Begriff, weil durch diese Art von Verträgen „Schulden“ begründet werden, was nichts anders sind als „Pflichten“ bzw. „Verpflichtungen“ (vgl. den Wortlaut des § 433 BGB). Den Kauf-, Tausch- oder Schenkungsvertrag bezeichnet man deshalb konsequenterweise auch als „Schuldrechtsvertrag“. Schuldrechtlicher Vertrag und dinglicher Vertrag sind voneinander unabhängig, sind getrennt (Abstraktions- oder Trennungsprinzip). Verstehen wird man das für das Sachenrecht zentrale Abstraktionsprinzip in seiner ganzen Bedeutung auch als Jurastudent erst nach und nach (und in Klausuren regelmäßig darüber stolpern!). Für die „Feinsinnigen“: So wie die abstrakte Malerei nichts mit Gegenständen zu tun hat, hat der Eigentumserwerb nichts mit dem schuldrechtlichen Vertrag zu tun. Zum hier erforderlichen Verständnis genügt es zu wissen: Eigentum erwirbt man nicht durch den schuldrechtlichen Vertrag, sondern den dinglichen. Hat man Eigentum erworben, behält man es auch dann, wenn sich herausstellen sollte, dass der zugrunde liegende schuldrechtliche Vertrag aus welchem Grunde auch immer unwirksam ist oder gar von vornherein gefehlt hat.

R ist Eigentümer geworden, weil er sich – zwar nicht wörtlich iSd. § 929 BGB, aber doch schlüssig (konkludent) – mit E darüber einig war, dass die Austern mit der Übergabe ihm gehören sollten. Präziser könnte man sagen: R ist Eigentümer an jeder einzelnen Auster geworden, und zwar an der Auster als Ganzes, also mit all ihre Bestandteilen von Schale, Tier und, bei einer ganz speziellen Auster, auch mit Perle. Argument: Die Perle ist – vgl. obigen Umkehrschluss aus § 903 BGB – gleich der Schale und dem Tier einfacher Bestandteil der Auster und kann damit Gegenstand besonderer Rechte sein. Das selbstverständlich nur, wenn man von ihrer Existenz weiß. Bei der Eigentumsübertragung E/R war den beiden die Existenz der Perle aber nicht bekannt. Ihr rechtliches Schicksal folgt daher für den Moment keinen Sonderregeln und es bleibt dabei: R ist Eigentümer von Auster mit Schale, Tier und Perle geworden.

Das alles klingt überzeugend und ist es auch. Man kann aber auch so argumentieren: Wie festgestellt (Umkehrschluss aus § 93 BGB) ist die Perle einfacher Bestandteil der Auster und damit sonderrechtsfähig. Folglich ist es denkbar, dass das Eigentum an der Auster (Tier plus Schale) und der Perle auseinanderfallen; die Auster könnte Eigentum des R geworden sein, während die Perle im Eigentum des F blieb. Argument: In § 929 BGB heißt es u.a. „... und beide sich einig sind, dass das Eigentum übergehen soll". F, der von der Perle nichts wusste, konnte und wollte allein die Auster (Tier plus Schale) zum Verzehr übereignen und R, der von der Perle gleichfalls nichts wusste, wollte allein die Auster als (Luxus-)Lebensmittel erwerben. Wie sollte man auch Sachen übereignen können, von deren Existenz man nichts weiß!

Wieder eine bemerkenswerte Situation: Es zeigt sich, dass *zwei* in sich logisch konsistente Lösungen denkbar sind. Fälle wie dieser sind es deshalb, die das weithin üblich Vorurteil von den „zwei Juristen mit den drei Meinungen" begründen. Der Nichtjurist wünscht sich *ein* eindeutiges rechtliches Ergebnis zu einer Problemstellung. Dass es zwei logisch fehlerfrei begründete Lösungen gibt, will ihm nicht einleuchten, weshalb er zu der überspitzen Aussage mit den drei Meinungen zweier Juristen kommt.

Welche der beiden Meinungen ist nun vorzuziehen? In der Jurisprudenz gibt es zu einer ganzen Reihe von rechtlichen Fragestellungen unterschiedliche Meinungen (auch, aber selten, mehr als zwei!). Dass beide in Rechtsprechung und Wissenschaft gleiches Gewicht haben, kommt so gut wie nicht vor. Eine der beiden wird der anderen immer vorgezogen; man spricht dann von herrschender Meinung (h.M.). Im Austern-Perlen-Fall ist nun herrschend die Ansicht, dass die Perle, solange sie unentdeckt bleibt, das rechtliche Schicksal der Auster teilt, d.h.: R ist Eigentümer (auch) der Perle geworden.

(3) Von der Hand des Restaurantbesitzers in die Hand des Gastes bzw. seiner Freundin

Die von A bestellten Austern wurden vermutlich nicht von R persönlich serviert, sondern vom Kellner K. Rechtlich bedeutet das, dass K als Vertreter des R aufgetreten ist. Das soll bei der Frage des Eigentumserwerbs des A (oder der F) hier aber nicht weiter interessieren; es würde die Ausführungen unnötig aufblähen. Bei der Frage nach dem Eigentumserwerb an den Austern, also auch der mit der Perle, muss man nun aufpassen, weil zwei Fragen zu beantworten sind. Zum einen, was genau will R übereignen und zum anderen, wem will er übereignen.

Die Eigentumsübertragung an der Auster unter dem juristischen Brennglas

Wie gezeigt, ist bei einer Auster zwischen Tier und Schale zu unterscheiden (und einer Perle). Wenn A für sich und F „Austern" bestellt, tut er das, weil beide das Fleisch der Auster (das Tier) verzehren wollen, nicht aber die Schale (geschweige denn eine aufgefundene Perle). Um die Schalen, den „Abfall" soll sich der Wirt kümmern. R weiß das. Folglich will er, bestellt ein Gast Austern, so möchte man meinen, von vornherein allein das Eigentum an den Tieren übertragen. Das erscheint nun reichlich spitzfindig. Man kann von Gastwirten kaum annehmen, dass sie bei der Übergabe der vom Gast bestellten Speisen in Gedanken zwischen verzehrbaren Teilen und ungenießbaren Teilen (Knochen, Knorpel, Gräten, Orangenschalen etc.) differenzieren und nur die genießbaren Teile übereignen wollen. Auch ein Gast wird bei der Entgegennahme der Speisen nicht insgeheim daran denken, Eigentum lediglich an den genießbaren Teilen zu erwerben. Eine solche rechtliche Differenzierung bei Speisen ist aber auch gar nicht veranlasst, weil nach „allgemeiner Übung" (so nennt der Jurist einen Vorgang, der im zwischenmenschlichen Verkehr allgemein als üblich angesehen wird) im Hotel- und Gaststättengewerbe der Gast Eigentümer an der bestellten Speisen insgesamt wird, an den genießbaren wie den ungenießbaren Teilen. Ergebnis also: R wollte die Austern als Ganzes übereignen, mit Tier und Schale – und was die Auster mit der Perle angeht – auch die Perle. Dass er von der Perle nichts wusste, spielt keine

Rolle, weil allgemein bekannt ist, das Austern auch Perlen enthalten können, jeder Verkäufer und Käufer von Austern also mit diesem Umstand rechnen muss bzw. darf und deshalb dieses Risiko (auf einen Vermögensverlust bzw. Vermögensgewinn) in Kauf nimmt.

Gehört die Perle dem Gast oder seiner Freundin?

Gehen wir einfachheitshalber wieder davon aus, dass R und nicht ein Kellner persönlich die Bestellung entgegengenommen und die Austern serviert hat. Für den Laien ist dann klar: A hat die Austern zu dem auf der Speisekarte aufgeführten Preis gekauft, muss sie also auch bezahlen und ist dafür Eigentümer jedenfalls an den Austern geworden, die auf seinem Teller liegen (grübeln dürfte er allerdings darüber, ob A auch Eigentümer an den Austern und der Perle auf dem Teller der F geworden ist oder ob diese samt Perle der F gehören). Juristen sehen das ganz anders.

Zunächst einmal zum „Kaufvertrag“, von dem der Laie ausgeht. Lesen Sie nachstehende Paragrafen und überlegen Sie, welcher hier neben dem § 433 BGB (zu dieser Norm vgl. oben) passen könnte:

§ 535 BGB, Inhalt und Hauptpflichten des Mietvertrags: (1) Durch den Mietvertrag wird der Vermieter verpflichtet, dem Mieter den Gebrauch der Mietsache während der Mietzeit zu gewähren. Der Vermieter hat die Mietsache dem Mieter in einem zum vertragsgemäßen Gebrauch geeigneten Zustand zu überlassen und sie während der Mietzeit in diesem Zustand zu erhalten. Er hat die auf der Mietsache ruhenden Lasten zu tragen. (2) Der Mieter ist verpflichtet, dem Vermieter die vereinbarte Miete zu entrichten.

§ 611 BGB, Vertragstypische Pflichten beim Dienstvertrag: (1) Durch den Dienstvertrag wird derjenige, welcher Dienste zusagt, zur Leistung der versprochenen Dienste, der andere Teil zur Gewährung der vereinbarten Vergütung verpflichtet. (2) Gegenstand des Dienstvertrags können Dienste jeder Art sein.

§ 631 BGB, Vertragstypische Pflichten beim Werkvertrag: (1) Durch den Werkvertrag wird der Unternehmer zur Herstellung des versprochenen Werkes, der Besteller zur Entrichtung der vereinbarten Vergütung verpflichtet. (2) Gegenstand des Werkvertrags kann sowohl die Herstellung oder Veränderung einer Sache als auch ein anderer durch Arbeit oder Dienstleistung herbeizuführender Erfolg sein.

Neben § 433 BGB passt auch § 535 BGB: Die Stühle, auf denen A und F sitzen, der Tisch auf dem die Austern serviert werden, das Besteck, die Gläser, Teller, – all das sind Gegenstände, die R gehören und die er den beiden zum Gebrauch gegen Bezahlung überlassen, also vermietet hat (die zu „entrichtende Miete" ist im Pauschalpreis auf der Speisekarte enthalten oder er wird eigens als „Service" ausgewiesen); zudem § 611 BGB: das Servieren der Speisen und Getränke sind Dienstleistungen des R (zur „Vergütung" gilt das zur Miete Gesagte) und § 631 BGB: Austern müssen zwar nicht gekocht, aber doch aufgebrochen, Brot und Zitronen müssen geschnitten, also „verändert" werden (§ 631 Abs. 2 BGB, – zur „Vergütung" von Dienstleistung und Werk gilt das zur Miete Gesagte). Es liegt ein sogenannter „gemischter Vertrag" vor. Ein solcher Vertrag besteht nicht etwa aus den Einzelverträgen von Kauf, Miete usw., sondern ist ein Vertrag, den man recht einprägsam als „Bewirtungsvertrag" bezeichnet. Die rechtliche Behandlung gemischter Verträge wirft Probleme auf, wenn einzelne Elemente z.B. mangelhaft erbracht werden. Sind dann ausschließlich die Regeln des Vertragstyps anwendbar, der den Schwerpunkt bildet (sog. Absorptionstheorie) oder die Regeln des auf das jeweilige Element zugeschnittenen Vertragstyps (sog. Kombinationstheorie)?

Für die Frage, ob A oder F Eigentümer der speziellen Auster geworden ist, kommt es allein darauf, ob die Voraussetzungen des § 929 BGB im Verhältnis zwischen R und A bzw. zwischen R und F vorliegen. Die Frage ist also, ob R sein Eigentum an der Perle auf den Besteller der Austern übertragen hat oder auf dessen Freundin. Gegen einen möglichen Eigentumserwerb der F spricht nun nicht, dass zwischen ihr und R kein schuldrechtlicher Vertrag getätigt wurde; das spielt nach dem Abstraktionsprinzip (vgl. oben) keine Rolle. Weil es aber in aller Regel so ist, dass der, der eine Sache bezahlt – und das ist hier allein A, der als „Besteller" den Kaufvertrag mit R geschlossen hat –, auch ihr Eigentümer wird, liegt es nahe, dass R das Eigentum nur auf A übertragen wollte. A wiederum als Eigentümer *aller* servierten Austern hat die vor F liegenden ihr übereignet, andernfalls, ein abstruses und von A sicherlich nicht gewolltes Ergebnis, man prüfen müsste, ob die F nicht einen Diebstahl (§ 242

StGB) begangen hat, indem sie die Austern verzehrte. Dieser Eigentumsübertragung A/F liegt der schuldrechtliche Vertrag einer Schenkung zugrunde (§ 516 BGB: *(1) Eine Zuwendung, durch die jemand aus seinem Vermögen einen anderen bereichert, ist Schenkung, wenn beide Teile darüber einig sind, dass die Zuwendung unentgeltlich erfolgt*). Bei diesen dinglichen Verträgen R/A und A/F muss man berücksichtigen: Die dazu nach § 929 BGB (neben der Übergabe) erforderlichen Willenserklärungen von Angebot („ich biete dir/ihnen das Eigentum an diesen Austern an" o.ä.) und Annahme („danke" o.ä.) erfolgen in der Praxis nie wörtlich, sondern stets schlüssig (man sagt auch „konkludent"), in dem R die Teller auf den Tisch stellt und A entweder mit dem Kopf nickt, ausdrücklich „Danke" sagt oder (schlecht erzogen) einfach mit dem Verzehr beginnt. Ob nun F das Eigentum an den Austern auf ihrem Teller unmittelbar von R oder über A erlangt hat, – solange die Perle noch unentdeckt in der Auster lag, teilte sie das rechtliche Schicksal der Auster, gehörte jetzt also F. Mit der Trennung von Auster und Perle hat sich daran nichts geändert. Das folgt aus § 953 BGB: *Erzeugnisse und sonstige Bestandteile einer Sache gehören auch nach der Trennung dem Eigentümer der Sache, soweit sich nicht aus den §§ 954 bis 957 ein anderes ergibt* (letztere Paragrafen sind hier nicht einschlägig, weshalb sie auch nicht wörtlich zitiert werden).

4. Mit einer Anfechtung: alles zurück an den Anfang

Die Fallfrage ist damit beantwortet: F ist Eigentümerin der Perle. Die Antwort wäre jedoch unvollständig, wenn man nicht eine Einschränkung hinzufügt: Sie ist Eigentümerin der Perle, kann jedoch ihr Eigentum durch eine sog. Anfechtung wieder verlieren. Denn: Irren ist menschlich. Diesen Umstand kann auch der Gesetzgeber nicht ignorieren. Er hat deshalb zum Irrtum u.a. folgende Bestimmungen getroffen:

> *§ 119 BGB, Anfechtbarkeit wegen Irrtums: (1) Wer bei der Abgabe einer Willenserklärung über deren Inhalt im Irrtum war oder eine Erklärung dieses Inhalts überhaupt nicht abgeben wollte, kann die Erklärung anfechten, wenn anzunehmen ist, dass er sie bei Kenntnis der Sachlage und bei verständiger Würdigung des Falles nicht abgegeben haben würde. (2) Als Irrtum über den Inhalt der Erklärung gilt auch der Irrtum über*

solche Eigenschaften der Person oder der Sache, die im Verkehr als wesentlich angesehen werden.

§ 122 BGB, Schadensersatzpflicht des Anfechtenden: (1) Ist eine Willenserklärung nach § 118 nichtig oder auf Grund der §§ 119, 120 angefochten, so hat der Erklärende, wenn die Erklärung einem anderen gegenüber abzugeben war, diesem, andernfalls jedem Dritten den Schaden zu ersetzen, den der andere oder der Dritte dadurch erleidet, dass er auf die Gültigkeit der Erklärung vertraut, jedoch nicht über den Betrag des Interesses hinaus, welches der andere oder der Dritte an der Gültigkeit der Erklärung hat. (2) Die Schadensersatzpflicht tritt nicht ein, wenn der Beschädigte den Grund der Nichtigkeit oder der Anfechtbarkeit kannte oder infolge von Fahrlässigkeit nicht kannte (kennen musste).

§ 142 BGB, Wirkung der Anfechtung: (1) Wird ein anfechtbares Rechtsgeschäft angefochten, so ist es als von Anfang an nichtig anzusehen. (2) Wer die Anfechtbarkeit kannte oder kennen musste, wird, wenn die Anfechtung erfolgt, so behandelt, wie wenn er die Nichtigkeit des Rechtsgeschäfts gekannt hätte oder hätte kennen müssen.

§ 143 BGB, Anfechtungserklärung: (1) Die Anfechtung erfolgt durch Erklärung gegenüber dem Anfechtungsgegner. (2) Anfechtungsgegner ist bei einem Vertrag der andere Teil, im Falle des § 123 Abs. 2 Satz 2 derjenige, welcher aus dem Vertrag unmittelbar ein Recht erworben hat.

Mit der „Anfechtung“ kann also ein Irrtum korrigiert werden. Bäcker B will z.B. beim Großhändler G per Fax 12 Zentner Dinkelmehl zum Listenpreis für 200 € pro Zentner bestellen; in der Hektik des Betriebs vertippt er sich mit einem Zahlendreher auf „21“ Zentner. G antwortet wiederum per Fax: „Bestellung notiert; Lieferung in 8 Tagen“. Es ist ein Kaufvertrag über 21 Zentner Dinkelmehl a 200 € geschlossen worden. B kann sein Angebot aber nach § 119 Abs. 1 Alt. 2 BGB wegen Irrtums anfechten (sog. Erklärungsirrtum) mit der Folge, dass kein Kaufvertrag zustande gekommen ist (§ 142 I BGB). Er muss dann allerdings u.U. Schadensersatz leisten, also etwa den entgangenen Gewinn ersetzen (§ 122 Abs. 1 BGB), es sei denn, G hätte den Irrtum bemerken können, weil B bei seinen früheren Bestellungen nie eine größere Menge als 12 Zentner angegeben hatte (§ 122 Abs. 2 BGB).

Selbstverständlich kann aber nicht jeder noch so beliebige Irrtum im Geschäftsleben zu einer Anfechtung führen. Das würde die Rechtssicherheit zu sehr beeinträchtigen. Bestellt etwa die A bei der Stylistin S ein Brautkleid für 2.000 € für den übernächsten Monat, weil sie sich sicher ist, dass ihr Freund demnächst einen Heiratsantrag macht und bleibt dieser Antrag aus, ist sie gleichwohl an den Kaufvertrag gebunden. Ihr Irrtum fällt als sog. Motivirrtum nicht unter § 119 Abs.1 BGB.

Im Austern-Fall haben sich nun Fischer E wie Restaurantbesitzer R und A bei ihren Angeboten zur Übertragung des Eigentums an den Austern, und damit auch an der Perlen-Auster, gleichermaßen geirrt: E im Verhältnis zu R, R im Verhältnis zu A und dieser bei der Übertragung des Eigentums auf F. Fischer E weiß von der ganzen Sache nichts und es wird ihm R auch kaum darüber berichten. A wiederum wird sich als charmanter Mann erweisen und seiner (nun ehemaligen) Freundin die Perle überlassen. Bleibt somit nur R. Kann er seine Eigentumsübertragung (auch) an der Auster mit der Perle anfechten? Dann müsste er sich bei seinem anlässlich des Servierens (schlüssig) erklärten Angebot („Bitte, hier sind die bestellten Austern" o.ä.) entweder über den „Inhalt seiner Erklärung" geirrt haben oder darüber, dass er eine „Erklärung dies Inhalts überhaupt abgegeben" hat.

Ersteres ist z.B. der Fall, wenn K „25 Gros Rollen" Toilettenpapier bestellt, weil er davon ausgeht, „Gros" bedeute große Rollen, während es sich in Wirklichkeit um die Mengeneinheit von 12 × 12 Stück handelt (§ 119 I Alt. 1 BGB, – Irrtum über den Erklärungsinhalt, die Bedeutung der Erklärung). Letzteres greift in den Fällen des Verschreibens oder Versprechens (119 Abs. 1 Alt. 2 BGB, – Irrtum über die Erklärungshandlung). Beides ist nicht der Fall, da R sich weder über die Bedeutung seiner Erklärung irrte noch eine Erklärung, wie erfolgt, gar nicht abgeben wollte.

Bleibt ein Irrtum „über solche Eigenschaften … der Sache, die im Verkehr als wesentlich angesehen werden" (§ 119 Abs. 2 BGB). R könnte nun argumentieren, er sei davon ausgegangen, alle zur Übereignung angebotenen Austern seien gleich viel wert, während die spezielle Auster in Wirklichkeit viel mehr wert war. Ein solcher Irrtum ist problematisch, weil unter Juristen allgemein anerkannt ist, dass der Preis einer Sache keine „wesentliche“ Eigenschaft (§ 119 Abs. 2 BGB) ist. Argument: Eigenschaften sind nur wertbildende Faktoren; der Preis einer Sache ist kein solche Faktor, sondern das Ergebnis von wertbildenden Faktoren. Eine Anfechtung wäre damit, so scheint es, vom Tisch. Bei genauerem Zusehen kommt man allerdings zu folgendem Schluss: Der Preis einer Auster mit Perle ist zwar kein wertbildender Faktor, wohl aber die Fähigkeit einer Auster, eine Perle zu produzieren. Ein Irrtum i.S.d. § 119 Abs. 2 BGB ist somit doch gegeben. Erklärt R die Anfechtung gegenüber A (§ 143 Abs. 2 BGB) ist die Übereignung an A von Anfang an nichtig (§ 142 Abs. 1 BGB). Die Übertragung des Eigentums an der Perle von A an F scheitert dann an der Tatsache, dass A nicht mehr Eigentümer war. Nun gibt es zwar Möglichkeiten, Eigentum auch von einem Nichteigentümer zu erlangen (sog. gutgläubiger Eigentumserwerb), darauf einzugehen würde aber noch eine Buchseite beanspruchen, weshalb darauf verzichtet wird. (Im Ergebnis scheitert ein solcher Erwerb daran, dass die F, die den Vorfall in allen Einzelheiten mitbekam, nicht gutgläubig war!).

3. Ein Einblick in das Strafrecht

Entwicklungshelfer-Fall. Nicht für Examensklausuren, wohl aber für Übungsklausuren gilt: Aufgabenersteller lieben es, exotische Fälle zu erfinden, weil sich damit beim Prüfling Wissen zu klassisch juristischen Fragestellungen abfragen lässt, die in dieser gehäuften Form in der Praxis nicht auftreten. So war es schon beim Austern-Perlen-Fall und so liegt es auch bei diesem Entwicklungshelfer-Fall[4]:

A, B und O, drei deutsche Entwicklungshelfer, leben seit Jahren in dörflicher Gemeinschaft in der Oase Jasmin, gelegen in der Sahara. Obwohl gleichen Berufes und gleicher Staatsangehörigkeit beschränkt sich ihr Kontakt auf das Nötigste. A und B beschließen unabhängig voneinander O zu töten: A aus Eifersucht, weil O die Freundin des A verführt hat, B aus Rache, weil O ihn beim deutschen Botschafter in Khartum diskreditiert hat. O will die in 150 km Entfernung gelegene Siedlung S aufsuchen, was sich schnell herumspricht. Er bereitet am Abend für die Abreise am frühen Morgen alles vor und legt u.a. einen mit Wasser gefüllten Beutel aus Ziegenleder bereit. A vergiftet nachts das Wasser; wenig später bohrt B ein kleines Loch in den Sack. B weiß nichts vom Handeln des A und A nichts vom Handeln des B. O reitet am frühen Morgen auf seinem Kamel los und verdurstet zwei Tage später in der Wüste. – Wie haben sich A und B strafbar gemacht?

Die möglichen Straftaten

In Betracht kommen folgende Straftaten: Bei A: Totschlag (§ 212 StGB), Mord (§ 211 StGB), Körperverletzung (§ 223 StGB – wer tötet, so möchte man annehmen, verletzt notwendig auch den Körper des Opfers), u.U. auch gefährliche Körperverletzung (§ 224 StGB) und Sachbeschädigung durch Vergiftung des Wassers (§ 303 StGB, – darauf kommt nun sicherlich kein Laie, von einem Jurastudenten erwartet man es als selbstverständlich, auch an abgelegenere Delikte zu denken!). Bei B kommen all diese Straftatbestände gleichfalls zur Anwendung. Man kann mit A oder B beginnen, logisch ist hier keine Reihenfolge geboten (anders z.B. wenn A den B zu einer Straftat anstiftet oder Beihilfe dazu leistet; dann muss man zwingend mit der Strafbarkeit des „Haupttäters" beginnen!).

Ein gewitzter Klausurbearbeiter könnte sodann die Frage stellen: Gelten diese Straftatbestände auch in der Sahara? Naheliegend ist es, die Antwort im StGB selbst zu suchen und zwar – es handelt sich um eine Frage, die alle Straftaten des StGB betrifft, also ganz „allgemein" gilt – im „Allgemeinen Teil". Die einschlägigen Paragrafen lauten:

§ 3 StGB: (1) Das deutsche Strafrecht gilt für Taten, die im Ausland begangen werden.

§ 7 StGB: Das deutsche Strafrecht gilt für Taten, die im Ausland gegen einen Deutschen begangen werden, wenn die Tat mit Strafe bedroht ist oder der Tatort keiner Strafgewalt unterliegt. (2) Für andere Taten, die im Ausland begangen werden ..., wenn der Täter zur Zeit der Tat Deutscher war oder es nach der Tat geworden ist.

Danach – die Tat wurde „im Ausland begangen" (§ 3 StGB) und A wie B waren „zur Zeit der Tat Deutscher" – ist Deutsches Strafrecht anwendbar.

Strafbarkeit des A

Totschlag bzw. Mord nach §§ 211, 212 StGB?

§ 211, Mord: (1) Der Mörder wird mit lebenslanger Freiheitsstrafe bestraft. (2) Mörder ist, wer aus Mordlust, zur Befriedigung des Geschlechtstriebs, aus Habgier oder sonst aus niedrigen Beweggründen, heimtückisch oder grausam oder mit gemeingefährlichen Mitteln oder um eine andere Straftat zu ermöglichen oder zu verdecken, einen Menschen tötet.
§ 212, Totschlag: (1) Wer einen Menschen tötet, ohne Mörder zu sein, wird als Totschläger mit Freiheitsstrafe nicht unter fünf Jahren bestraft. (2) In besonders schweren Fällen ist auf lebenslange Freiheitsstrafe zu erkennen.

Zum Verhältnis der beiden Straftatbestände gilt: Mord ist ein durch das Vorliegen von Mordmerkmalen qualifizierter Fall des Totschlags. Von einer „Qualifikation" spricht man, wenn ein Straftatbestand wie § 212 StGB durch das Vorliegen weiterer bestimmter Umstände – wie die in § 211 Abs. 2 StGB beschriebenen Einstellungen des Täters – erfüllt wird; den der Qualifikation zugrunde liegenden Tatbestand nennt man „Grundtatbestand". Der Täter wird dann schärfer bestraft. Vergleichen Sie die Rechtsfolge des § 212 StGB („Freiheitsstrafe von einem Jahr oder darüber") mit der des § 211 StGB („Freiheitsstrafe nicht unter fünf Jahren … lebenslange Freiheitsstrafe").

Das Strafgesetzbuch enthält eine ganze Reihe solcher Qualifikationen. Den Gegensatz zu einer Qualifizierung bildet die Privilegierung, wenn also ein Grundtatbestand um spezielle Merkmale erweitert wird, die zu einer milderen Strafdrohung führen. Eine solche findet sich zB. in § 218 StGB zum Schwangerschaftsabbruch. Dieser wird im Normalfall mit Freiheitsstrafe bis zu drei Jahren oder mit Geldstrafe bestraft; begeht hingegen die Schwangere den Abbruch, so ist die Strafe Freiheitsstrafe bis zu einem Jahr oder Geldstrafe. Man prüft zunächst, ob der Täter den Grundtatbestand erfüllt hat. Nur wenn dies bejaht wird, kommt man zur Prüfung der Qualifikation bzw. Privilegierung. Bei A beginnt man folglich mit der Prüfung des § 212 StGB.

Totschlag setzt voraus, dass ein Mensch getötet worden ist. O ist nun zwar in der Wüste verstorben, aber nicht am vergifteten Wasser, sondern weil der Wassersack leer war. Es fragt sich deshalb, ob A mit dem Tod des O überhaupt etwas zu tun hat, ob er diesen also verursacht hat. Juristen nennen die Verknüpfung von Ursache (die Vergiftung des Wassers im Lederbeutel) und Wirkung (Tod des O durch Verdursten) „Kausalität". Die Frage stellen, heißt sie verneinen. O ist nicht daran gestorben, dass er das vergiftete Wasser getrunken hat, sondern daran, dass er kein Wasser zum Trinken mehr hatte, weil es durch das von B gebohrte Loch im Beutel ausgelaufen war. Andererseits kann das Bohren des Loches auch nicht die Ursache für den Tod durch Verdursten gewesen sein: Hätte nämlich B das Loch nicht gebohrt, wäre O nicht durch Verdursten, sondern durch Vergiftung gestorben, weil er dann das Wasser getrunken hätte. Wie man es auch dreht: O wäre gestorben, wenn A das Wasser nicht vergiftet hätte (weil es dann durch das von B gebohrte Loch ausgelaufen wäre) und er wäre gestorben, wenn B das Loch nicht gebohrt hätte (weil dann das Wasser vergiftet gewesen wäre). Allein mit der Kausalität im naturwissenschaftlichen Sinn, der Verknüpfung von Ursache und Wirkung, kommt man hier nicht weiter. Schließlich kann und darf es allerdings auch nicht so sein, dass der Tod des O weder auf das Handeln des A noch auf das des B zurückzuführen ist.

Juristen prüfen die Kausalität im Strafrecht nun nicht im naturwissenschaftlichen Sinn, sondern mit Hilfe der sogenannten Conditio-sine-qua-non-Formel. Diese Formel (wörtlich aus dem Lateinischen übersetzt: „Bedingung-ohne-die-nicht") geht so: Eine Handlung ist dann für den Erfolg ursächlich, wenn sie nicht hinweggedacht werden kann, ohne dass damit auch der Erfolg entfiele. Mit „Erfolg" ist gemeint – und das ist entscheidend, wie die nachfolgenden Beispiele zeigen! – der Erfolg in seiner ganz konkreten (einmaligen) Gestalt, also nach Zeit, Ort und Umständen.

- **Beispiel 1:** T erstickt seine Ehefrau im Schlaf, weil er für ein neues Leben mit seine Geliebten G frei sein will. Beim Vergraben der Leiche im Wald wird er von einem Jäger entdeckt. Die Obduktion ergibt, dass die E von einem breit gestreuten Lungenkrebs befallen war und bald gestorben wäre. Nach der Conditio-Formel spielt es für die Ursächlichkeit des Handelns des T keine Rolle, dass der Tod der E, denkt man sich die Erstickung durch T weg, ohnehin eingetreten wäre: es kommt allein auf den Erfolg in seiner konkreten Gestalt an (Tod durch Ersticken an diesem Ort und zu dieser Zeit)!

- **Beispiel 2** (sowas denken sich nur Klausurersteller aus): Anlässlich einer Rauferei sticht R den M mit einem Messer nieder. Die Obduktion ergibt: der Messerstich war tödlich; M wäre aber zur exakt gleichen Zeit aufgrund eines Herzversagens gestorben. Auch hier kann die Handlung des R nicht hinweggedacht werden, ohne dass der Erfolg in seiner konkreten Gestalt – Tod durch Messerstich zu dieser Zeit an diesem Ort – entfiele. Anders gesagt: einen Tod durch Herzversagen kann man nicht mit einem Tod durch einen Messerstich gleichsetzen!

Zurück zum Fall. Die Frage lautet also nicht: War die Vergiftung des Wassers ursächlich für den Tod des O? sondern: Kann die Handlung des A, die Vergiftung des Wassers, hinweggedacht werden, ohne dass damit auch der Erfolg in seiner konkreten Gestalt entfiele? O ist gestorben, weil er mangels Wasser verdurstete. Dieser Tod in seiner konkreten Gestalt (durch Verdurstung zu der Zeit an dem Ort in der Wüste) wäre nun auch eingetreten, wenn A das Wasser nicht vergiftet hätte; dann wäre es zwar trinkbar gewesen, im Zeitpunkt des Todes aber eben ausgelaufen und deshalb nicht mehr vorhanden. In der Terminologie der Juristen spricht man in Fällen wie diesem von einem „abgebrochenen Kausalverlauf“: A hat zwar mit der Vergiftung des Wassers eine Ursachenkette in Gang gesetzt und es hätte seine Handlung auch zum Ziel (dem Tod des O) geführt, wenn sie nicht von B mit seinem Bohren des Loches in den Wassersack unterbrochen worden wäre. Man kann auch sagen: A hat sich mit seiner Handlung seinem Ziel genähert, ist aber stecken geblieben. Anders sieht es bei B aus: Seine Handlung, das Bohren des Loches in den Wassersack und das damit verbundene Auslaufen des Wassers kann nicht hinweggedacht werden, ohne dass damit auch der konkrete Tod des O durch Verdursten entfiele. Diesem realen Kausalverlauf steht zwar ein hypothetische Kausalverlauf gegenüber –

hätte O vom Wasser getrunken, wäre er an Vergiftung gestorben –, das spielt aber keine Rolle, weil allein auf den konkreten Erfolg abzustellen ist. Juristen formulieren diesen Sachverhalt so: Reserveursachen (hier: das vergiftete Wasser) bleiben nach der Conditio-sine-qua-non-Formel unberücksichtigt. Damit steht fest: A kann nicht wegen Totschlags oder Mordes bestraft werden.

Versuchter Totschlag bzw. Mord nach §§ 211, 212, 23, 22 StGB?

§ 12 StGB, Verbrechen und Vergehen: (1) Verbrechen sind rechtswidrige Taten, die im Mindestmaß mit Freiheitsstrafe von einem Jahr oder darüber bedroht sind. (2) Vergehen sind rechtswidrige Taten, die im Mindestmaß mit einer geringeren Freiheitsstrafe oder die mit Geldstrafe bedroht sind.

§ 22 StGB, Begriffsbestimmung: Eine Straftat versucht, wer nach seiner Vorstellung von der Tat zur Verwirklichung des Tatbestandes unmittelbar ansetzt.

§ 23 StGB, Strafbarkeit des Versuchs: (1) Der Versuch eines Verbrechens ist stets strafbar, der Versuch eines Vergehens nur dann, wenn das Gesetz es ausdrücklich bestimmt. (2) Der Versuch kann milder bestraft werden als die vollendete Tat (§ 49 Abs. 1).

Totschlag (§ 212 StGB) ist nach § 12 Abs. 1 StGB ein Verbrechen, weil mit Freiheitsstrafe nicht unter fünf Jahren geahndet. Versuchter Totschlag ist folglich strafbar (§ 23 Abs. 1 StGB). A wusste, dass O am nächsten Morgen zu einer tagelangen Reise durch die Wüste aufbrechen würde und dafür einen mit Wasser gefüllten Ziegenledersack bereitgestellt hatte. Um O zu töten vergiftete er am Abend/in der Nacht vor O‘s Aufbruch das Wasser. Damit hat er nicht nur „zur Verwirklichung des Tatbestands“ des Totschlags „unmittelbar angesetzt“, sondern „nach seiner Vorstellung von der Tat“ (§ 22 StGB) alles getan, was zur Herbeiführung des Todes des O erforderlich war. Mehr konnte er nicht tun, d.h., er hat das weitere Geschehen aus der Hand gegeben (in solchen Fällen sprechen Juristen von einem „beendeten Versuch“). A ist also wegen versuchten Totschlags strafbar.

Ist A auch wegen versuchten Mordes zu bestrafen? Dann müsst er – versuchter Mord ist ein qualifizierter Totschlag (vgl. oben) – „aus niedrigen Beweggründen, heimtückisch oder grausam" gehandelt haben (die weiteren Mordmerkmale scheiden von vornherein aus). „Niedrige Beweggründe" sind nach der höchstrichterlichen Rechtsprechung Motive, die „sittlich auf tiefster Stufe stehen" und „nach allgemein anerkannten Wertmaßstäben besonders verwerflich und verachtenswert" sind. Bei Eifersucht ist das der Fall, wenn sie ihrerseits auf niedriger Gesinnung beruht und jeglichen vernünftigen Grundes entbehrt. O hat die Freundin des A verführt und es ist deshalb menschlich verständlich, dass A eifersüchtig wurde. Im Hinblick auf dieses Verhalten des O kann man bei A weder auf eine niedrige Gesinnung schließen noch kann man sagen, dass die Tat jeglichen vernünftigen Grundes entbehrte. Das Merkmal der „niedrigen Beweggründe" ist damit nicht erfüllt. War die Tötung „grausam"? Grausam ist nach der Rechtsprechung, wer seinem Opfer aus gefühlloser und unbarmherziger Gesinnung besondere Schmerzen und Qualen zufügt. Danach kommt es zum einen darauf an, ob das Gift zu einem langen und qualvollen Todeskampf oder aber zu einem raschen Tod geführt hätte und zum anderen auf die Gesinnung des A; bei letzterer wiederum wäre zu klären: was wusste er über die Wirkung des verabreichten Gifts?; falls es zu lang andauernden und qualvollen Schmerzen kommen würde, war ihm das bekannt? Beides, Wirkung wie Gesinnung, lässt der Sachverhalt offen, so dass das Mordmerkmal „grausam" nicht bejaht werden kann. Zuletzt zur Heimtücke. Sie ist das bewusste Ausnutzen der Arg- und der darauf beruhenden Wehrlosigkeit. Arglos ist, wer sich zum Zeitpunkt der Vornahme der Handlung keines Angriffs versieht; Wehrlosigkeit bedeutet, dass der Angegriffene in seiner Verteidigung aufgrund der Arglosigkeit eingeschränkt oder außer Stande ist. Da diese Begriffsbestimmung sehr weit gefasst ist, wird von der Rechtsprechung zusätzlich eine feindliche Willensrichtung verlangt (sie fehlt, wenn der Täter vermeintlich zum Besten des Opfers handelt, etwa weil er es von starken Schmerzen erlösten will), – vom Schrifttum darüber hinaus das Vorliegen eines Vertrauensbruchs. Nach der Vorstellung des A sollte sich O im Zeitpunkt des Griffs nach dem Ledersack mit dem giftigen Wasser keines „Angriffs" versehen, sondern darauf vertrauen, dass der Sack genießbares Wasser enthalte. Des Weiteren sollte O, im Hinblick darauf, dass keinerlei Anlass bestand, von einer Gefahrenlage auszugehen, ein eventuelles Misstrauen ablegen und dadurch wehrlos sein. Auch eine feindselige Willensrichtung liegt vor, es fehlt jedoch an einem Vertrauensverhältnis, da sich der Kontakt zwischen A und O „auf das Nötigste beschränkte". Nach der Rechtsprechung hat A damit heimtückisch gehandelt und ist wegen Mordversuchs zu bestrafen, nach dem Schrifttum nur wegen versuchten Totschlags, weil es am Vertrauensbruch zwischen Täter und Opfer fehlt.

Versuchte Körperverletzung, §§ 223, 23, 22 StGB?

§ 223 StGB, Körperverletzung: (1) Wer eine andere Person körperlich misshandelt oder an der Gesundheit schädigt, wird mit Freiheitsstrafe bis zu fünf Jahren oder mit Geldstrafe bestraft. (2) Der Versuch ist strafbar.

Eine „körperliche Misshandlung" ist jede üble, unangemessene Behandlung, durch die das Opfer in seinem körperlichen Wohlbefinden nicht nur unerheblich beeinträchtigt wird und eine „Gesundheitsschädigung" ist das Hervorrufen oder Steigern eines krankhaften (pathologischen) Zustands. Eine solche Körperverletzung kommt hier nur in Versuchsform in Betracht, da O vom vergifteten Wasser nichts getrunken hat. Die Strafbarkeit des Versuchs folgt aus § 23 Abs. 1 2. Halbsatz in Verbindung mit § 223 Abs. 2 StGB. (Von Jurastudenten verlangt man, dass Sie die einschlägigen Paragrafen so präzise wie möglich zitieren, d.h. nach Absatz, Satz und Halbsatz, also nicht einfach: *ein solcher Versuch ist strafbar nach §§ 223, 23 StGB*). Indem A das Wasser im Ziegenledersack vergiftete, hat er „unmittelbar" dazu „angesetzt" (§ 22 StGB), O zum einen in seinem körperlichen Wohlempfinden mehr als unerheblich zu beeinträchtigen („körperlich zu misshandeln", § 223 Abs. 1 StGB) und zum anderen eine schwere Dehydrierung, also einen krankhaften Zustand hervorzurufen („an der Gesundheit zu schädigen"). Damit käme man zur Strafbarkeit auch wegen versuchter Körperverletzung. Das wiederum erscheint problematisch, denn in derselben Handlung, der Beigabe des Gifts in den Wassersack, liegt ja bereits eine versuchte Tötung.

Eine Handlung kann durchaus verschiedene Straftatbestände erfüllen. Schüttet etwa T seinem ahnungslosen Nachbarn N einen Kübel Mist über den Kopf weil er ihn nicht ausstehen kann, liegt in dieser einen Handlung eine Körperverletzung (§ 223 StGB), eine (tätliche) Beleidigung (§ 185 Alt. 2 StGB) und eine Sachbeschädigung (§ 303 StGB) mit der Folge, dass T eine höhere Strafe erhält. N ist schließlich Beleidigter, körperliche Verletzter und (in Bezug auf die Kleidung) Geschädigter.

Hier liegt es aber anders: Ein Toter ist kein Verletzter so wie ein Verletzter nicht auch eine Toter ist. Aus diesem Grunde war die Rechtsprechung früher der Ansicht, dass nicht gleichzeitig ein Tötungsvorsatz und ein Körperverletzungsvorsatz vorliegen könne, beide sich vielmehr begrifflich ausschließen würden. Heute sind sich Rechtsprechung und Strafrechtswissenschaft darüber einig, dass Tötungs- und Körperverletzungsvorsatz eine Einheit bilden. Argument:[5] *„Stellen wir uns vor, jemand schießt auf einen anderen: Die Kugel durchlägt zuerst die Jacke des Opfers (Sachbeschädigung), dann die Haut. Stopp! Wenn man die Kugel aufhalten könnte, so läge unzweifelhaft Körperverletzung vor. Es ist nun nicht einzusehen, warum sich daran etwas ändern sollte, wenn die Kugel danach das Herz trifft, statt einfach auf der anderen Seite wieder auszutreten. Die Körperverletzung ist bei genauer Betrachtung ein „Durchgangsstadium" zur Tötung. Körperverletzung und Tötung schließen sich daher nicht aus, sondern bilden eine Einheit (‚Einheitstheorie')".* M.a.W.: In jedem Tötungsvorsatz steckt ein Körperverletzungsvorsatz. Es bleibt also dabei: A ist auch wegen versuchter Körperverletzung strafbar.

Versuchte gefährliche Körperverletzung, §§ 224 Abs. 1 Ziff. 1, 23, 22 StGB?

§ 224 StGB Gefährliche Körperverletzung:
(1) Wer die Körperverletzung 1. durch Beibringung von Gift oder anderen gesundheitsschädlichen Stoffen, 2. mittels einer Waffe oder eines anderen gefährlichen Werkzeugs, 3. mittels eines hinterlistigen Überfalls, 4. mit einem anderen Beteiligten gemeinschaftlich oder 5. mittels einer das Leben gefährdenden Behandlung begeht, wird mit Freiheitsstrafe von sechs Monaten bis zu zehn Jahren, in minder schweren Fällen mit Freiheitsstrafe von drei Monaten bis zu fünf Jahren bestraft. (2) Der Versuch ist strafbar.

A hat durch das Mischen des Gifts in den Wassersack die beschriebene versuchte (einfache) Körperverletzung „durch Beibringung von Gift" begangen. § 223 sieht als Rechtsfolge eine „Freiheitsstrafe bis zu fünf Jahren oder Geldstrafe" vor, § 224 StGB eine „Freiheitsstrafe von sechs Monaten bis zu zehn Jahren, in minder schweren Fällen …", bestraft also deutlich schwerer.

M.a.W.: § 224 StGB qualifiziert den „Grundtatbestand" der einfachen Körperverletzung, § 223 StGB. Hat das zur Folge, dass A nach § 223 StGB und nach § 224 StGB zu bestrafen ist? Nein, – das wäre nicht gerecht, weil ja in jeder gefährlichen Körperverletzung eine einfache Körperverletzung steckt, der Täter also den einen Straftatbestand gar nicht erfüllen kann, ohne auch den anderen zu erfüllen. Begeht ein Täter also eine Straftat in ihrer qualifizierten Form, wird er nicht nach dem Grundtatbestand (hier: § 223 StGB) und (!) der Qualifikation (hier § 224 StGB) bestraft, sondern allein nach der Qualifikation.

Gleiches muss auch für das Verhältnis von Körperverletzung und Totschlag (bzw. Mord) gelten: Man kann keinen Menschen töten, ohne ihn auch am Körper zu verletzen. Wer wegen Totschlags bestraft wird, kann deshalb nicht auch wegen Körperverletzung bestraft werden (Grundsatz der „Subsidiarität"). Und es gilt auch für die versuchte Tötung im Verhältnis zur versuchten (gefährlichen) Körperverletzung, d.h. der Täter ist nur wegen versuchten Totschlags zu bestrafen, nicht aber wegen versuchten Totschlags und versuchter gefährlicher Körperverletzung. Anders sieht es wiederum aus, wenn die in dem versuchten Totschlag steckende Körperverletzung nicht im Versuchsstadium geblieben ist, sondern verwirklicht wurde. Mischt Neffe N eine tödliche Menge langsam wirkenden Gifts in die Pilzsuppe seines Erbonkels O, kann O aber durch ein Eingreifen der zufällig auftauchenden Bekannten B gerettet werden, ist N wegen versuchten Mordes (§ 211 StGB, – Habgier!) und wegen vollendeter gefährlicher Körperverletzung (§ 224 Abs. 1 StGB) zu bestrafen. Hier jedenfalls bleibt es dabei: A hat zwar eine versuchte gefährliche Körperverletzung begangen, es wird diese aber durch die versuchten Tötung (Schrifttum) bzw. den versuchten Mord (Rechtsprechung) verdrängt.

Sachbeschädigung nach § 303 StGB?

§ 303 StGB, Sachbeschädigung: (1) Wer rechtswidrig eine fremde Sache beschädigt oder zerstört wird mit einer Freiheitsstrafe bis zu zwei Jahren oder mit Geldstrafe bestraft.

Ein in einem Ziegensack abgefülltes Wasser ist körperlicher Natur und abgrenzbar (vgl. das einleitende Beispiel *Kopfüber in der Jurisprudenz)* ist also eine „Sache". „Fremd" ist eine Sache, wenn sie im Eigentum eines anderen steht; das ist er Fall, da das Wasser O gehörte. Die Voraussetzungen des § 303 StGB sind also erfüllt. Damit ist allerdings noch nicht gesagt, dass A wegen Sachbeschädigung zu betrafen ist, denn diese ist nach § 303c StGB nur auf Antrag strafbar.

„In den Fällen der §§ 303, 303a Abs. 1 und 2 sowie § 303b Abs. 1 bis 3 wird die Tat nur auf Antrag verfolgt, es sei denn, dass die Strafverfolgungsbehörde wegen des besonderen öffentlichen Interesses an der Strafverfolgung ein Einschreiten von Amts wegen für geboten hält". O kann keinen Antrag mehr stellen (§ 77 Abs. 1 StGB: „(1) Ist die Tat nur auf Antrag verfolgbar, so kann, soweit das Gesetz nichts anderes bestimmt, der Verletzte den Antrag stellen") und Angehörige (sie sind nach § 77 Abs. 2 StGB antragsberechtigt, wenn der Verletzte verstorben ist) sind nicht vorhanden. Also bleibt nur die „Strafverfolgungsbehörde" für die Antragstellung, das ist die Staatsanwaltschaft. Ob sie hier das „besondere öffentliche Interesse an der Strafverfolgung" bejaht, erscheint doch sehr fraglich; sie wird sich damit zufriedengeben, A wegen versuchten Mordes anzuklagen. Aber angenommen, sie bejaht das öffentliche Interesse, dann hat sich A auch wegen Sachbeschädigung strafbar gemacht.

Konkurrenzen

A hat zwei Straftatbestände erfüllt, versuchten Totschlag bzw. versuchten Mord und Sachbeschädigung. Liegen bei einer Person zwei oder mehr Straftatbestände vor, sagt man, dass die Straftatbestände konkurrieren (von lateinisch „con": zusammen und „currere": laufen). In einem solchen Fall prüft man die Konkurrenzen:

§ 52 StGB, Tateinheit: (1) Verletzt dieselbe Handlung mehrere Strafgesetze oder dasselbe Strafgesetz mehrmals, so wird nur auf eine Strafe erkannt. (2) Sind mehrere Strafgesetze verletzt, so wird die Strafe nach dem Gesetz bestimmt, das die schwerste Strafe androht. Sie darf nicht milder sein, als die anderen anwendbaren Gesetze es zulassen.(3) Geldstrafe kann das Gericht unter den Voraussetzungen des § 41 neben Freiheitsstrafe gesondert verhängen.(4) Auf Nebenstrafen, Nebenfolgen und Maßnahmen (§ 11 Absatz 1 Nummer 8) muss oder kann erkannt werden, wenn eines der anwendbaren Gesetze dies vorschreibt oder zulässt

§ 53 StGB, Tatmehrheit: (1) Hat jemand mehrere Straftaten begangen, die gleichzeitig abgeurteilt werden, und dadurch mehrere Freiheitsstrafen oder mehrere Geldstrafen verwirkt, so wird auf eine Gesamtstrafe erkannt. (2) Trifft Freiheitsstrafe mit Geldstrafe zusammen, so wird auf eine Gesamtstrafe erkannt. Jedoch kann das Gericht auf Geldstrafe auch gesondert erkennen; soll in diesen Fällen wegen mehrerer Straftaten Geldstrafe verhängt werden, so wird insoweit auf eine Gesamtgeldstrafe erkannt. (3) § 52 Abs. 3 und 4 gilt sinngemäß.

Tateinheit liegt z.B. vor, wenn T (vgl. oben) seinem Nachbarn einen Kübel Mist über den Kopf schüttet. Dann hat er durch „dieselbe Handlung mehrere Strafgesetze“ verletzt (§ 52 Abs. 1 Alternative 1 StGB), nämlich § 185, § 223 und § 303 StGB. Die drei einzelnen Strafen werden dann nicht zusammenaddiert, sondern es „wird die Strafe nach dem Gesetz bestimmt, dass die schwerste Strafe androht“ (§ 52 Abs. 2 StGB). Das ist – § 185 StGB bestraft, wie auch § 303 StGB, mit Freiheitsstrafe bis zu zwei Jahren oder mit Geldstrafe, § 223 mit Freiheitsstrafe bis zu fünf Jahren oder mit Geldstrafe – § 223 StGB. Bei A liegt gleichfalls Tateinheit vor, so dass er (allein) wegen versuchten Totschlags bzw. Mordes zu bestrafen ist.

Strafbarkeit des B

Totschlag bzw. Mord nach §§ 211, 212 StGB?

Zur Kausalität der Handlung des B ist zu sagen: Das Bohren des Loches in den Wassersack und das damit verbundene Auslaufen des Wassers kann nicht hinweggedacht werden, ohne dass damit auch der konkrete Tod des O durch Verdurstung entfiele. Diesem realen

Kausalverlauf steht zwar der hypothetische Kausalverlauf gegenüber – hätte O vom Wasser getrunken, wäre er an Vergiftung gestorben. Das spielt aber keine Rolle, weil allein auf den konkreten Erfolg abzustellen ist (und nicht auf „Reserveursachen“: vgl. oben). Steht damit fest, dass B wegen Totschlags zu bestrafen ist (§ 212 StGB)? Nach den bisherigen Ausführungen zu den von A erfüllten Straftatbeständen möchte man das bejahen; es war dort nie von weiteren Voraussetzungen einer Strafbarkeit wie der „Rechtswidrigkeit“ oder der „Schuld“ die Rede. Das war auch durchaus in Ordnung: A hat mit der Beigabe des Gifts in den Wassersack eine fremde Sache beschädigt (§ 303 StGB), versucht (§ 22 StGB), einen anderen an der Gesundheit zu schädigen (§ 223), dies mittels Gift (§ 224 Abs. 1 Ziff. 1 StGB) und (heimtückisch) zu töten (§ 212, § 211 StGB). Es bestand keinerlei Anlass, die Rechtswidrigkeit seiner Handlung in Frage zu stellen oder an seiner Schuld zu zweifeln, weil Rechtfertigungs- oder Schuldausschließungsgründe (siehe dazu das nachstehende Übersichtsbild) sichtlich nicht im Raum standen. Sein rechtswidriges und schuldhaftes Handeln konnte deshalb, ohne dass man dies ausdrücklich erwähnte, schlicht unterstellt werden (und es dürfte auch der kritischste Leser keinen Bruch in der Argumentation festgestellt haben).

Bei B sieht das nun anders aus. Er hat, mag das auch nach der conditio-Formel als hypothetischer Kausalverlauf nicht berücksichtigt werden, immerhin verhindert, dass O das Gift trank, hat also jedenfalls objektiv dem O Gutes getan. Prüft man deshalb, ob das Strafrecht unter Umständen Entlastungsmöglichkeiten für B vorsieht, muss man tiefer in die Materie der Voraussetzungen für eine Strafbarkeit einsteigen, d.h. man muss auch die Elemente von Rechtswidrigkeit und Schuld aufzeigen. Das geschieht nach dem Schema von Tatbestandsmäßigkeit, Rechtswidrigkeit und Schuld. Am Beispiel der Sachbeschädigung sieht dieses Schema so aus:

Stufe 1: Tatbestandsmäßigkeit
Objektiver Tatbestand: eine fremde Sache beschädigen oder zerstören. Subjektiver Tatbestand: Vorsatz
Stufe 2: Rechtswidrigkeit
Beispiele für Rechtfertigungsgründe: Notwehr, § 32 StGB; rechtfertigender Notstand, § 34 StGB; Einwilligung (gesetzlich nicht geregelt).
Stufe 3: Schuld
Beispiele für Schuldausschließungsgründe: Schuldunfähigkeit, §§ 19, 20 StGB, § 3 JGG; entschuldigender Notstand, § 35 StGB; Überschreitung der Notwehr, § 33 StGB.

Strafbar ist ein Täter nur, wenn seine Tat alle drei Stufen dieses Schemas erfüllt. Wenn Sie genau hinschauen, dann werden Sie feststellen, dass die Stufe wie ein Filter aufgebaut sind. Erst wenn feststeht, dass der Täter den objektiven Tatbestand einer Strafrechtsnorm erfüllt hat (Juristen sagen er „objektiv tatbestandsmäßig handelte") ist zu prüfen, ob er auch den subjektiven Tatbestand erfüllt hat (er „objektiv und subjektiv tatbestandsmäßig handelte"); anschließend dann auf der Stufe zwei, ob Rechtsfertigungsgründe greifen oder nicht (er „tatbestandsmäßig und rechtswidrig handelte") und zuletzt auf Stufe drei, ob Schuldausschließungsgründe in Betracht kommen oder nicht (er „tatbestandsmäßig, rechtswidrig und schuldhaft handelte").

Zu Stufe 1, der Tatbestandsmäßigkeit. Vorsatz ist gegeben, wenn dem Täter bewusst ist, dass er den objektiven Tatbestand einer Strafrechtsnorm erfüllt und er dies auch will; fahrlässig handelt, wer die im täglichen Leben nötige Sorgfaltspflicht außer Acht lässt und dadurch beispielsweise mit seinem Pkw den Fahrradfahrer F zu Fall bringt. § 15 StGB bestimmt dabei „Strafbar ist nur vorsätzliches Handeln, wenn nicht das Gesetz fahrlässiges Handeln ausdrücklich mit Strafe bedroht". Sachbeschädigung ist deshalb nur vorsätzlich begehbar, d.h. die fahrlässige Sachbeschädigung – A stößt in der Gaststätte aus Unachtsamkeit eine Vase vom Tisch, die zu Scherben geht – ist nicht strafbar. Gleiches gilt, wenn A an der Garderobe einer Gaststätte versehentlich den falschen Mantel mitnimmt: Er ist nicht wegen fahrlässigen Diebstahls strafbar, weil das Gesetz in § 242 StGB allein den vorsätzlichen Diebstahl bestraft („Wer eine fremde bewegliche Sache einem anderen in der Absicht wegnimmt, die Sache sich oder einem Dritten rechtswidrig zuzueignen, wird … bestraft").

Zur Stufe 2, der Rechtswidrigkeit. Die Strafbarkeit entfällt, wenn zugunsten des Täters ein Rechtfertigungsgrund greift. T schließt den O, über den er sich geärgert hat, in seinem Gartenhaus mit den Worten „hier kannst du die Nacht verbringen" ein. Befreit sich O, indem er mit seinem Stiefel die Fensterscheibe einschlägt, erfüllt er zwar Stufe eins der Sachbeschädigung, seine objektiv und subjektiv tatbestandsmäßige Handlung ist jedoch durch Notwehr gerechtfertigt, da sie erforderlich war, „um einen gegenwärtigen rechtswidrigen Angriff" (Freiheitsberaubung!) „von sich abzuwenden"; vgl. § 32 StGB, Notwehr: (1) Wer eine Tat begeht, die durch Notwehr geboten ist, handelt nicht rechtswidrig. (2) Notwehr ist die Verteidigung, die erforderlich ist, um einen gegenwärtigen rechtswidrigen Angriff von sich oder einem anderen abzuwenden.

Zur Stufe 3, der Schuld. „Das Brett des Karneades" ist ein Gedankenspiel, das dem griechischen Philosophen Karneades von Kyrene (214 bis 129 v. Chr.) zugeschrieben wird und das auch Immanuel Kant in seiner Metaphysik der Sitten behandelt. Jeder Jurist kennt diesen Fall: C und D sind die einzigen Überlebenden eines Schiffunglücks. Sie treiben auf dem offenen Meer, können jedoch beide eine Holzplanke ergreifen und sich hinaufschwingen. Die Planke ist nicht stabil genug, um beide zu tragen, weshalb C den D von der Planke stößt. C hat D dem Ertrinken preisgegeben und so (vorsätzlich) „einen Menschen getötet", also tatbestandsmäßig im Sinne des § 212 StGB gehandelt. Seine Handlung war nicht durch Notwehr (§ 32 StGB) gerechtfertigt, weil D ihn nicht angegriffen hat, sie ist jedoch entschuldigt: § 35, Entschuldigender Notstand**:** (1) Wer in einer gegenwärtigen, nicht anders abwendbaren Gefahr für Leben, Leib oder Freiheit eine rechtswidrige Tat begeht, um die Gefahr von sich, einem Angehörigen oder einer anderen ihm nahestehenden Person abzuwenden, handelt ohne Schuld. Eine Strafbarkeit des C entfällt damit.

Zurück zu B. Über Stufe „zwei“ des Schemas zur Strafbarkeit (der Rechtswidrigkeit) könnte B entlastet werden, wenn seine tatbestandsmäßige Tötungshandlung gerechtfertigt wäre. Als Rechtfertigungsgründe kommen in Betracht: § 32 StGB, Notwehr (zum Wortlaut der Norm siehe oben) und § 34 StGB, rechtfertigender Notstand: „Wer in einer gegenwärtigen, nicht anders abwendbaren Gefahr für Leben, Leib, Freiheit, Ehre, Eigentum oder ein anderes Rechtsgut eine Tat begeht, um die Gefahr von sich oder einem anderen abzuwenden, handelt nicht rechtswidrig, wenn bei Abwägung der widerstreitenden Interessen, namentlich der betroffenen Rechtsgüter und des Grades der ihnen drohenden Gefahren, das geschützte Interesse das beeinträchtigte wesentlich überwiegt. Dies gilt jedoch nur, soweit die Tat ein angemessenes Mittel ist, die Gefahr abzuwenden“.

Aus dem von ihm gebohrten Loch in dem Ledersack ist das vergiftete Wasser ausgelaufen. B hat damit verhindert, dass O sich vergiftete, d.h. er hat „einen gegenwärtigen rechtswidrigen Angriff von einem anderen abgewendet“ und damit den objektiven Tatbestand des § 32 StGB in Form der Nothilfe erfüllt („Notwehr“ heißt es, wenn man den Angriff von sich abwehrt, „Nothilfe“, wenn man den Angriff gegen einen Dritten abwehrt). Nothilfe muss sich allerdings gegen den Angreifer richten, während der angebohrte Wassersack dem Opfer gehörte. Zudem war es nicht „erforderlich“ (§ 32 Abs. 2 StGB), den Ledersack anzubohren; B hätte das (giftige) Wasser auch einfach ausgießen können. Und zuletzt: Es fehlt am subjektiven Element. Weil B vom Gift nichts wusste, konnte er auch nicht handeln „um“ einen Angriff gegen O abzuwenden (§ 32 Abs. 2 StGB). An diesem subjektiven Moment fehlt es auch für den rechtfertigenden Notstand (§ 34 StGB), so dass man auf eine Interessensabwägung nicht einzugehen braucht. Fest steht nach diesen Überlegungen: B hat im Sinne des § 212 StGB nicht nur tatbestandsmäßig gehandelt, sondern auch rechtswidrig und – für den allein in Betracht kommenden Schuldausschließungsgrund des entschuldigenden Notstands (§ 35 StGB, vgl. oben) liegen keinerlei Ansatzpunkte vor – auch schuldhaft. Damit ist § 212 StGB in allen drei Stufen erfüllt. Der Umstand, dass B dem O objektiv, also ohne dass er davon wusste, geholfen hat, bleibt unberücksichtigt; B hat sich wegen vollendeter

Tat, Totschlag (§ 212 StGB) strafbar gemacht. So jedenfalls die Gerichtspraxis.

Liegt auch Mord vor? Dann müsste auch bei B eines der bereits bei A untersuchten Mordmerkmale erfüllt sein. B handelte aus Rache. Das ist ein „niedriger Beweggrund“, wenn (vgl. oben) sie auf niedriger Gesinnung beruht und jeglichen vernünftigen Grundes entbehrt. Eine Verleumdung bei einer im Ausland angesehenen und respektierten Person, wie dem deutschen Botschafter, ist nun sicherlich keine Bagatelle, die man einfach wegsteckt; dies gerade als Entwicklungshelfer, weil man in dieser Funktion üblicherweise größere Aufmerksamkeit genießt. M.a.W.: Gewisse Rachegefühle bei B sind durchaus nachvollziehbar, weshalb für die Annahme einer „niedrige Gesinnung“ und eines Mangels an „vernünftigen Gründen“ schon weitere Umstände vorliegen müssten, die der Sachverhalt aber nicht hergibt. „Grausam“ war die Tötung, wenn B seinem Opfer aus gefühlloser und unbarmherziger Gesinnung besondere Schmerzen und Qualen zufügte. Das wäre zu bejahen, wenn das Verdursten sich über viele Stunden, gar ein bis zwei Tage hinausgezogen hätte und mit entsprechenden körperlichen und seelischen Qualen verbunden gewesen wäre. Es ist aber auch denkbar, dass angesichts einer besonderen Konstitution des O eine baldige und andauernde Ohnmacht eingetreten wäre, die zum Tod geführt hätte; dann läge keine Grausamkeit vor. So muss die Frage unbeantwortet bleiben. Hat B heimtückisch gehandelt? Das bewusste Ausnutzen der Arg- und der darauf beruhenden Wehrlosigkeit ist sicherlich zu bejahen, wenn man, wie B, den Schlaf des Opfers ausnützt und dessen für eine Wüstendurchquerung lebensnotwendige Wasserflasche anbohrt. Eine feindliche Willensrichtung liegt vor, es fehlt jedoch an einem Vertrauensverhältnis, da sich der Kontakt zwischen B und O „auf das Nötigste beschränkte“. Nach der Rechtsprechung hat A damit heimtückisch gehandelt und ist wegen Mordes zu bestrafen, nach dem Schrifttum nur wegen Totschlags, weil es am Vertrauensbruch zwischen Täter und Opfer fehlt.

Ob das Ergebnis – bei A versuchter Mord, bei B vollendeter Mord – gerecht oder ungerecht ist, darüber kann man sicherlich streiten. Immerhin hat das Handeln des B dazu geführt, dass O nicht sogleich am Gift gestorben ist, sondern am Verdursten. Eine zum Tode führende Dehydrierung zieht sich nun gegenüber eine Vergiftung in aller Regel zeitlich deutlich länger hin und hatte folglich für O die Chance eröffnet, auf eine Karawane (der Fall ist daher auch unter dem Stichwort *Karawanserei* bekannt) oder sonst irgendwie auf Wasser zu treffen. Teile des Schrifttums sind deshalb der Ansicht, man müsse dies zugunsten des B berücksichtigen; sie schränken deshalb über die Lehre der sog. objektiven Zurechnung die Kausalität ein und kommen so zur Strafbarkeit nur wegen versuchter Tat. Abgesehen davon: Die unterschiedliche Einordnung in versuchtem Mord (A) und vollendetem Mord (B) nach der Rechtsprechung führt nicht zwingend auch zu einer unterschiedlichen Bestrafung, weil der Versuch einer Tat grundsätzlich ebenso bestraft wird wie die vollendete Tat, A wie B also für ihre Tat die gleichen Jahre absitzen. Das wiederum dürfte der Streitfrage des gerechten oder ungerechten Ergebnisses ihre Brisanz nehmen.

Körperverletzung, §§ 223, 224 StGB?
Die mit dem Mord zugleich begangene gefährliche Körperverletzung (§ 223 und § 224 StGB: „das Leben gefährdende Behandlung") wird durch den Mord verdrängt (vgl. oben Strafbarkeit des A).

Sachbeschädigung nach § 303 StGB?
B hat das durch das Bohren des Lochs den Wassersack beschädigt. Das ist völlig unproblematisch. Fraglich ist hingegen, ob er auch das Wasser im Sack beschädigt hat. Bestellt sich A in einer Kneipe ein Glas Bier und nimmt der am Nebentisch sitzende B das vom Kellner vor A auf den Tisch gestellte frisch gezapfte Bier und schüttet es auf den Boden, hätte man keine Bedenken, die Merkmale „Sache" und „fremd" und „zerstören" zu bejahen (zum Wortlaut des § 303 StGB vgl. oben). In der Wüste dürfte ein Sack voll Wasser wertvoller sein als ein Glas Bier in einer Kneipe, – aber sicherlich nicht ein vergiftetes Wasser. Es käme deshalb nur versuchte Sachbeschädigung in Frage, die aber nicht strafbar ist: vgl. § 23 Abs. 1 StGB mit § 12 und § 303 StGB.

4. Ein Einblick in das öffentliche Recht

Namensschilder-auf-der-Uniform-Fall: Der in Brandenburg tätige Polizeibeamte muss nach einer neuen Vorgaben des § 9 Abs. 2 BbgPolG ein Namensschild tragen. Damit ist der Polizist P nicht einverstanden und weigert sich. – Zur Frage, ob diese Weigerung zu Recht erfolgt oder nicht hat das Bundesverwaltungsgericht in seinem Urteil vom 26.8.2019[6] ausgeführt:

„Die Pflicht zum Tragen eines Schilds mit dem Nachnamen nach § 9 II 1 BbgPolG ist angesichts der mit der gesetzlichen Regelung verfolgten öffentlichen Interessen verhältnismäßig … Der Senat verkennt nicht, dass die Verpflichtung zur anlasslosen Offenbarung des Familiennamens für einen uniformierten Polizeivollzugsbediensteten eine beeinträchtigende Wirkung hat, weil der Name am Einsatzort einer größeren Öffentlichkeit bekannt wird und zudem nicht ausgeschlossen ist, dass Aufnahmen vom Einsatz und dem Verhalten der dort handelnden Bediensteten im Internet veröffentlicht werden. Allerdings ist zu berücksichtigen, dass der Familienname kein Datum aus der engen Privatsphäre des Bediensteten ist. Zudem ist den Bediensteten bewusst, dass der Name dem jeweiligen Ansprechpartner und auch weiteren Personen bekannt wird … § 9 II 1 BbgPolG ***dient*** *mit der Stärkung der Transparenz der Arbeit der Polizei und der Erleichterung der straf- und disziplinarrechtlichen Aufklärung des rechtswidrigen Verhaltens von Polizeivollzugsbediensteten* ***legitimen Zielen****. Die erleichterte Aufklärbarkeit von Übergriffen von Polizeivollzugsbediensteten verstärkt die Gesetzesbindung der Verwaltung und beugt solchen Verstößen vor. Die Verhinderung, Verfolgung und Aufklärung von Straftaten dient der Verwirklichung des Rechtsstaates und hat deshalb eine hohe Bedeutung … Die zur Erreichung des Gesetzeszwecks geeignete Verpflichtung zum Tragen eines Namensschildes ist auch* ***erforderlich****. Ein gleich geeignetes, aber den Polizeivollzugsbediensteten weniger belastendes und damit milderes Mittel ist nicht ersichtlich. Dies gilt insbesondere für die … Variante, bei der der Dienstherr dem Bediensteten die Wahl zwischen der Verwendung eines Namensschilds und mehreren dauerhaft zugeordneten Kennziffern eröffnet hat. Denn das vom Gesetzgeber mit der Kennzeichnungspflicht zulässigerweise verfolgte öffentliche Interesse an der Stärkung der Bürgernähe der Polizei durch das Auftreten eines von vornherein mit sei-*

nem Nachnamen ansprechbaren Bediensteten lässt sich mit diesem Modell, das im regelmäßigen Dienst auch bloße Kennziffern ausreichen lässt, schlechter verwirklichen als mit der Regelung i.S.v. § 9 II 1 BbgPolG. Die Verpflichtung zum Tragen eines Schilds mit dem Familiennamen nach § 9 II 1 BbgPolG ist auch **angemessen**. *Das Interesse der Polizeivollzugsbediensteten daran, dass ihr Familienname nicht einer größeren Öffentlichkeit aus Anlass einer Diensttätigkeit ohne besondere Veranlassung bekannt wird, überwiegt die vom Gesetzgeber mit der gesetzlichen Regelung verfolgten öffentlichen Interessen nicht ... Das Gewicht des Eingriffs in das Recht des Polizeivollzugsbediensteten auf informationelle Selbstbestimmung ist relativ gering, weil es allein um den Familiennamen des Bediensteten geht. Zudem sind dem Bediensteten sowohl die Offenbarung des personenbezogenen Datums als auch der Zweck dieser Maßnahme bekannt. Die Annahme, Vollzugsbedienstete könnten ohne jeden Grund mit Vorwürfen überzogen werden, hat sich bisher nicht bestätigt. Dass der Gesetzgeber das von ihm formulierte öffentliche Interesse an einer bürgernahen und transparenten Arbeit der Polizei und den Gesichtspunkt der besseren Aufklärbarkeit von rechtswidrigen Verhaltensweisen von Amtsträgern sowie der Prävention solcher Verstöße höher bewertet als das Recht des Polizeivollzugsbediensteten auf informationelle Selbstbestimmung, kann nicht beanstandet werden."*

5. „Auflösung": die Entscheidungshilfe für Ihre Studienwahl

Der Austern-Perle-Fall, der Entwicklungshelfer- Fall und der Namensschilder-Fall sind, ohne dass dies „angekündigt" wurde, dazu gedacht, Ihnen Ihre Entscheidung „Jura-Studium Ja oder Nein" zu erleichtern. Sie enthalten eine „versteckte" Entscheidungshilfe:

1) Sie sind der ideale Anwärter für ein Jura-Studium, wenn Sie

- die Darlegungen zum Austern- und Entwicklungshelfer-Fall mit Interesse gelesen haben und es auch spannend fanden, die zitierten Paragrafen mit dem Sachverhalt zu vergleichen oder gar die einzelnen Merkmale auf ihr Vorliegen selbst zu checken, also zu „subsumieren";

- des Hin- und Her-Argumentierens nicht überdrüssig wurden, sondern im Gegenteil über einzelne Argumente und deren Logik und Überzeugungskraft nachgegrübelt haben, gar selbst noch welche im Sinn hatten;
- die Entscheidung des Verwaltungsgerichts erst nur in Teilen verstanden und eben deshalb mehrfach gelesen haben.

(Das Zeug zu einem künftigen Spitzenjuristen hätten Sie, wenn Ihnen aufgefallen ist, dass die Lösung insofern abrupt endet, als zur Sachbeschädigung des B am Wassersack durch Bohren der Löcher nichts weiter gesagt ist. Die Autoren hätten jedenfalls mit einem Satz anmerken können, dass zur erforderlichen Antragstellung das beim A Dargelegte gilt!)

2) Wenn Sie

- die den Austern- und den Entwicklungshelfer-Fall nur in Teilen gelesen bzw. lediglich „überlesen“ haben, weil Sie das Ganze als mäßig spannend oder haarspalterisch/überzogen empfanden,
- die beiden Fallschilderungen ermüdend und/oder langatmig fanden, das Hin- und Her-Argumentieren wenig überzeugend und die einzelne Argumente überwiegend unverständlich oder schwer nachvollziehbar (etwa die Unterscheidung von Schale, Tier und Perle bei der Auster) oder geradezu albern (etwa Sachbeschädigung durch Auslaufenlassen des vergifteten Wassers),
- die zitierte Entscheidung des Verwaltungsgerichts schlichtweg unverständlich fanden und gleichwohl darauf verzichtet haben, sie ein zweites Mal zu lesen, um sie jedenfalls in Ansätzen zu verstehen,

sollten Sie die Finger von einem Studium lassen: Sie würden Jahre, wirklich JAHRE, damit verbringen, sich mit solchen „ermüdenden“ Darlegungen intensiv auseinander zu setzen, oft auf der mühsamen Suche nach Pro- und Contra-Argumenten und sie würden viele, viele Stunden dafür aufwenden müssen, um Schemata und Definitionen (z.B. zur körperlichen Misshandlung oder Gesundheitsschädigung in § 223 StGB, vgl. oben) auswendig zu lernen. Hinzu käme das oft „zähe“ Bemühen, gerichtliche Entscheidungen mit komplizierten Texten und nicht immer eingängiger Sprache zu verstehen (und im „Kern" zu behalten).

3) Wenn Sie die Fälle und den Auszug aus der Gerichtsentscheidung nur überflogen haben, weil Sie sich lediglich „in etwa" informieren wollten, um was es bei diesen Beispielen geht, sollten Sie das Ganze noch einmal lesen und sich dabei fragen: Ist das wirklich über Monate und Jahre hinweg „mein Ding"?

Teil 3

Das erfolgreiche Jurastudium

Kapitel 1. Die Auswahl der richtigen Universität

1. Ein kurzer Überblick über den Ausbildungsweg zum (Voll-)Juristen

Zunächst einmal: Es gibt grundsätzlich unterschiedliche Wege, Jura zu studieren. Vorherrschend ist immer noch das klassische Jurastudium an der Universität, mit dem Abschluss der Ersten Juristischen Prüfung (EJP). Früher hieß diese Prüfung Erstes Juristisches Staatsexamen; dass der Begriff noch ab und zu in Diskussionen o.ä. auftaucht, darf Sie also nicht verwirren. Dieses juristische Studium steht im Fokus dieses Buches. So genannter „Volljurist" wird, wer dann auch noch das zweite juristische Staatsexamen ablegt. Wer sich hierzu entscheidet, muss vorher noch ein Referendariat in einem Bezirk eines Oberlandesgerichts absolvieren. Nur dem Volljuristen steht die ganze Bandbreite der juristischen Berufe einschließlich der klassischen staatlichen Juristenberufe (Richter, Staatsanwalt) und dem des Rechtsanwalts zur Auswahl. Daraus ergibt sich aber auch – und das ist wichtig bei der Entscheidung für oder gegen ein Jura-Studium-: bis zum Volljuristen ist es ein langer Weg. Die meisten deutschen Universitäten bieten ein solches Jura-Studium an, Voraussetzung ist ein Abitur oder die Fachgebundene Hochschulreife.

Neben diesem klassischen Studium des deutschen Rechts und anschließendem Referendariat gibt es seit jüngerer Zeit an einigen Universitäten und den Fachhochschulen auch Rechtsstudiengänge, die einen Bachelor- oder Masterabschluss anbieten. Manche Universitäten bieten beide Ziele an, den Bachelor/ Master oder die Erste Juristische Staatsprüfung, andere, wie die Technische Universität Dresden nur ersteres. Ein Bachelor Studium in Jura dauert 6 Semester, für den Erwerb des Grades des Bachelor of Laws (LL.B.) ist eine Bachelorarbeit zu schreiben. Diese Studiengänge erfassen zwar idR (nur) einen besonderen Aspekt oder Ausschnitt aus der gesamten Rechtsordnung, z.B. das Wirtschaftsrecht, sind andererseits aber variantenreicher. Bisweilen wird dieses mit einem zweiten Fach kombiniert, z.B. Betriebswirtschaft, Kulturwissenschaften oder Informatik. Die Berufsmöglichkeiten mit diesen Abschlüssen sind andere. Absolventen kommen hauptsächlich in der freien Wirtschaft unter, z.B. bei Banken und Versicherungen. Die klassischen Juristenberufe (Rechtsanwalt, Richter, Staatsanwalt) setzen hingegen, wie gesagt, die Befähigung zum Richteramt voraus, die nicht durch Bachelor- oder Masterstudiengänge erworben werden können.

Daneben gibt es auch die Möglichkeit, an einer Fachhochschule zu studieren; der Abschluss mit einem Staatsexamen ist hier nicht möglich, den Volljuristen kann man also via die Fachhochschule nicht anstreben. Voraussetzung für ein FH- Studium ist die sog. Fachhochschulreife. Auch das (duale) Studium für juristische Berufe im Staatsdienst, z.B. die weithin unterschätzte Tätigkeit des Rechtspflegers in der Justiz oder Berufe im Verwaltungsdienst der dritten Qualifikationsebene, werden von den Fachhochschulen und sonstigen Schulungsstätten in der öffentlichen Verwaltung angeboten. Ein Studium an einer Fachhochschule unterscheidet sich von dem Universitätsstudium durch einen stärkeren Praxisbezug, durch eine Begrenzung des Stoffes und durch einen Einbezug sonstiger fachlicher Bereiche wie Verwaltungswissenschaften, Haushaltsrecht etc. Traditionell ist ein solches Fachhochschulstudium im Ablauf stärker verschult als ein Universitätsstudium.

Auf dem deutschen Markt haben sich neben den öffentlichen Universitäten auch einige private Anbieter etablieren können. Private

Hochschulen bieten hauptsächlich Bachelor- oder Masterstudiengänge an, weniger das „klassische“ Universitätsstudium. Prominente Ausnahme sind die Bucerius-Law School in Hamburg und die European Business School EBS in Wiesbaden, die auch zum Ersten Juristischen Examen führen. Die privaten Angebote tragen jedoch teilweise ein erhebliches Preisschild; abgemildert wird dies nur zum Teil durch die Möglichkeit von Stipendien bzw. Zahlungserleichterungen.

Eine Sonderrolle nimmt die FernUniversität Hagen ein. Sie ist keine Präsenzuniversität, sondern bietet – wie ihr Name schon verrät – nur ein Fernstudium an. Tatsächlich ist sie bundesweit die größte juristische Fakultät, im Jahr 2020 hatten sich ca. 11.000 Studenten für ein Jurastudium (allerdings mit dem Ziel unterschiedlicher Abschlüsse wie Bachelor, Master und EJP) eingeschrieben. Studierende haben hier die Wahl zwischen einem Vollzeit- oder Teilzeitstudium, wobei die meisten Studierenden an der Fernuniversität neben einer Berufstätigkeit studieren. Das Studium in Hagen ist mit Kosten verbunden, die im Jahr 2020 etwa bei insgesamt ca. 3.000,– Euro für ein Vollzeit-Studium lagen.[7]

Unabhängig davon, ob man sich für ein klassisches Jura-Studium oder ein anderes rechtswissenschaftliches Studium entscheidet, gibt es an zahlreichen Hochschulen zusätzliche Ergänzungsangebote zum eigentlichen Jurastudium und darüber hinaus. Die Universität Bayreuth bietet z. B eine wirtschaftswissenschaftliche Zusatzausbildung an, die Universität Passau wirbt mit ihrem Fachsprachenangebot. Deutschlandweit gibt es eine Vielzahl von Masterstudiengängen, die man auf die Erste Juristische Prüfung oder das Zweite Staatsexamen sinnvoll aufsetzen kann. Durch einen solchen Master kann man das eigene Profil sehr spezialisiert schärfen.

2. Ein paar interessante Fakten zum Universitätsstudium Jura

In den USA hängt der spätere Berufserfolg auch ganz maßgeblich davon ab, wo man die „law school“ besucht hat; ein Blick auf die Liste der Richter am US Supreme Court im Juli 2020 zeigt, dass ohne Ausnahme alle Richter eine gewissen Zeit ihres Lebens an den Universitäten in Harvard, Yale oder Princeton verbracht haben. Doch diese universitären Leuchttürme dürfen nicht vergessen lassen, dass die große Masse der Hochschulangebote in den USA qualitativ wohl nicht auf überragendem Niveau liegt. Das deutsche Hochschulsystem kennt diese Form der Spitzeneinrichtungen nicht, ebenso wenig ein Rennen bereits der Schüler um die Studienplätze an einigen wenigen Universitäten. Dafür kann die deutsche Universitätslandschaft in der Breite nach wie vor als ziemlich gut gelten. Damit gilt auch: Es beeinflusst meine Berufschancen per se nicht, ob ich meinen Studienabschluss in Heidelberg, Köln oder Bayreuth ablege. Ebenso wenig garantiert der Abschluss an einer bestimmten Universität automatisch eine erfolgreiche Karriere.

Ein Studium in Deutschland ist eine Eintrittskarte. Die Hochschulbildung an einer heutigen deutschen (Massen-)Universität hat freilich einen etwas anderen Akzent, als *Wilhelm von Humboldt* sich das zu Beginn des 19. Jahrhunderts vorgestellt hat. In unserer Zeit ist das Studium für die allermeisten nicht in erster Linie ein großartiges Bildungserlebnis, das die eigene Persönlichkeit bereichert und in dem man reift. Hochschulbildung hat für die meisten dann doch eine sehr viel nüchternere Funktion, nämlich die Erlangung eines berufsbefähigenden Abschlusses.

Im Jahre 2018 waren 111.445 Jurastudenten an den deutschen Universitäten immatrikuliert, rund 60 % der Studierenden sind weiblich.[8] An den „großen" Universitäten Münster, Bonn oder München waren im Jahr 2020 jeweils zwischen 4.500 und 5.000 Studenten für Jura eingeschrieben. In Jena oder Greifswald hingegen waren es jeweils nur rund 1400 Studenten.

Tipp:

Interessante Statistiken rund um das Jura-Studium finden sich z.B. auf der Website der Legal Tribune Online, https://www.lto.de/jura/studium-zahlen/

Ein Jurastudium dauert nach dem Deutschen Richtergesetz mindestens viereinhalb Jahre; die Regelstudienzeit liegt aktuell bei 10 Semestern.[9] Die durchschnittliche Studiendauer variiert von Bundesland zu Bundesland und liegt im Schnitt bei knapp über 11 Semestern.[10] Das anschließende Referendariat dauert noch einmal 18 Monate, dessen Ablauf ist in allen Bundesländern im Wesentlichen gleich (eine Übersicht über den Ablauf finden Sie in Anhang 2, Beispiel 9).

Im Jahr 2018 legten bundesweit 9.338 Studenten das Erste Juristische Examen, 7.829 das Zweite Juristische Staatsexamen ab.[11] Nicht jeder, der das Studium aufnimmt, beendet es allerdings auch. Nach einer Analyse des Deutschen Zentrums für Hochschul- und Wissenschaftsforschung (DZHW) aus dem Jahre 2017 – das ist die aktuellste zu diesem Thema verfügbare Studie – lag die Abbrecherquote bei Jura mit 24 Prozent weitaus höher als in anderen Studiengängen mit Staatsexamen. Von dieser Zahl sind diejenigen, die den Studiengang wechseln, im Übrigen noch gar nicht umfasst.[12] (Zur Planung des eigenen Studiums und Studienerfolgs siehe unten Teil 3).

Um es gleich vorweg zu nehmen: es ist in keinster Weise verwerflich, wenn man erkennt, dass ein bestimmtes Studium den eigenen Interessen und Gaben nicht entspricht. Auf diese Erkenntnis sollte man dann aber so schnell wie möglich mit einem Wechsel des Studienfachs oder dem Abbruch des Studiums reagieren (nach dem Prinzip „*fail early, fail cheap*").

Die durchschnittliche tatsächliche Studiendauer an den einzelnen Universitäten variiert und kann daher auch ein Auswahlkriterium sein. Damit sind wir auch schon beim Thema:

3. Welche Universität ist die Richtige für mich?

Nach welchen Kriterien sollte man sich seine Hochschule aussuchen? Nun, wie gesagt, man kann überall in Deutschland gut Jura studieren.

Tipp:

Im Anhang haben wir eine Liste der Universitäten in Deutschland zusammengestellt, an denen man Jura mit dem Abschluss „Erstes Juristisches Staatsexamen" studieren kann.

In fachlicher Hinsicht bei der Auswahl der Universität etwas „falsch machen“ kann man also schon einmal nicht. Dieser beruhigende Gedanke beruht auf mehreren Gründen. Der wichtigste Grund ist, dass die Prüfungen für das Erste Juristische Examen zu ihrem ganz überwiegenden Teil nicht von den Universitäten selbst, sondern von dem jeweiligen Bundesland abgenommen wird. Die Prüfungen werden von den sogenannten Landesjustizprüfungsämtern organisiert. Sie sind es im Übrigen auch, die das Zweite Juristische Staatsexamen stellen und abnehmen.

Tipp:

Eine Übersicht über die Landesjustizprüfungsämter und ihre Webseiten finden Sie ebenfalls im Anhang unter Anhang 2, Übersicht 2.

Die Justizprüfungsämter der Länder suchen die Prüfungsaufgaben und die Prüfer aus. Am Ersten Juristischen Examen wirken die Professoren an den juristischen Fakultäten, die von den Prüfungsämtern zu den Aufgaben herangezogen werden, entscheidend mit. Auch im Ersten Juristischen Examen kann es aber durchaus sein, dass ein Kandidat in einer Klausur oder mündlichen Prüfung von Richtern, Anwälten und Verwaltungsbeamten bewertet wird. Im Zweiten Juristischen Staatsexamen prüfen dann übrigens nur noch die von den Landesjustizprüfungsämtern hierzu bestellten Praktiker. Die entscheidenden Prüfungen werden inhaltlich und organisatorisch also von einer Justizbehörde gemanagt, nicht von der Universität selbst.

Ein weiterer Grund für die Heterogenität der deutschen Universitätslandschaft liegt darin, dass die Professoren an juristischen Fakultäten relativ häufig zwischen den Universitäten wechseln. Einer der zahlreichen positiven Effekte dieses regen Wechsels des Lehrpersonals ist ein lebhafter Austausch zwischen den juristischen Fakultäten. Niveauunterschiede gleichen sich damit auch immer wieder an. Anders als in anderen Staaten auf dem Globus (wie z.B. in Großbritannien oder in den USA) gibt es im Hinblick auf die reine Lehre in der Juristerei keine echten Elite-Universitäten.

a. Habe ich überhaupt die Wahl? Der Numerus Clausus

Die Vergabe der Studienplätze an den Juristischen Fakultäten erfolgt nicht einheitlich, man muss sich immer direkt bei der Wunschhochschule nach den Aufnahmekriterien im aktuellen Jahr erkundigen. An einigen juristische Fakultäten gibt es Zulassungsbeschränkungen in Form eines Numerus Clausus (NC), der von Jahr zu Jahr schwankt. An der Freien Universität Berlin lag der NC z.B. im Wintersemester 2019/20 bei einem Abiturschnitt von 1,5, an der Ludwigs-Maximilians-Universität München war er im gleichen Zeitraum bei 2,7. Keine Zulassungsbeschränkungen hatten hingegen in diesem Semester z.B. die Justus-Liebig-Universität in Gießen oder die Friedrich-Schiller-Universität in Jena. Wer örtlich flexibel ist, dürfte jedenfalls einen Studienplatz bekommen. Hinzu kommt: Interessenten bewerben sich üblicherweise für mehrere Universitäten gleichzeitig (Bewerbung an bis zu fünf Universitäten sind durchaus zu empfehlen). Viele Interessierte erhalten im Nachrückverfahren so doch noch einen Platz an ihrer Wunschuniversität. Außerdem gilt: Wer zum ersten Semester nicht zum Zug gekommen ist, hat oft noch die Chance, in einem späteren Semester an diese zu wechseln. Nach dem Grundstudium ist z.B. ein guter Zeitpunkt für einen erfolgreichen Wechsel des Studienortes.

Keine Zulassungsbeschränkung besteht an der FernUniversität Hagen, die allerdings keine Präsenzhochschule ist, sondern Fernunterricht mit einigen wenigen Präsenzveranstaltungen bietet. Es werden – vergleichsweise moderate – Studiengebühren verlangt. Sie richtet sich auch und besonders an Berufstätige, die neben dem Beruf noch studieren möchten.

Die privaten – kostenpflichtigen- Hochschulen wie die Bucerius Law School in Hamburg oder die EBS in Wiesbaden, die zur Ersten Juristischen Prüfung führen, haben eigenständige und zeitaufwändige Aufnahmeverfahren, über die man sich rechtzeitig informieren sollte, wenn ein solches Studium in Betracht kommt.

Weitere Voraussetzungen für die Aufnahme eines Jura-Studiums gibt es nicht. Aufnahmetests o.ä. wie in anderen Studienfächern (z.B. Medizinertests) gibt es nicht. Man muss auch in der Schule nicht bestimmte Fächer belegt haben, um Jura studieren zu können, ein Latinum ist keine Voraussetzung. Auch sind keine Vorpraktika (wie z.B. teilweise in den Ingenieurwissenschaften) mitzubringen.

b. Indikatoren für die Auswahl der richtigen Universität

Rankinglisten

Um es gleich vorweg zu nehmen: Entscheidend kann nur sein, welche Universität für Sie individuell die Beste ist – nicht, welche Universität irgendeinen besten Ruf nach irgendeinem Ranking hat. Auch muss man die Ergebnisse solcher Rankings stets kritisch hinterfragen. Natürlich können aber auch Ranking-Listen einen Anhaltspunkt für die persönliche Entscheidung bieten. Inzwischen gibt es eine Vielzahl solcher „Bestenlisten“, die bekanntesten dürften das CHE-Ranking und die Rankinglisten der Zeitschriften *Spiegel* und *Wirtschaftswoche* sein.

Tipp:

Das wohl bekannteste und innerhalb der Fakultäten am stärksten anerkannte Hochschulranking ist das sog. CHE-Ranking, das von der ZEIT und dem CHE (Centrum für Hochschulentwicklung, www.che.de) gemeinsam erhoben wird. Das jeweils aktuelle Ranking kann abgerufen werden unter https://ranking.zeit.de/che/de/.
Die Legal Tribune Online fasst verschiedene Rankinglisten zusammen unter https://www.lto.de/jura/uni-ranking/

Die Kriterien und auch die Ergebnisse trotz gleicher Kategorie sind bei solchen Bestenlisten unterschiedlich. Die Beurteilung einzelner juristischer Fakultäten variiert dabei auch danach, welche Gruppe nach ihrem Urteil gefragt wurde. Die Einschätzung der Fakultäten in der Lehre fällt etwa bei Professoren und in abgeschwächter Form auch bei Praktikern signifikant anders aus als bei Studierenden – die Spitzenplätze der einen Liste sind nicht selten Schlusslichter der anderen und umgekehrt. Die Einschätzung der Studierenden richtet sich danach, ob diese den Eindruck haben, in ihrem Fach in guter Weise ausgebildet zu werden. Die Einschätzung der Kollegen über eine Universität gründet sich demgegenüber eher auf die Einschätzung, wie wissenschaftlich qualifiziert die Kollegen an der jeweiligen

Universität sind; hier zählen Kriterien wie Produktivität und Bekanntheitsgrad als wissenschaftlicher Autor, das Auftreten als Redner bei Tagungen, die Anzahl der wissenschaftlichen Schülerinnen und Schüler und nicht zuletzt auch, wie häufig und für wen ein Professor als Gutachter nachgefragt wird. Bestimmte Traditionsuniversitäten (wie etwa Freiburg, München, Tübingen, Heidelberg, Bonn, Köln, Göttingen und Münster) haben einen guten Ruf, der meist über mehrere Jahrzehnte erarbeitet wurde. Dieser Ruf hat sich aber unter Umständen von den jeweiligen Gegebenheiten verselbstständigt und glänzt inzwischen ganz unabhängig von dem wissenschaftlichen Renommee der aktuell dort lehrenden Kolleginnen und Kollegen bzw. der konkreten Studiensituation. Mittlere und kleine Hochschulen haben den Vorteil der kleineren Form: weniger Studierende, dadurch Überschaubarkeit, kürzere Wege, oft weniger überlaufene Bibliotheken, besserer Kontakt zu den Dozenten und Professoren.

Persönliche Vorlieben

Die deutsche Universitätslandschaft ist bunt und vielfältig. Manche Universitäten blicken auf eine jahrhundertelange Tradition zurück, z.B. Münster oder München. Andere feiern gerade mal den 30. Geburtstag, wie die Universität Potsdam im Jahre 2021. An den großen Universitäten Münster, Bonn oder München studieren bis zu 5.000 Studenten Jura, an den kleinen Unis sind es nur hingegen noch nicht einmal eineinhalbtausend. An manchen Universitäten ballen sich die „großen Namen" an Professoren, andere haben viele jüngere Gesichter unter ihren Dozenten. Viele Fakultäten suchen durch ein interessantes Zusatzangebot, so genannte legal clinics oder Fachsprachenausbildung, zu punkten.

So vielfältig das Angebot, so vielfältig sind die Bewerber. Es sucht nicht jeder Student das Gleiche an seiner Universität. Für den einen ist Frankfurt an der Oder eine gute Wahl, weil die Lehrenden dort „nahbar" sind, der andere entscheidet sich für Freiburg als der Fakultät, aus der die meisten Verfassungsrichter kommen und der dritte möchte unbedingt nach Berlin, weil die Stadt ihm so interessant scheint. Abgesehen von den objektiven Unterschieden der Fakultäten hängt die Wahl der eigenen Universität – selbstverständlich, möchte man fast schon hinzufügen – in erheblichem Umfang auch von sehr individuellen Faktoren ab. Manche Studienanfänger möchten möglichst weit von zu Hause weg, andere möchten lieber in dem räumlichen Umfeld ihres bisherigen Wohnortes bleiben. Bei anderen bestimmen Arbeitsstellen, Jobs oder zentrale Hobbys den Ort, an dem sie studieren möchten. Wer für das Bergsteigen brennt, fühlt sich in Kiel im Studium fehl am Platz. Ein zentrales Kriterium bilden daneben auch die finanziellen Rahmenbedingungen. Das Studentenleben in Greifswald ist sicherlich günstiger als in Hamburg, eine Wohnung in Jena nun einmal leichter zu finden als in München. Private und familiäre Gründe sind schließlich oft ein Grund dafür, dass jemand an einen bestimmten Universitätsort möchte. Die Universität Halle etwa wirbt explizit damit, eine „familiengerechte Hochschule" für Studierende mit Kind zu sein. Wenn rein private Gründe für einen bestimmten Ort streiten, ist das auch kein Drama. Wichtig ist vor allem, dass man sich dort, wo man studiert, wohlfühlt. Man bekommt an jeder deutschen Jura-Fakultät eine sehr gute Ausbildung.

Wenn Ihre persönliche Wahl Sie auf eine kleine Zahl von für Sie in Betracht kommenden Universitäten eingeschränkt hat, gehen Sie konzentriert die Webseiten der Fakultäten (sie finden die Internet-Adressen im Anhang unter Anhang 2, Übersicht 2) und das jeweilige Vorlesungsangebot durch. Vielleicht kennen Sie auch einen Jurastudenten (der nicht notwendig von der ausgewählten Universität kommen muss), der mit Ihnen mit wachem Blick durch die Präsentation der Hochschule geht? Schauen Sie bei der Gelegenheit auch unbedingt auf die Webseite der Fachschaft Jura als der studentischen Interessensvertretung an der Universität, die sicherlich auch noch den einen oder anderen interessanten Gedanken für Sie parat hält.

Tipp:

Lektüre- und Auswertungshilfen für die Website und das Vorlesungsverzeichnis einer Universität:

- Wie breit ist das **fachliche Lehrangebot?** Hinweise hierzu finden Sie nicht nur bei den konkreten Veranstaltungen, sondern auch in der Beschreibung der Lehrstühle – schauen Sie auch auf die Schwerpunktausrichtung der Lehrstühle.

- Werden besondere **Einführungsveranstaltungen** angeboten? Gibt es spezielle Erstsemesterveranstaltungen, Schnupperstudienwochen, Schnuppervorlesungen?
- Wie ist es um die Betreuung während des Studiums bestellt, gerade in den Anfangssemestern? Gibt es spezielle Tutorien, Arbeitsgemeinschaften, etc.?
- Wie breit ist das **Seminar- und Proseminarangebot?** Finde ich erkennbare Schwerpunkte, die mich interessieren?
- Welche Professoren, Lehrbeauftragte, Honorarprofessoren und sonstige Dozenten sind an der Fakultät tätig? Gibt es Gastdozenten aus der Praxis (Rechtsanwälte, Richter, Unternehmensjuristen, etc.)
- Gibt es eine **Kooperation** zu einer anderen juristischen Institution (z.B. Max-Planck-Institut, etc.)
- Gibt es Kooperationen mit **ausländischen Universitäten**? Welche Hilfestellungen gibt es für ein Auslandssemester oder ein Auslandsjahr? Gibt es vielleicht sogar integrierte Studiengänge mit einer ausländischen Fakultät, die es mir ermöglich, zwei Studienabschlüsse in zwei Ländern zu erwerben?
- Welche **Schwerpunktbereiche** werden angeboten?
- Welche weiteren **studienbegleitende Spezialangebote gibt es?** (z.B. Fremdsprachen für Juristen, Wirtschaftswissenschaften für Juristen, Angebote zu Legal Tech, Einführungskurse in juristische Datenbanken etc.)
- Wie ist die **Examensvorbereitung** seitens der Hochschule organisiert? Welche speziellen Kurse, Examinatorien, universitätseigene Repetitorien gibt es für eine schnelle und zielgerichtete Examensvorbereitung?

Wenn sich Ihre Auswahl nun auf einige wenige Kandidaten verengt hat, sollten Sie, wenn irgend möglich, Ihre zukünftige Hochschule besichtigen. Manche Universitäten bieten für Schüler auch besondere Schnupperveranstaltungen oder eine Schnupperwoche an; nehmen Sie solche Angebote wahr. Setzen Sie sich in einige Vorlesungen. Besuchen Sie das juristische Seminar (so wird auch das Gebäude der juristischen Fakultät bezeichnet) und die Universitätsbibliothek. Bekommen Sie ein Gespür für die Universität, aber auch die Stadt drumherum. Die alles entscheidende Frage muss sein: Kann ich mich hier so wohl fühlen, dass ich die in erheblichem Maße prägenden Jahre meines Lebens hier verbringen möchte?

Schwerpunkte und Profile der Hochschulen

Die Ausbildung an den juristischen Fakultäten in Deutschland unterscheidet sich im Bereich der Pflichtfächer nicht großartig – das kann sie auch gar nicht, weil alle Universitäten auf den staatlichen Teil der Ersten Juristischen Prüfung vorbereiten. Die Vorlesungen orientieren sich daher (mindestens) am Prüfungsstoff der Ersten Juristischen Prüfung, und dieser ist deutschlandweit in wesentlichen Teilen deckungsgleich. Die Festlegung des Prüfungsstoffs wird zwar durch den Landesgesetzgeber getroffen und kann daher in Randbereichen von Bundesland zu Bundesland abweichen; die wesentlichen Säulen des Jurastudiums sind aber überall die Gleichen. Innerhalb eines Landes decken die Fakultäten den Pflichtteil des Prüfungsstoffes ohnehin weitestgehend vergleichbar ab.

Umso mehr unterscheidet sich aber das Angebot in den über die reine Vermittlung des Pflichtstoffes hinausgehenden Bereichen. Viele Fakultäten bemühen sich, besondere Schwerpunkte zu entwickeln (zu den eigentlichen Schwerpunktbereichen, die für die Erste Juristische Prüfung wichtig sind, sogleich). Das kann zum einen auf einem besonderen zentralen Gebiet sein wie dem Patent- oder Urheberrecht oder dem Steuerrecht, aber auch in auf den ersten Blick eher exotisch erscheinenden Bereichen wie z.B. dem Umweltstrafrecht oder dem Medizinrecht. Mancher künftige Student bringt ja vielleicht schon eine feste Vorstellung mit, in welche konkrete Richtung er sich entwickeln möchte. Vielleicht weiß er auch schon, in welchem Bereich er später tätig sein will, weil er z.B. in die elterliche Anwaltskanzlei, die auf die Strafverteidigung spezialisiert ist, einsteigen möchte. Für solche Studierende ist das Schwerpunktangebot ein wirklich zentrales Kriterium bei der Hochschulwahl. Einen Fokus setzen die Universitäten insoweit ja auch durch die Auswahl der Hochschullehrenden und deren Forschungsinteressen, die eine Fakultät zu prägen wissen. Eine juristische Fakultät, an der mehrere Völkerrechtler tätig sind, wird andere Seminare, Zusatzvorlesungen, Kolloquien, Tagungen anbieten als eine Fakultät, die ihr Augenmerk besonders auf die Rechtsgeschichte oder das Wirtschaftsrecht setzt.

Hier kann man dann auch als Student schon wertvolle Kontakte knüpfen

Lohnenswert und wichtig ist immer auch ein Blick auf die sog. Schwerpunktbereiche. Nach der Änderung des Deutschen Richtergesetzes aus dem Jahr 2002 wird ein nicht unerheblicher Teil, nämlich 30%, der Note des ersten Examens durch eine Universitätsprüfung abgebildet, deren Inhalt von den Fakultäten bestimmt wird (siehe hierzu sogleich Kapitel 2, 2d). Die Fakultäten haben hier einen besonderen Gestaltungsspielraum, denn die konkrete Festlegung der Bereiche und ihre Ausgestaltung liegt in ihrer Autonomie. Dabei kann man nicht nur auf die fachliche Ausrichtung des Schwerpunktbereichs achten, sondern auch darauf, wie viele Semesterwochenstunden ein Schwerpunktbereich erfordert und welche Art von Prüfungen erforderlich sind, um die richtige Wahl zu treffen.

Auch Kooperationen mit anderen Institutionen wie Gerichten, oder auch ausländischen Universitäten schärfen das Profil. Auch die Max-Planck-Institute (MPI) sind hier zu nennen. An den MPIs wird ausschließlich Forschungsarbeit betrieben; Studenten mit einem besonderen Interesse an der Wissenschaft werden eine solche Anbindung zu schätzen wissen.

Tipp:

Max-Planck-Institute gibt es für Jura in

- Hamburg (Zivilrecht, mit internationaler Ausrichtung),
- Frankfurt (Rechtsgeschichte),
- Heidelberg (Völkerrecht),
- Freiburg (Strafrecht und Strafprozessrecht mit internationaler Ausrichtung),
- München (Sozialrecht, Steuerrecht und Öffentliche Finanzen, Immaterialgüter- und Wettbewerbsrecht).

Schlussendlich sollte man auch ein wenig über den rein juristischen Tellerrand schauen. Manche Fakultäten bieten interessante zusätzliche Möglichkeiten oder integrierte Studiengänge. Das kann so aussehen wie an der Universität Bayreuth, die eine wirtschaftswissenschaftliche Zusatzausbildung anbietet oder wie an der Leibniz Universität in Hannover, an der man mit dem Zertifikat für anwaltliche

Berufspraxis eine zusätzliche anwaltsorientierte Ausbildung erfahren kann. Auch grenzüberschreitende Studiengänge sind interessant; so bietet etwa die LMU München in Kooperation mit der Université Paris II-Assas einen integrierten Studiengang im deutschen und französischen Recht an. Teilnehmer können in Frankreich die sog. Licence oder die Maitrise en droit ablegen und dann in Deutschland die Erste Juristische Prüfung ablegen.

4. Die Finanzierung

Ein Studium muss auch finanziert werden, da beißt die Maus keinen Faden ab. Das Jurastudium gehört an sich noch zu den „preiswerten" Studiengängen. Die Lehrbücher und Kommentare sind zwar nicht billig, aber vergleichsweise doch noch erschwinglich. Aber schon der Besuch eines Repetitoriums (hierzu sogleich Kapitel 2, 2g) kann das Studium erheblich verteuern. Gerade in den größeren Städten sind es ohnehin hauptsächlich die Kosten für das Wohnen und die Lebenshaltung, die finanziert werden wollen.

a. Finanzierung durch die Eltern

Zur Finanzierung durch die Eltern gibt es hier nicht viel zu sagen. Wenn das so klappen kann, ist es ein guter Weg für Sie. Bieten Ihre Eltern Ihnen die Finanzierung des Studiums an, dürfen Sie das Angebot dankbar annehmen und die gewonnene Zeit in das Studium stecken. Die steuerlichen Vorteile für Eltern, die ihr Kind im Studium unterstützen, sind zwar nicht enorm, aber es gibt sie. Für Kinder, die noch nicht das 25. Lebensjahr vollendet und noch keine Ausbildung oder Studium abgeschlossen haben, beziehen die Eltern weiterhin Kindergeld beziehungsweise können den Kinderfreibetrag geltend machen. Für Kinder, die auswärts wohnen, können Eltern außerdem einen sogenannten Ausbildungsfreibetrag erhalten. Im Jahr 2020 betrug dieser immerhin 924,– Euro pro Jahr. Außerdem können Eltern Beiträge zur Krankenversicherung des Kindes als eigene Sonderausgaben steuermindernd geltend machen. Die eigentlichen Kosten des Studiums (wie z.B. Kosten für Bücher, etc.) kann aber immer nur der Student selbst absetzen, nicht die Eltern.

b. Ausbildungsförderung/ BAföG

Ein Anspruch auf Ausbildungsförderung, BAföG, hängt von Ihren bzw. von den Einkommens- bzw. Vermögensverhältnissen Ihrer Eltern ab und davon, wo Sie wohnen. Die Berechnungsgrundlage ist nicht unkompliziert und knüpft im Wesentlichen an steuerrechtliche relevante Sachverhalte an. Für ein Erststudium wird BAföG zur Hälfte als Zuschuss und zur Hälfte als zinsloses Darlehen geleistet. Die Förderungshöchstdauer beträgt für Juristen zehn (früher: neun) Semester inklusive Examen. Die Rückzahlungsverpflichtung beginnt fünf Jahre nach dem Ende der Förderungshöchstdauer. Der maximale Zeitraum für die Tilgung beträgt 20 Jahre.

Tipp:

Nähere Informationen und Antragsformulare finden Sie unter https://www.bafög.de. Auskünfte erteilen im Übrigen alle Ämter für Ausbildungsförderung und die Studentenwerke.

c. Stipendien

Stipendiengeber verlangen in aller Regel einen deutlich überdurchschnittlichen Leistungsstand und oft zusätzlich ein besonderes gesellschaftliches oder politisches Engagement. Ein Stipendiat muss in die „Förderidee" der betreffenden Stiftung hineinpassen. Es gibt reine Begabtenstiftungen (z.B. die Studienstiftung des Deutschen Volkes), daneben konfessionelle, politische und verbandsgebundene Stiftungen. Ein Stipendium bringt oft nicht nur einen unmittelbaren finanziellen Vorteil, sondern teilweise gibt es auch stiftungseigene Seminarangebote. Die wichtigsten Stiftungen sind:

- Cusanuswerk, Bischöfliche Studienförderung
- Friedrich-Naumann-Stiftung
- Evangelisches Studienwerk e.V., Haus Villigst
- Konrad-Adenauer-Stiftung e.V.
- Friedrich-Ebert-Stiftung e.V.
- Hans-Böckler-Stiftung
- Studienstiftung des deutschen Volkes e.V., Hanns-Seidel-Stiftung e.V.

- Stiftungsverband Regenbogen e.V.
- Stiftung der Deutschen Wirtschaft für Qualifizierung und Kooperation

d. Eigene Erwerbstätigkeit/Jobben

Für die meisten Studenten geht es schlicht nicht ohne Nebenjob. Den meisten ist natürlich bewusst, dass die Energie, die man in das Geldverdienen steckt, an anderer Stelle fehlt. Bedenken Sie auch, dass die Semesterferien (eigentlich und richtiger: die vorlesungsfreie Zeit) während des Jura-Studiums nicht „frei" sind. In dieser Zeit sind die sog. Hausarbeiten (dazu sogleich) anzufertigen, sodass Sie einige Wochen in der Bibliothek verbringen werden. Auch sind während des Studiums insgesamt drei Monate Pflichtpraktikum in der vorlesungsfreien Zeit abzuleisten. Allerdings kommt es auch darauf an, welchen Job man sich sucht. Eine Stelle als studentische Hilfskraft an einem Lehrstuhl, wo man vom Fach etwas mitbekommt und vielleicht auch wertvolle Kontakte knüpfen kann, ist sicher anders zu beurteilen als ein Job in einer Kneipe, der Sie bis morgens um drei in die Pflicht nimmt. Die Möglichkeiten, neben dem Studium Geld zu verdienen, können auch ein wesentlicher Faktor für die Wahl des Studienortes sein. Wer sein Studium durch Jobben in einer Großkanzlei verdienen möchte, ist in Frankfurt am Main besser aufgehoben als in Frankfurt an der Oder. Wenn Sie merken, dass sich das Studium wegen des Jobbens in die Länge zieht, lohnt es sich, noch einmal mit spitzer Feder zu rechnen, ob nicht ein Kredit (dazu sogleich) die bessere Lösung ist. Vor allem in der Phase der Examensvorbereitung sollten Sie den Rücken frei haben. Länger studieren bedeutet immer auch, erst später „richtiges" Geld im Beruf verdienen zu können. Auch als Rechtsreferendar wird man zwar noch nicht reich, kommt mit den Bezügen aber immerhin schon ganz gut über die Runden.

e. Bankkredit

Eine Alternative stellt die Finanzierung des Studiums durch einen Bankkredit dar. Der Gedanke wird hierzulande zunächst den einen oder anderen noch befremden. In den USA – wo allerdings ein Studium am College und später an der Law School auch eine horrende Summe Geld kostet – ist dies der gängige Weg. Inzwischen setzt sich aber auch in Deutschland mehr und mehr der Gedanke durch, dass ein Studium kreditfinanziert werden kann und die Banken sind auf diesen Zug aufgesprungen. Die nationale Förderbank Kreditanstalt für Wiederaufbau KfW bietet, anders als Geschäftsbanken, sogar zinslose Studienkredite unabhängig vom eigenen Einkommen und vom elterlichen Einkommen an. Mit derzeit maximal 650,– Euro pro Monat lassen sich so auch Zweitstudiengänge, bestimmte Weiterbildungen und Promotionsvorhaben finanzieren.

Tipp:

Informationen zu den Studienkrediten der Förderbank KfW finden Sie unter
https://www.kfw.de/inlandsfoerderung/Privatpersonen/Studieren-Qualifizieren/Studium-finanzieren

Kapitel 2. Der Inhalt und Ablauf des Studiums

Im Folgenden wollen wir Sie ermuntern, Ihren Studienverlauf zu planen und in die Hand zu nehmen. Wir möchten also Tipps geben für eine individuelle Gestaltung des klassisches Universitätsstudiums Jura (zu den grundsätzlich anderen Möglichkeiten, Recht an Universitäten oder Fachhochschulen zu studieren siehe oben Kap. 1, 1). Gemeint ist also das Studium an der Universität, das auf den Abschluss mit der Ersten Juristischen Prüfung zielt. Diese Ausbildung ist auf Wissenschaftlichkeit und Praxisbezug zugleich ausgerichtet. Die genaue Verteilung des Stoffes auf das gesamte Studium wird von den Fakultäten in so genannten Studienplänen festgelegt. Es handelt es sich hierbei gerade nicht um ein eher „verschultes" Bachelor- bzw. Masterstudium. In dieser Hinsicht ist Jura vielmehr eines der ganz wenigen Studienfächer, die sich dem Bologna-Prozess entzogen haben. Im Anschluss an die Erste Juristische Prüfung kann man ein Referendariat absolvieren, das Zweite Juristische Staatsexamen ebnet dann den Weg zum Volljuristen.

Mit der universitären Ausbildung einher geht die akademische Freiheit, die es einerseits zu nutzen gilt und in der man sich andererseits nicht verlieren darf. Für das Jura-Studium braucht man ein hohes Maß an Eigenverantwortung. Verbindliche Stundenpläne, die für einen Studenten in irgendeiner Form bindend wären, gibt es an den Jura- Fakultäten nicht. Jeder Student ist frei, sich einen Stundenplan selbst zusammen zu stellen; jeder Stundenplan, den Sie auf den Webseiten Ihrer Universität oder der Fachschaft finden, ist daher auch immer nur ein Vorschlag zur sinnvollen Studiengestaltung und Zeiteinteilung (Beispiele, wie so ein Stundenplan in den verschiedenen Semestern aussehen kann, finden Sie übrigens im Anhang S. 249 ff.).

Wie Sie sich das Wissen, das in den Prüfungen verlangt wird, aneignen, ist Ihre eigene Sache. Ob Sie überhaupt die Universität aufsuchen oder nur im Café sitzen wollen, ob Sie in der Gruppe studieren oder alles allein lernen möchten, ebenfalls. Solange Sie die Prüfungen bestehen, können Sie also tun und lassen, was Sie möchten. Damit gilt aber auch: eine gute Planung des Studiums ist schon mal die halbe Miete. Man kann Jura dabei auf recht unterschiedliche Weise studieren; die einen streben pfeilgerade nach einem möglichst schnellen Abschluss, möglichst dem Freischuss. Andere wollen auch die kleinen und feinen Pfade jenseits der breiten Wege gehen und das Studium nicht nur auf das Ziel „Examen“ hin ausrichten. Beide Ansätze haben ihre Berechtigung, Patentrezepte gibt es nicht. Um die eigenen Wegstrecken richtig planen zu können, brauchen Sie allerdings zuerst eine Vorstellung von den Anforderungen und den Etappen des Jurastudiums, die wir deshalb hier zusammengestellt haben.

1. Die Veranstaltungsformen

Vorab ist es für das Verständnis hilfreich, wenn man sich verdeutlicht, wie Jura an den Universitäten gelehrt wird. Das juristische Studium kennt der Sache nach fünf unterschiedliche Veranstaltungsformen:

- die Vorlesung,
- die Übung,
- das Seminar,
- die Arbeitsgemeinschaften,

- sonstige Veranstaltungen.

Im Laufe eines Studiums werden die verschiedenen Fächer und Inhalte also in unterschiedlichster Art und Weise von unterschiedlichen Dozenten vorgetragen und an die Studenten herangetragen. Das hat den Vorteil, dass man immer wieder neue Perspektiven auf den Stoff erhält. Der Nachteil ist, dass man als Student gerade am Anfang schnell damit überfordert ist, den Überblick zu behalten; das ist aber in gewisser Weise systemimmanent und nicht der Fehler des einzelnen Studenten. Es bleibt zum Trost, dass im Laufe des Studiums das Verständnis wachsen wird und dann greift der Erfahrungssatz, dass man bei einer Abwechslung von Hören (Lehrveranstaltungen), Lesen (Selbststudium) und eigenem Tun (Arbeitsgemeinschaften und Kolloquien) am meisten bewältigt.

a. Die Vorlesung und der Podcast

Bei der Vorlesung wird der Stoff von der lehrenden Person- meistens dem Lehrstuhlinhaber selbst- frontal vermittelt. Eine Vorlesung dauert in der Regel 90 Minuten. In den Anfangssemestern kann es durchaus auch einmal Vorlesungen mit mehreren hundert Zuhörern im AudiMax geben. Wenn Dozierende, Politiker und Zeitungen von überfüllten Hörsälen sprechen, meinen sie idR. diese Anfängerveranstaltungen. In den späteren Semestern leeren sich die Hörsäle deutlich. Die Gestaltung der Vorlesung, insbesondere inwieweit die Zuhörer und ob optische oder akustische Hilfsmittel (z.B. Power Point Präsentationen, etc.) einbezogen werden, hat der Lehrende in der Hand. Das Ziel der Vorlesung ist es, den jeweiligen Stoff systematisch und zusammenhängend vorzutragen, häufig werden Prinzipien auch an einzelnen Fällen verdeutlicht.

Tipp:

Bei den Vorlesungen müssen Sie im Vorlesungsverzeichnis immer genau hinsehen, ob die Veranstaltung „c.t" oder „s.t." beginnt. Steht „9.00 Uhr c.t." im Verzeichnis, bedeutet das, dass die Veranstaltung „cum tempore", also eine Viertelstunde später um 9.15 Uhr anfängt. „9.00 Uhr s.t." steht hingegen für „sine tempore"; eine solche Vorlesung beginnt pünktlich um 9.00 Uhr.

Viele Dozenten stellen ihre Vorlesungen inzwischen auch als Podcasts online zur Verfügung; teilweise sind diese sogar frei für jedermann im Internet abrufbar. Solche Podcasts bieten auch eine gute Gelegenheit, einmal Dozenten von anderen Universitäten zu hören.

Gleichgültig, ob man sie im Hörsaal live mitverfolgt oder als Podcast- der Zuhörer ist bei der Vorlesung auf eine passive Rolle beschränkt. Die Stoffdichte ist in aller Regel hoch. Die Qualität des Unterrichts hängt sehr an der lehrenden Person. Wieviel man selbst profitiert, hängt im großen Maße auch davon ab, inwieweit man die Vorlesungen selbst aktiv vorbereitet, mitschreibt und nachbereitet.

Niemand kontrolliert den Besuch einer Vorlesung – Anwesenheitslisten gibt es nicht. Je nach Qualität der Vorlesung bleiben bei manchem Professor dann auch die Studierenden im Laufe des Semesters bei den Vorlesungen mehr und mehr weg. Es gibt Vortragende, die ihr Publikum innerhalb von Minuten einschläfern- und andere, denen ein ganzer Hörsaal auch zu später Stunde noch gebannt zuhört. Man kann durchaus auf den Besuch der Vorlesungen, die man selbst als wenig gewinnbringend empfindet, verzichten. Wichtig ist aber, dass man für die studienbegleitenden Kontrollen und vor allem dann am Ende des Studiums den jeweiligen Stoff parat hat; wie man sich den Stoff aneignet, ist gleichgültig. Ein Problem ist, dass man gerade als Anfänger nicht sicher beurteilen kann, ob sich der Besuch einer Vorlesung lohnt. Nicht jede Vorlesung, die quälend wirkt, ist unsinnig. Andererseits gibt auch ein lückenloser Besuch aller Vorlesungen keine Garantie, das Examen zu bestehen. So ist es am Ende des Tages eine individuelle Entscheidung: Wenn der Lehrende in der Veranstaltung Ihnen etwas vermitteln kann und Sie etwas lernen können– dann gehen Sie hin. Sonst lernen Sie den Stoff eben anders. Seien Sie sich aber der eigenen Verantwortung für Ihr persönliches Fortkommen stets bewusst.

b. Die Übung

Die meisten Universitäten geben sich inzwischen sehr viel Mühe dabei, die Studierenden mit dem Stoff aus der Vorlesung nicht mehr ganz allein zu lassen. Sie bieten zur Ergänzung Vertiefungs- und Übungsveranstaltungen an. In der Übung wird die Praxis der Fallbearbeitung und damit das eigentliche juristische Handwerk trainiert. Die Lösung eines praktischen Falles ist ja auch das, was man in den Klausuren von Ihnen verlangt. In den Übungen werden gleichzeitig auch die sog. „Scheine" erworben, also die Prüfungen bestanden, die zum Weitervorrücken berechtigen. Man hat zunächst die „kleinen Scheine", später die „großen Scheine" abzulegen (dazu sogleich). Meistens sind die Übungen daher auch Pflichtveranstaltungen. Viele Universitäten haben, gerade für die Studienanfänger, Vorlesungen mit den jeweils passenden Übungen zu einem sog. „Grundkurs" zusammengefasst; in den ersten Semestern besucht man dann den „Grundkurs Zivilrecht", den „Grundkurs Strafrecht", etc. Ein Grundkurs ist also nichts anderes als die Kombination aus mehreren, inhaltlich zusammenhängenden Vorlesungen und Übungen zu einer einheitlichen Lehrveranstaltung.

c. Die Arbeitsgemeinschaft

In den Arbeitsgemeinschaften (die in manchen Bundesländern Propädeutische Übungen heißen) werden wie in den Übungen Fälle gelöst und das praktische Arbeiten eingeübt. Die Arbeitsgemeinschaften werden meist von Assistenten geleitet. Ihre Besonderheit ist die beschränkte Teilnehmerzahl; hier sitzen die Studenten wie früher in Klassenstärke zusammen und sollen das Erlernte selbst anwenden und einüben. Hier lernen Sie unmittelbar selbst, konkrete juristische Probleme zu lösen. Während der Professor beispielsweise in der Vorlesung über die Prinzipien des Mieterschutzes bei der Wohnraummiete referiert hat, berechnen Sie in der Übung die konkrete Kündigungsfrist bei einem Mietvertrag über eine Doppelhaushälfte bei einer Mietdauer von mehr als 8 Jahren. Wir können Sie nur ermutigen, jedes Angebot in Kleingruppen anzunehmen und selbst aktiv zu werden. Bildung ist keine Einbahnstraße. Sich passiv mit juristischen Erkenntnissen berieseln zu lassen, ist das eine. Aktiv zu werden, Jura selbst anzuwenden, ist das andere. Wir werden hierauf auch noch bei unseren Tipps zum selbstbestimmten Lernen eingehen (s. Kapitel 5).

d. Das Seminar

Seminare schließlich bieten den eigentlichen Berührungspunkt von Studierenden mit der Wissenschaft. In Seminaren soll der einzelne Student selbstständig und individuell ein Thema wissenschaftlich bearbeiten und später im Kreis der Seminarteilnehmer vortragen. Ein Seminar gibt so auch die Möglichkeit, in die Wissenschaft und Forschung wenigstens ein bisschen hineinzuschnuppern.

e. Weitere Veranstaltungsformen

Daneben gibt es noch weitere Lehrveranstaltungen, die sich nicht so wirklich zuordnen lassen. Hierzu zählen zum einen die Kolloquien, die ein Zwischending zwischen Vorlesung und Übung bzw. Arbeitsgemeinschaft bilden. Außerdem gibt es – gerade im Rahmen des Angebotes von Zusatzqualifikationen- besondere Veranstaltungsformen, etwa Übungen zur Rhetorik und Mediation, Sprachkurse, aber auch die Simulation von Gerichtsverhandlungen (sog. moot courts oder mock trials). Diese sonstigen Lehrveranstaltungen werden in der Regel in kleineren Gruppen durchgeführt und leben von der Mitarbeit der Studenten.

2. Der Studienablauf

Das Jurastudium lässt sich in mehrere deutlich abgrenzbare Studienabschnitte unterscheiden: das Grundstudium, dem folgend das Haupt- und Schwerpunktstudium und schließlich die eigentliche Examensvorbereitung.

Zum Hintergrund:
§ 5 a des Deutschen Richtergesetzes (DRiG) regelt für das Jurastudium:
(1) [1]Die Studienzeit beträgt viereinhalb Jahre; diese Zeit kann unterschritten werden, sofern die jeweils für die Zulassung zur universitären Schwerpunktbereichsprüfung und zur staatlichen Pflichtfachprüfung erforderlichen Leistungen nachgewiesen sind.

> [2]Mindestens zwei Jahre müssen auf ein Studium an einer Universität im Geltungsbereich dieses Gesetzes entfallen.
>
> (2) [1]Gegenstand des Studiums sind Pflichtfächer und Schwerpunktbereiche mit Wahlmöglichkeiten. [2]Außerdem ist der erfolgreiche Besuch einer fremdsprachigen rechtswissenschaftlichen Veranstaltung oder eines rechtswissenschaftlich ausgerichteten Sprachkurses nachzuweisen; das Landesrecht kann bestimmen, dass die Fremdsprachenkompetenz auch anderweitig nachgewiesen werden kann. [3]Pflichtfächer sind die Kernbereiche des Bürgerlichen Rechts, des Strafrechts, des Öffentlichen Rechts und des Verfahrensrechts einschließlich der europarechtlichen Bezüge, der rechtswissenschaftlichen Methoden und der philosophischen, geschichtlichen und gesellschaftlichen Grundlagen. [4]Die Schwerpunktbereiche dienen der Ergänzung des Studiums, der Vertiefung der mit ihnen zusammenhängenden Pflichtfächer sowie der Vermittlung interdisziplinärer und internationaler Bezüge des Rechts.
>
> (3) [1]Die Inhalte des Studiums berücksichtigen die rechtsprechende, verwaltende und rechtsberatende Praxis einschließlich der hierfür erforderlichen Schlüsselqualifikationen wie Verhandlungsmanagement, Gesprächsführung, Rhetorik, Streitschlichtung, Mediation, Vernehmungslehre und Kommunikationsfähigkeit. [2]Während der vorlesungsfreien Zeit finden praktische Studienzeiten von insgesamt mindestens drei Monaten Dauer statt. [3]Das Landesrecht kann bestimmen, daß die praktische Studienzeit bei einer Stelle und zusammenhängend stattfindet.
>
> (4) Das Nähere regelt das Landesrecht.

Damit beträgt die Studienzeit mindestens viereinhalb Jahre. Nach diesen 9 Semestern (vor 2019: 8 Semestern) kann man in den Freiversuch des Examens gehen (dazu sogleich). Die hiervon zu unterscheidende sog. Regelstudienzeit, die nicht in § 5a DRiG, sondern in § 5d DRiG geregelt wird, wurde im November 2019 von 9 auf 10 Semester erhöht, auch um einen Gleichlauf mit den Masterstudiengängen zu schaffen. Diese Regelstudienzeit ist auch maßgeblich für die Dauer einer BAföG – Förderung. Die Zeit, die für die jeweiligen Studienabschnitte innerhalb des Gesamtstudiums veranschlagt werden muss, können wir nur ungefähr angeben, da es hierfür maßgeblich auf das individuelle Studientempo ankommt.

Zwar verteilen die Universitäten den Prüfungsstoff so auf die einzelnen Semester, das man sich bis zum Examen hin den gesamten Stoff aneignen kann. Jede juristische Fakultät hält auch auf ihrer Webseite Vorschläge für Musterstundenpläne zumindest für die Anfangssemester bereit (siehe hierzu auch die Zusammenstellung im Anhang). Sinnvollerweise nehmen Sie aber die universitären Vorgaben nur als den Rahmen – wenn auch einen guten und festen Rahmen – für Ihren individuellen Werdegang bis hin zum Examen. Abweichungen vom festgelegten Studienplan können jederzeit im Laufe des Studiums auch ungeplant entstehen. So mögen sich private Dinge verändern, die Sie interessierenden Veranstaltungen überschneiden sich plötzlich in einem Semester, Sie wollen Zeit im Ausland verbringen. Oder Sie wechseln die Hochschule und es kommt zu Abweichungen im Aufbau im Vergleich zur früheren Fakultät. Weiter werden jene Fächer, die man in den ersten Semestern lernt, nicht unbedingt schon auf Examensniveau gelehrt oder man hat sie sich selbst noch nicht in der erforderlichen Tiefe angeeignet. Erfahrungsgemäß ist im universitären Studienplan die Examensvorbereitungsphase eher knapp bemessen, sodass es sich lohnt, einige Lehrveranstaltungen vorzuziehen, um zum Ende hin möglichst viel „Luft“ zu gewinnen. Auch insoweit muss man also individuell feinsteuern. Jeder Student sollte sich deswegen einen eigenen „Studienplan“ anlegen und nach Bedarf immer wieder nachjustieren. Behalten Sie dabei auch im Blick, dass die Fakultät eventuell nicht jede Veranstaltung in jedem Semester anbieten kann,

a. Das Grundstudium

Das Studium beginnt – und dies ist wenig überraschend – mit dem Grundstudium, das je nach Ausgestaltung etwa vier bis fünf Semester dauert. Das Grundstudium ist prinzipiell so angelegt, dass hier das Wissensfundament für den staatlichen Teil der Ersten Juristischen Prüfung gelegt wird, also Wissen erworben wird, das von jedem Juristen gleichermaßen erwartet wird. Es findet zunächst eine Einführung in die Rechtswissenschaften statt, insbesondere in die drei Hauptgebiete des Rechts:

- Zivilrecht
- Strafrecht
- Öffentliches Recht.

aa. Die Orientierungsphase am Anfang des Grundstudiums

Für die Orientierung zu Beginn des Studiums darf man sich ein bis zwei Semester Zeit geben. Am Anfang ist alles neu. Man muss erst einmal lernen, sich in der neuen Lebenswelt der Universität zurechtzufinden. Inzwischen bemühen sich viele Universitäten besonders um die Studienanfänger, die ja in den Zeiten eines achtjährigen Gymnasiums auch immer jünger werden. So gibt es schon vor Studienbeginn Schnupperveranstaltungen und mit Semesterbeginn spezielle Angebote für die Neulinge. Gerade in den ersten beiden Semestern wird von den meisten juristischen Fakultäten noch eine Führungsrolle eingenommen; den meisten Erstsemestern, die das verschulte Lernen am Gymnasium kennen, kommt das entgegen. Es gibt ein festes Anfängerprogramm, bestehend aus Vorlesungen und Arbeitsgemeinschaften, teilweise ergänzt durch Tutorien. Die Fachschaften stehen als Ansprechpartner für die Studenten bereit. Ein kontinuierliches Mit- und Nacharbeiten ist im Jura-Studium unverzichtbar und Jura zu lernen ist anspruchsvoll. Nutzen Sie daher alle Angebote zur Einführung in das juristische Lernen an Ihrer Universität.

bb. Die Inhalte im Grundstudium

Im Grundstudium wird das grundlegende Wissen in den zentralen Rechtsgebieten vermittelt. Wie ein „Stundenplan" in den ersten Semestern aussehen kann, zeigen wir an einem Beispiel im Anhang.

In den Hauptgebieten

Den größten und wichtigsten Block bilden, wie gesagt, die drei Hauptgebiete des Rechts, also Zivilrecht, Strafrecht und Öffentliches Recht. Die meisten Universitäten bieten von Anfang an Unterricht in allen drei Fächern an; es gibt allerdings auch Universitäten wie z.B. die LMU München, die in den ersten beiden Semestern für die Anfänger nur das Zivilrecht und das Öffentliche Recht vorsehen. Das Strafrecht kommt dann erst ab dem dritten Semester dazu. Beide Ansätze haben ihre Berechtigung.

Im Zivilrecht beschäftigt man sich am Anfang vor allen mit dem zentralen Gesetz in diesem Bereich, dem Bürgerlichen Gesetzbuch (BGB), dort mit den ersten drei „Büchern“ (Teilen) des BGB.

Zum Hintergrund:
Das Bürgerliche Gesetzbuch BGB ist in fünf Bücher aufgeteilt; an diesen orientiert sich auch der Aufbau des Studiums.

- Buch 1: Allgemeiner Teil (§§ 1-240 BGB)
- Buch 2: Recht der Schuldverhältnisse (§§ 241-853 BGB)
- Buch 3: Sachenrecht (§§ 854-1296 BGB)
- Buch 4: Familienrecht (§§ 1297-1921 BGB)
- Buch 5: Erbrecht (§§ 1922-2385 BGB).

Ganz zu Beginn lernt man den Allgemeinen Teil des BGB sowie das Schuld- und das Deliktsrecht kennen. Etwas später kommt das sog. Sachenrecht dazu. Der Allgemeine Teil des BGB regelt z.B., wie überhaupt ein Vertrag zustande kommt (nämlich durch Angebot und Annahme). Im Schuldrecht beschäftigt man sich mit Vertragsbeziehungen: welche Recht hat ein Käufer, ein Mieter, ein Auftraggeber, wenn bei der Vertragserfüllung etwas schiefgeht? Teil des Schuldrechts ist auch das sog. Deliktsrecht. Hier geht es um unerlaubte Handlungen: welche Rechte hat das Opfer einer Schlägerei gegen den Täter? Gibt es Schadenersatz? Gibt es Schmerzensgeld für erlittene Verletzungen? Im Sachenrecht befasst man sich z.B. mit der Eigentumsübertragung an Immobilien und beweglichen Gegenständen.

Im Öffentlichen Recht beginnt man an vielen Universitäten mit den „großen Ideen“, dem Staatsrecht und den Grundrechten. Man beginnt, ein Verständnis für die bundesdeutsche Verfassung, das Grundgesetz (GG) und die Verfassungen der Bundesländer zu entwickeln und lernt die Grundrechte als grundlegende Freiheitsrechte kennen. Sodann arbeitet man sich vor in die „Niederungen“ des Verwaltungsrechts, wie z.B. das Kommunalrecht oder das Polizei- und Sicherheitsrecht in den Ländern. Die Fragen, mit denen man sich befasst, reichen also von „Was darf der Bundespräsident?“ zu „Was darf der Bürgermeister?“.

Im Strafrecht befasst man sich – wenig überraschend- mit dem Strafgesetzbuch StGB. Auch dieses hat einen Allgemeinen Teil, der allgemeine Prinzipien wie Täterschaft und Teilnahme, Versuch und Irrtum, etc. regelt. Zum anderen blickt man auf den Besonderen Teil des StGB, der die einzelnen Delikte wie Diebstahl, Brandstiftung oder Totschlag enthält. In allen drei Gebieten wirft man auch einen ersten Blick auf die jeweilige Prozessordnung: im Zivilrecht ist das die Zivilprozessordnung ZPO, im Strafrecht die Strafprozessordnung StPO und im Verwaltungsrecht die Verwaltungsgerichtsordnungen VwGO.

Auswahlmöglichkeiten im Pflichtprogramm haben Sie zu Beginn des Studiums nur wenig oder gar nicht. In den ersten zwei Semestern geht das Studium eher langsam und sorgfältig voran. Im Grundstudium bleibt damit auch noch Zeit, ein wenig über den Tellerrand zu schauen. Gut möglich ist es zu diesem Zeitpunkt, parallel zum Studieneinstieg in das Studium Generale und die Vorlesungen anderer Fakultäten hineinzuschauen.

cc. Grundlagenfächer

Einen zweiten Block bilden die so genannten Grundlagenfächer. Hierzu zählen insbesondere

- Rechts- und Staatsphilosophie,
- Rechts- und Verfassungsgeschichte, oft auch weiter aufgeteilt in
  - Römische Rechtsgeschichte
  - Deutsche Rechtsgeschichte
- Rechtssoziologie,
- Juristische Methodenlehre (hier geht es um die verschiedenen Werkzeuge der Gesetzesauslegung für mehrdeutige Fälle (Analyse des Wortlauts, Entstehungsgeschichte, systematischer Zusammenhang, Zweck der Regelung, etc.))

Das in den Grundlagenfächern erworbene Wissen wird später nicht direkt in einer Prüfung abgefragt, man schreibt also nicht etwa eine Klausur aus der Rechtsgeschichte. Vielmehr geht es darum, ein Hintergrundwissen und Verständnis für Zusammenhänge zu erwerben. Wer weiß, auf welchen historischen Fundamenten das Grundgesetz steht, wird es mit einem ganz anderen Blickwinkel lesen als derjenige, dem die geschichtliche Verankerung fehlt. Wie „alles mit allem" zusammenhängt, ist am Anfang trotzdem manchmal schwer zu durchschauen. Nehmen Sie es also ruhig als normal hin, wenn Sie zunächst das Gefühl beschleicht, auch einmal in der Vielfalt des Angebots verloren zu gehen. Erst allmählich wird das Verständnis für die Zusammenhänge und für die Methode des juristischen Arbeitens wachsen. Manche Fragestellungen der Grundlagenfächer durchdringt man, ehrlich gesagt, auch so richtig erst gegen Ende des Studiums, wenn man sich schon jahrelang mit dem einschlägigen Recht beschäftigt hat.

dd. Das juristische Handwerkszeug

Eher „nebenbei" lernt man noch weitere wichtige Fähigkeiten im Grundstudium; hierzu zählen insbesondere die „Hilfstechniken der Juristerei", die man sich allerdings möglichst zügig aneignen sollte. Da sind zunächst einmal die Recherchetechniken. Um ein rechtliches Problem zu lösen, wird sich der Jurist einerseits mit der Rechtsprechung, die zu diesem Problempunkt bereits ergangen ist, auseinandersetzen. Auf der anderen Seite wird er die juristischen Kommentare und einschlägigen Literatur hierzu durchsehen. Immer mehr an Bedeutung gewinnt die Recherche in juristischen Datenbanken, die so banal nicht ist. Nutzen Sie also die Angebote Ihrer Universität zur Einführung in dieses Handwerkszeug. Je schneller man sich das Material zu juristischen Problemstellungen – sei es in Bibliotheken, sei es online- finden und sinnvoll zusammenstellen kann, desto schneller kann man sich der eigentlichen Problemlösung zuwenden. Das ist eine Befähigung, die sich lebenslang als nützlich erweisen wird.

Tipp:

Die wichtigste juristische Zeitschrift ist die Neue Juristische Wochenschrift NJW; ohne sie kommt wohl kaum ein Jurist aus. Für Jurastudenten gibt es aber spezielle Ausbildungszeitschriften. In diesen wird einerseits die aktuelle Rechtsprechung vorgestellt, auf der anderen Seite werden in Aufsätzen und Beiträgen relevante juristische Probleme, aber auch allgemeine Themen rund um die Ausbildung aufbereitet. Sie sind eine gute Hinführung zur Lektüre der Fachzeitschriften, die es in einer Vielzahl für jedes Rechtsgebiet gibt. Auch geben Sie zahlreiche praktische Hilfestellungen zu Studium und Prüfung. Die bekanntesten Ausbildungszeitschriften sind

- Die Juristische Schulung, kurz: JuS
- Die Juristische Ausbildung, kurz: JA

Der Jurist muss aber ein Problem nicht nur lösen, er muss die Lösung auch darlegen, begründen und erläutern können. Im Studium wird diese Leistung ohnehin fast nur in schriftlicher Form abgefragt, also macht es schon aus prüfungstechnischer Sicht Sinn, am eigenen Schreibstil zu arbeiten. An US-amerikanischen Universitären sind Kurse im „Legal Writing“ schon lange üblich; diese Entwicklung kommt, so scheint es, erst langsam an den deutschen Universitäten an. Wenn es an Ihrer Universität solche Angebote gibt, dann nutzen Sie sie – Sie werden ein Leben lang davon profitieren.

ee. Schlüsselqualifikationen während des Studiums

Der berufliche Erfolg hat viele Faktoren, allein das fachliche Können garantiert (leider oder gottseidank) noch nicht die Lorbeeren im späteren Berufsleben. Auch wenn in Studium und Referendariat Veranstaltungen zu Schlüsselqualifikationen angeboten werden, so ist doch festzustellen, dass diese einem nicht immer hinterhergetragen werden. Selbst dann, wenn man als Studierender zusätzliche Kenntnisse erwerben konnte – bei den Zusatzqualifikationen muss man auch später „lebenslang am Ball bleiben“. Dabei wird man feststellen, dass jeder Wissenserwerb später im Berufsleben einen hohen Preis hat – und das in doppelter Hinsicht. Zum einen sind die Kurse – z.B. eine Ausbildung zum vollwertigen Wirtschaftsmediator-teuer, zum anderen muss ich mir ja auch die „Auszeit“ für die Ausbildung erst einmal leisten können, also ggf. Urlaub nehmen oder die eigene Kanzlei für die Dauer der Fortbildung zusperren. Daher kann der Rat nur lauten: Nehmen Sie an Schüsselqualifikationen während des Studiums mit, was geht.

Im Deutschen Richtergesetz ist auch festgelegt, dass Studenten bereits im Studium bestimmte Schlüsselqualifikationen erwerben sollen. Dezidiert nennt das Gesetz

- Verhandlungsmanagement,
- Gesprächsführung,
- Rhetorik,
- Streitschlichtung und Mediation,
- Vernehmungslehre und
- Kommunikationsfähigkeit.

Rhetorik und Kommunikation

Sprache und Kommunikation – obwohl sie für den Juristen eigentlich von so zentraler Bedeutung sind – kommen in der Ausbildung trotzdem noch immer viel zu kurz. Für Prüfungen spielen sie kaum eine Rolle, für den Erwerb der Scheine (dazu sogleich) kommt es fast nur auf schriftliche Leistungen an. Das Studium ist und bleibt sehr theorielastig und bietet grundsätzlich wenig Raum für das praktische Üben, beispielsweise des Auftritts in einem Gerichtssaal. Wer sich selbst einmal ausprobieren will, muss sich immer nach zusätzlichen Angeboten und Möglichkeiten (z.B. moot courts o.ä., dazu sogleich) umschauen.

Allerdings wird man sich später in den wenigsten juristischen Berufen ausschließlich auf das schriftliche Verfassen von Texten zurückziehen können (und vermutlich wäre ein solcher Beruf auch gar nicht so interessant). Fast jeder Jurist braucht auch rhetorische Fertigkeiten – sei es für den mehr oder weniger formalisierten Vortrag wie das Plädoyer im Strafprozess, sei in der Argumentation oder Verhandlungsführung in allen möglichen anderen juristischen Bereichen. Ob Sie in Ihrem späteren Berufsleben eher eine vortragende und beratende Rolle oder eher eine Rolle mit Entscheidungsbefugnissen wahrnehmen, ist dabei gar nicht einmal entscheidend. In allen Rollen müssen Sie bei Ihren juristischen Analysen und bei Ihren Lösungsvorschlägen andere überzeugen und nach Möglichkeit Zustimmung erzielen. Auch ein unabhängiger Richter muss überzeugend verhandeln und sein Ergebnis begründen. Wer nur den Parteien von oben herab ein Ergebnis hinklatscht, wird keine Akzeptanz erfahren. Nicht nur, dass der Richter so Gefahr läuft, dass die Entscheidung in der nächsten Instanz angefochten wird, weil keiner mit dem Ergebnis zufrieden ist – er ist letztlich auch ein „kein guter Richter" insofern, als er den Parteien „nicht gerecht geworden ist".

Wenn wir hier also von Kommunikationsfertigkeiten sprechen, dann ist damit mehr gemeint als die bloße Fertigkeit, rhetorisch mit einer Rede zu überzeugen. Es geht auch um die Fähigkeit, dem Gegenüber aktiv zuzuhören, eine zielführende Gestaltung von Gesprächssituationen sowie ein professionelles Auftreten. Wenn Dinge schiefgehen, in einem Unternehmen, im Verhältnis vom Rechtsanwalt zum Mandanten, vor Gericht, dann oft, weil nicht ausreichend und klar genug kommuniziert wurde. Das Bild des Richters erfuhr in den letzten Jahren ohnehin einen starken Wandel: weg vom Entscheider, hin zum Vermittler zwischen den Parteien, die unter seiner Anleitung selbst eine Lösung finden und in einem Vergleich niederlegen können sollen. Damit ändert sich auch die Rolle des Rechtsanwaltes – weg vom „wilden Kämpfer für die Sache des Mandanten" hin zum Mitwirkenden an der Streitschlichtung. Man muss sich nur den Scheidungsanwalt vor Augen rufen, um zu verstehen, welch zentrale Rolle dem Berater zukommt – und wieviel Streit und Leid er durch eine vernunftgeprägte und emotionsfreie Verhandlungsführung den Beteiligten (und auch Dritten, man denke bei einer Scheidung nur an gemeinsame Kinder) ersparen kann.

In vielen juristischen Berufen hat man es mit Menschen auch in extremen Situationen zu tun. Offensichtlich ist das für den Betreuungsrichter, den Insolvenzverwalter, den Scheidungsanwalt oder den Strafverteidiger; aber genauso sind z.B. viele Arbeitsgerichtsprozesse und Personalentscheidungen für die Betroffenen von elementarer Bedeutung. Machen wir uns nichts vor – oft sind es die Juristen, die die unangenehmen Entscheidungen überbringen bzw. rechtfertigen müssen. Es braucht Fingerspitzengefühl und Einfühlungsvermögen, um situationsangemessen auf den Horizont des jeweiligen Gegenübers einzugehen. Zentral ist eine möglichst präzise und verständliche Sprache, eine nachvollziehbare Gedankenordnung und am Ende eine klare Entscheidung. Mancher bringt von Hause für solche Dinge mehr Talent mit, mancher muss es sich antrainieren.

Verhandlungs- und Konfliktmanagement

In vielen juristischen Zusammenhängen wird vorausgesetzt, dass ein Jurist verhandeln kann. Dies nur von einem Anwalt zu erwarten, wäre wieder viel zu eng gedacht. Unternehmen verhandeln unablässig bei Vertragsanbahnungen, in Tarifkonflikten, in Vergabeverfahren, etc. In der modernen Verwaltung müssen viele Verwaltungsjuristen tagtäglich den Kompromiss suchen zwischen Behörden, Unternehmen und Bürgern. Bei manchen Juristen besteht die interessante Fehlvorstellung, dass jeder von Haus aus „irgendwie verhandeln" könne – und wenn man nur mit der Faust auf den Tisch schlägt, dann setzt man seine Position schon durch. Gerade der Jurist müsste es aber doch besser wissen. Denn „Recht haben" heißt noch lange nicht „Recht bekommen". Was nützt mir der schönste Anspruch gegen den Gegner, wenn ich ihn tatsächlich nicht durchsetzen kann? (Oft auch als Prinzip *„Greif mal einem nackten Mann in die Tasche"* bezeichnet.)

An vielen Universitäten werden Kurse zum Verhandlungs- und Konfliktmanagement angeboten; viele dieser Veranstaltungen basieren auf dem sog. *Harvard Konzept*, mit dem es sich näher auseinanderzusetzen lohnt. Dieses beruht auf dem Ansatz, Lösungen zu suchen, die für beide Seiten ein gleichwertiger Gewinn sind (win-win-Situation). Im Vordergrund steht das sachbezogene Verhandeln: In der Argumentation bleibt man auf der Sachebene, ohne persönlich zu werden (*„Separate the people from the issue"*). Einige Bundesländer bieten Veranstaltungen zum Verhandlungsmanagement– teilweise gegen einen geringen Unkostenbeitrag- auch im Rahmen des Referendariats an. Diese universitären bzw. referendariatsbegleitenden Kurse kann man sich teilweise später anrechnen lassen, z.B. auch für die Ausbildung zum Mediator. Damit sind wir auch beim Stichwort:

Streitschlichtung und Mediation

Interessant ist auch eine zusätzliche Ausbildung zum Streitschlichter bzw. Mediator. Der Begriff der Streitschlichtung ist der Allgemeinere, die Übergänge zum Verhandlungs- und Konfliktmanagement sind fließend. Ein Streitschlichter verfügt über bestimmte (Gesprächs-) Techniken, um Konflikte aufzulösen. Die Mediation ist der speziellere Begriff. Es handelt sich bei einer Mediation um ein vertrauliches und fest strukturiertes Verfahren, bei dem Parteien mit Hilfe eines Mediators eigenverantwortlich eine einvernehmliche Beilegung ihres Konflikts anstreben. Von den Parteien soll selbst ein gesichtswahrender und wertschöpfender Interessenausgleich gefunden werden. Die Mediation als Mittel zur Konfliktlösung hat in jüngerer Zeit eine enorme Aufwertung erfahren; dies beruht nicht zuletzt auf der Erkenntnis, dass es in vielen Situationen besser ist, die Parteien ihr Schicksal selbst aktiv bestimmen zu lassen, als ihnen von außen eine Lösung vorzugeben, wie es z.B. der Richter in einem Gerichtsverfahren tut. Schlimmstenfalls sind dann nämlich alle Beteiligten mit dem Urteil unzufrieden und empfinden es als ungerecht.

Unterstützt werden die Parteien von einem Mediator als eine unabhängige und neutrale Person gerade ohne jede Entscheidungsbefugnis. An vielen Gerichten stehen Richter als Mediatoren bereit. Die Zivilprozessordnung sieht (in § 278 ZPO) einerseits ohnehin vor, dass das Gericht in jeder Lage des Verfahrens auf eine gütliche Beilegung des Rechtsstreits oder einzelner Streitpunkte bedacht sein soll. Darüber hinaus kann das Gericht die Parteien für einen Güteversuch auch vor einen Güterichter verweisen; das ist in aller Regel ein Kollege am Gericht, der mit den Parteien nur eine gütliche Einigung suchen, den Fall aber nicht entscheiden darf. Dieser Kollege kann als Güterichter alle Methoden der Konfliktbeilegung einschließlich der Mediation einsetzen. Entsprechend ermöglichen die Bundesländer ihren Richtern Fortbildungen in der Mediation. Wer als Rechtsanwalt oder in der freien Wirtschaft die Zusatzbezeichnung „Zertifizierter Mediator“ führen möchte, muss die im Mediationsgesetz genannten Ausbildungsvorrausetzungen erfüllen. Eine weitere Spezialisierung als Familien- oder Wirtschaftsmediator ist möglich und unter Umständen auch ein interessantes Marketinginstrument. Die Preise für Ausbildungen in Mediation sind sehr unterschiedlich. Sie hängen stark vom Umfang der Ausbildung ab und davon, ob es um einen gemeinnützigen oder kommerziellen Anbieter handelt. Auf dem freien Markt muss man durchaus mit Preisen zwischen Euro 2.000,– und 8.000.– (Stand September 2020) rechnen. Einzelne

Module einer Mediatorenausbildung kann man unter Umständen schon im Rahmen der Ausbildung (Studium oder Referendariat) erwerben. Es lohnt sich daher auf jeden Fall, sich rechtzeitig über eine solche Teilnahme (und ggf. eine spätere Anerkennung) zu informieren, das kann sich auch finanziell sehr lohnen.

Legal Tech

Mit dem nicht ganz konturenscharfen Schlagwort „Legal Tech" werden allgemein die Nutzung von Technologien im Bereich der Rechtsdienstleistungen bezeichnet, sei es bei der Gestaltung oder Durchsetzung von Rechten aus privaten Rechtsverhältnissen, sei es bei der Ausübung staatlicher Hoheitsgewalt. Der öffentlichkeitswirksamste Trend sind sicherlich die zahlreichen Verbraucherrechteplattformen über die z.B. die Geltendmachung von Ansprüchen gegen Fluggesellschaften, Abfindungen oder die Geltendmachung der berühmten „Dieselklagen" gegen den VW- Konzern, etc. abgewickelt werden. Ein direkter und realer Kontakt zwischen Rechtsanwalt und Mandant findet hier gar nicht mehr statt. Der Mandant profitiert von einer schnellen und problemlosen Abwicklung eines vielleicht nur lästigen Problems, der Rechtsanwalt kann über seine Website eine Vielzahl von Verfahren generieren, mit Hilfe von Software automatisiert bearbeiten und abwickeln. So wird auch Software für Juristen einerseits und Internetangebote für Laien andererseits, mit deren Hilfe Benutzer nach Eingabe bestimmter Informationen etwa Vertragsmuster, Kündigungserklärungen etc. erstellen können, in Zukunft eine wesentlich größere Rolle spielen.

Kaum ein Jurist wird künftig ein Berufsleben ohne Berührungspunkte mit Legal Tech führen können. Die Anwaltschaft und auch die Rechtsabteilungen vieler Unternehmen stehen bereits unmittelbar vor den immensen Herausforderungen, Arbeitsprozesse neu zu organisieren. Auch die Justiz wird – langsam, aber stetig- mit der Einführung der sog. elektronischen Akte digitaler werden. Die Digitalisierung ist mit Sicherheit die aktuelle große Herausforderung für die Rechtsbranche, die einen immensen Kultur- und Strukturwandel mit sich bringen wird. IT- und Datenkompetenz wird künftig auch ein Einfallstor für „Branchenfremde" in den juristischen Arbeitsmarkt sein; die Frage ist also, inwieweit sich die Juristen hier das Heft aus der Hand nehmen lassen (und entsprechende Einkommensverluste hinnehmen) wollen. Sich jetzt auf die digitalen Herausforderungen einzustellen, sich mit ihnen vertraut zu machen, müsste damit eigentlich eine zentrale Aufgabe für jeden Juristen sein. Allerdings – eine Gefahr für die breite Masse der Juristen scheint es im Moment eher zu sein, den Anschluss zu verpassen.

Der Umgang mit der Digitalisierung zählt leider noch nicht zu den Qualifikationen, die das Richtergesetz für das Studium verlangt, auch wenn es entsprechende Reformüberlegungen gibt.[13] Auch hier gilt: nutzen Sie alle Angebote frühzeitig und möglichst schon während des Grundstudiums. Teilweise können Ihnen solche universitären Kurse auch im Rahmen späterer Ausbildungen, z.B. im Referendariat oder im Berufsleben, angerechnet werden.

ff. Die Leistungsanforderungen im Grundstudium

Im zweiten bis vierten Semester kommen im Grundstudium die ersten Leistungsanforderungen auf Sie zu. Während es im Bachelor-/Mastersystem darum geht, im Laufe des Studiums Punkte über verschiedene Leistungsnachweise anzusammeln, die dann später eine Gesamtnote ergeben, funktioniert das klassische Jurastudium ganz anders. Hier muss man immer wieder Hürden in Form von Prüfungen nehmen, die dann zur Teilnahme an weitere Prüfungen berechtigen. Die Noten, die man in all diesen Prüfungen erzielt, sind allerdings für die Examensnote völlige unerheblich – ganz nach dem Prinzip „*Abgerechnet wird am Schluss*“.

Im Jurastudium geht es zunächst einmal darum sogenannte „Scheine“ zu sammeln, zunächst die „kleinen Scheine“, dann die „großen Scheine“. Erst wenn man alle Scheine beisammen hat, darf man zur Ersten Juristischen Prüfung antreten. Die Noten, die man in den Scheinen erzielt, sind, wie gesagt, für die spätere Endnote völlig unerheblich – was manchen Studenten dazu verleitet, auf ein reines Bestehen hinzuarbeiten, was sich später bitterlich rächen kann.

Aber ehrlich gesagt: So richtig schwierig ist das, was im Grundstudium auf Sie zukommt, noch nicht. Das heißt nicht, dass man nicht mal durch eine Klausur durchfallen oder einen Schein erst im zweiten Anlauf schaffen darf. Wer allerdings bereits bei den kleinen Scheinen regelmäßig größere Schwierigkeiten hat und zwei oder drei Anläufe braucht, um das Ziel überhaupt zu erreichen, tut gut daran, seine Neigung für die Juristerei kritisch zu hinterfragen: Ein früher souveräner Abbruch ist besser als ein langes Leiden.

gg. Der Abschluss des Grundstudiums

Für den Abschluss des Grundstudiums benötigt man grundsätzlich einmal die sog. „kleinen Scheine“ in den drei Hauptgebieten des Rechts, also Zivilrecht, Strafrecht, Öffentliches Recht. Ist das geschafft, ist gleichzeitig auch die Zwischenprüfung bestanden. Hieraus wird auch ersichtlich, dass es sich bei der Zwischenprüfung nicht um eine Abschlussprüfung im klassischen Sinne handelt. Die Zwischenprüfung hat man bereits dann bestanden, wenn man im Laufe der Semester bestimmte Klausuren besteht- man nimmt sie gleichermaßen „en passant“ mit. Wer die Zwischenprüfung nicht besteht, wird exmatrikuliert und ist für ein Jurastudium in Deutschland gesperrt. Die Zwischenprüfung erfüllt den Anspruch, „auszusieben“ nur unvollständig, letztlich ist ja nur das Bestehen oder Nichtbestehen entscheidend. Man sollte sich daher selbst motivieren, hier möglichst gut abzuschneiden und die Ergebnisse vor allem auch zur selbständigen Überprüfung der Leistungen und der Studienwahl heranziehen. Was muss man leisten, um die „kleinen Scheine“ zu erreichen? Üblicherweise muss man mindestens eine Klausur und eine sog. Hausarbeit bestehen.

Tipp:

Für den Erwerb der Scheine (der sog. „kleinen" wie der „großen Scheine") im Jura-Studium müssen

- Klausuren und
- Hausarbeiten geschrieben werden.

Mündliche Prüfungen finden im Rahmen des Scheinerwerbs nicht statt, andere mündliche Leistungen (Referate, etc.) werden allenfalls im Rahmen der Seminare abgefragt.

Die **Klausuren** werden unter Aufsicht in der Universität geschrieben, sind allerdings mit 90 Minuten bzw. 2 Stunden Arbeitszeit vergleichsweise kurz. Abgefragt werden hier in aller Regel juristische Gutachten zu kleineren Fallstellungen; so wird etwa nach den Rechten des Käufers gefragt, der online ein Dutzend Glückskekse bestellen wollte, sich dann aber bei der Eingabe vertippt und gleich ein Dutzend Schachteln mit Gebäck bestellt. Auch wenn in den Klausuren keine gänzlich unbekannten Problemstellungen abgefragt werden, ist doch der Stoff einer Klausur viel weniger eingegrenzt als das zu Schulzeiten noch der Fall war.

Die **Hausarbeiten** sind grundsätzlich Seminararbeiten vergleichbar. Es muss über einen festgelegten Zeitraum von ca. 4–8 Wochen in den Semesterferien ein umfangreicherer juristischer Fall recherchiert, gelöst und schriftlich die Lösung erörtert werden. Der Umfang einer solchen Hausarbeit liegt bei rund 15 Seiten. Die Anwendung der Methoden wissenschaftlichen Arbeitens wird dabei trainiert.

Die Versuchung ist groß, nur auf die Scheine hinzuarbeiten – aber für eine solche Taktik muss man spätestens in der Examensvorbereitung bezahlen. Manche Studenten entwickeln eine punktuelle Schwerpunkt-Arbeitstechnik, bestehen zwar die Scheine, tun sich in der eigentlichen Examensvorbereitung dann aber unnötig schwer, weil sie Lücken haben. Besser ist es, von Anfang an auf die hohen Punkte hinzuarbeiten und sich eine echte Kontinuität im Arbeiten und Wiederholen anzugewöhnen. Auch die Dinge, die in der Klausur gerade nicht abgefragt werden, sind es wert, vertieft zu werden.

Bei den Klausuren und Hausarbeiten werden immer ausgesuchte pathologische Fälle gestellt, in denen mehrere (meist fünf bis sechs) Probleme „versteckt“ sind; gefordert wird die Falllösung. Es bedarf viel Übung, die Lösung auf den Punkt abzuliefern, ohne in Details verloren zu gehen. Das gilt für Klausuren wie Hausarbeiten gleichermaßen. In den Klausuren ist der Zeitdruck unmittelbar spürbar, kaum ein Student wird am Anfang in der zur Verfügung stehenden Zeit fertig werden. Die Zeitnot wird wohl ein ständiger Begleiter bis in die Examensklausuren hinein bleiben, sodass man auch den Umgang mit dem zeitlichen Druck üben muss. In den Hausarbeiten hat man zwar nicht direkt die Uhr im Nacken, dennoch erlebt man immer wieder Studenten, die sich zu Beginn der Bearbeitungszeit, die sich ja über mehrere Wochen erstreckt, auf Nebenkriegsschauplätzen verlieren und dann in der letzten Nacht vor der Abgabe die Fallbearbeitung herunterreißen. Für die Klausuren gilt außerdem, dass man – anders als noch zu Schulzeiten- mit ziemlicher Sicherheit die abgefragten Probleme nicht vorher „lernen“ konnte. In juristischen Prüfungen werden nicht Einzelfälle abgefragt, sondern juristische Methodik. Der Unterricht an der Universität ist entsprechend darauf ausgerichtet, Verständnis und Überblick zu vermitteln. Daher ist es nicht ungewöhnlich, dass in der Klausur (oder später im Examen) Probleme geprüft werden, mit denen man bisher noch nie konfrontiert war. Wer nur Spezialprobleme lernt (übrigens ein häufiger Anfängerfehler), hat in einer juristischen Prüfung keine Chance. Die Punkte gibt es schon auf dem Weg, nicht nur für das Ziel.

hh. Ein Wechsel des Studienortes nach dem Grundstudium

Noch ein Wort zum Wechsel des Studienortes: Plant man einen Studienortwechsel innerhalb Deutschlands, ist der Zeitpunkt nach dem Grundstudium hierfür gut geeignet; auch ein oder zwei Auslandssemester (siehe hierzu sogleich) kann man nun sinnvoll einschieben. Auch ein Studienortwechsel innerhalb Deutschlands erweitert den fachlichen Horizont. Man sieht unterschiedliche Ansätze, Rechtswissenschaften zu unterrichten und zu vermitteln. Andererseits entstehen durch einen Studienortwechsel erhebliche Reibungen. Der Studienverlauf ist in Deutschland nicht so vereinheitlicht, als dass es nicht manchmal auch zu Verwerfungen käme. Gerade im Kommunalrecht und Verwaltungsrecht, das von den Ländern geregelt wird, wird das deutlich; für Zivil- und Strafrecht gilt das in geringerem Maße. In der Examensvorbereitung dürfte ein Wechsel kaum sinnvoll sein.

b. Das Hauptstudium

Das eigentliche Hauptstudium beginnt idR nach dem vierten Semester und wird vor allem durch den Erwerb der sog. „großen Scheine“ geprägt. Manche bezeichnen als „Hauptstudium“ nur die Zeit bis zum Erwerb sämtlicher großen Scheine; danach ist man „scheinfrei“ und beginnt mit der eigentlichen Examensvorbereitung. Andere bezeichnen die gesamte Zeit bis zur Ersten Juristischen Prüfung inclusive des Examenstrainings als Hauptstudium.

Das Studium bekommt jetzt zunehmend Vertiefungscharakter. Zum einen wird nun im Detail an den Säulen Öffentliches Recht, Zivil- und Strafrecht gefeilt; man beschäftigt sich etwa im Zivilrecht speziell mit dem Erbrecht, dem Kreditsicherungsrecht oder dem Familienrecht. Auf der anderen Seite kommen Fächer wie das Arbeitsrecht dazu. Im Öffentlichen Recht widmet man sich etwa dem Europa – und Völkerrecht. Auch auf die Prozessordnungen schaut man in allen Fächern jetzt verstärkt: wie läuft ein Zivil-, Straf- oder Verwaltungsprozess ab? Die Stoffvielfalt und auch das Tempo der Stoffvermittlung erhöht sich beträchtlich. Dabei steht weiterhin nicht nur die Vermittlung des Fachwissens im Vordergrund, sondern auch die Vermittlung der juristischen Methodik und der Fallbearbeitungstechniken.

Die Anforderungen für den Erwerb der großen Scheine sind höher als für die kleinen Scheine; für die Klausuren und Hausarbeiten der großen Scheine muss man sich in bestimmte Fragestellungen nun regelrecht hineinwühlen. Die großen Scheine geben allerdings ihrerseits wiederum allenfalls einen kleinen Vorgeschmack auf die Erste Juristische Prüfung. Denn die Klausuren dauern auch jetzt noch meist nur 2 Stunden – im Examen werden es dann 5 Stunden pro Klausur sein. Der abgeprüfte Stoff ist außerdem beschränkter.

Trotzdem erleben viele Studierende in dieser Phase einen Leistungseinbruch. Mancher kämpft mit dem Gefühl, dem Studium nicht gewachsen zu sein. Lücken im Stoff der vorausgegangenen Semester oder grundlegende Verständnisprobleme machen sich nun plötzlich bemerkbar. Ein solcher Einbruch ist normal und vielleicht auch ein wenig heilsam. Als Gegenmittel gibt es nur eins: durchhalten, dranbleiben und das Lerntempo möglichst erhöhen. Wer nicht bereit ist, diese Phase durch Umstrukturierung seines Lernverhaltens, durch stärkere Beschränkung auf das Wesentliche und ggf. durch eine striktere Konzentration auf das Studium zu überwinden, wird andererseits kaum über die Mittelmäßigkeit hinauskommen.

c. Die Pflichtpraktika während des Studiums – und weitere Praktika

Während der Studienzeit müssen außerdem drei Pflichtpraktika absolviert werden, bevor man sich zum Examen anmelden kann. Diese Praktika sind in der vorlesungsfreien Zeit abzuleisten. Je nach Bundesland gibt es bestimmte Vorgaben für die Ausgestaltung der Praktika; manche Bundesländer verlangen je ein Praktikum bei Gericht, bei einem Unternehmen oder einem Rechtsanwalt und in der Verwaltung, z.B. bei einem Landratsamt. Andere machen Vorgaben, dass die Praktika in verschiedenen Rechtsgebieten (Öffentliches Recht, Strafrecht, Zivilrecht) geleistet werden müssen. Allen gemein ist, dass ein Praktikum unter Anleitung eines Volljuristen erfolgen muss, um anerkannt zu werden. Jedes Praktikum soll einen Monat dauern.

Damit sind die praktischen Phasen der Ausbildung überschaubar, gerade im Vergleich zu anderen Studiengängen. Leider ist auch der Erkenntnisgewinn manches Pflichtpraktikums überschaubar; die Zeit von vier Wochen ist oft zu kurz, als dass man wirklich sinnvoll mitarbeiten könnte. Geld darf man für die Zeit des Praktikums in aller Regel nicht erwarten. Andererseits gibt es auch immer wieder engagierte Ausbilder, die in einem Praktikanten die Begeisterung für einen bestimmten Beruf oder Bereich zu wecken wissen. Auch hier gilt der Ratschlag, die Pflichtpraktika eher früh im Studium zu absolvieren, da man gegen Ende des Studiums den Kopf frei haben muss für das gezielte und ununterbrochene Lernen auf die Examensklausuren. Zum anderen ergeben sich aus einem Praktikum z.B. in einer Anwaltskanzlei manchmal Folgemöglichkeiten wie eine Weiterbeschäftigung als studentische Hilfskraft, von der man gegen Ende des Studiums nicht mehr profitieren könnte.

Im Übrigen spricht alles dafür, mehr als das absolute Minimum an Praktika bzw. mehr als die Mindestzeit abzuleisten; das Jura-Studium ist ohnehin so theorielastig. Außerdem kann ein Praktikum den Horizont öffnen. Wer ein wenig mehr Zeit und Energie in ein Praktikum (und die Bewerbung darum) stecken kann und will, kann großartige Erfahrungen machen – bei Einrichtungen des Bundes wie dem Deutschen Bundestag, bei einer der zahlreichen Europäischen Institutionen oder vielleicht sogar in einer internationalen Organisation (einige Ideen haben wir im Anhang für Sie zusammengestellt). Später, beim Einstieg in das Berufsleben ist man ehrlich froh um jeden praktischen Einblick, den man gewinnen konnte. Dies gilt aber auch und insbesondere für jene Bereiche, die man beruflich am Rande „immer brauchen" kann, deren praktischen Ablauf man sich aber als Außenstehender eher schwer vorstellen kann. Warum also nicht einmal ein (freiwilliges) Praktikum bei einem Gerichtsvollzieher, einem Insolvenzverwalter, beim Verwalter einer Wohnungseigentümergemeinschaft in Betracht ziehen?

d. Das Schwerpunktbereichsstudium/die Vertiefungsphase

In der Regel schiebt sich zwischen das Ende des Hauptstudiums und der eigentlichen Examensvorbereitung jetzt das Studium in den so genannten Schwerpunktbereichen; mancher Student ändert, soweit an der alma mater möglich, auch die Reihenfolge und verschiebt diese Phase auf die Zeit nach der Prüfung im staatlichen Teil. In der Regel wird das Schwerpunktbereichsstudium jedoch nach der Zwischenprüfung, also ab dem 5. Semester, absolviert.

In der Ausgestaltung der Schwerpunktbereiche beweisen die Universitäten viel Kreativität. Das Angebot ist inzwischen schon fast nicht mehr überschaubar. Der Bogen spannt sich bundesweit vom Schwerpunktbereich „Arbeit und Soziales" über das „Berufsrecht" bis hin zu den „Menschenrechten" und dem „Zivilprozessrecht".

Tipp:

Im Anhang haben wir für Sie einige Beispiele zu Schwerpunktangeboten von Universitäten und auch deren Inhalten zusammengestellt. Die Legal Tribune Online zählte auf ihrer Website im Herbst 2020 an die 400 Schwerpunktthemen auf, aufgeschlüsselt in 17 Bereiche.
https://www.lto.de/jura/schwerpunktbereiche/

Dabei gehen manche Universitäten in ihrem Angebot mehr in die Breite und setzen auf die Vielfalt. die Universität Passau bietet z.B. 30 ganz unterschiedliche Schwerpunktbereiche an. Andere bevorzugen die Tiefe und bieten, wie die Universität Bayreuth ganz spezielle Angebote z.B. im Lebensmittelrecht.

Wählen Sie den eigenen fachlichen Schwerpunkt mit Bedacht, nicht nur, weil Sie viel Zeit auf den Schwerpunktbereich verwenden müssen. Sie können mit dieser Wahl darüber hinaus in vielerlei Hinsicht bereits Weichen stellen.

- Im Schwerpunktbereich werden Sie sich intensiv mit einem juristischen Teilgebiet, wenn nicht sogar Spezialgebiet befassen. Sie können hier eigene Schwerpunkte setzen. Ein eigenes Profil, das Sie konsequent im Laufe der Ausbildung weiterentwickeln, setzt Sie aus der Masse der Bewerber ab. Durch ein interessantes Profil können Sie später ggf. sogar auch schlechtere Noten ausgleichen.
- Die Prüfungsleistungen, die Sie hier erbringen, zählen in der Ersten Juristischen Prüfung insgesamt zu 30% (hierzu sogleich). Üblicherweise wird eine Seminararbeit mit weiteren meist mündlichen Leistungen (z.B. Vortrag) und eine Abschlussprüfung (meist: Klausur) verlangt. Der entsprechende Vorlesungsbesuch dauert in der Regel zwei Semester. Es muss nicht weiter ausgeführt werden, dass derjenige, der sich einen Schwerpunkt sucht, der ihn persönlich begeistert, sich in allem leichter tun wird.
- In der Regel können bzw. müssen Sie im Schwerpunktbereich auch einen sog. Seminarschein machen. In einem Seminar wird die Seminararbeit als wissenschaftliche Arbeit zu einem bestimmten Thema jeweils nur von einem Studierenden bearbeitet und vorgetragen. Hier kann man akademische Luft schnuppern und auch die Anbindung an einen Lehrstuhl finden. Der Seminarschein stellt die beste Chance dar, Kontakt zu einem Hochschullehrenden zu finden und damit aus dem Schicksal der Massenuni auszubrechen. Gar nicht so selten führt dieser Weg auch zur Möglichkeit einer späteren Promotion.
- Wer gar keine Idee hat, welchen Schwerpunktbereich er an der Universität wählen soll, kann sich an den Wahlfächern bzw. Berufsfeldern für das Zweite Juristische Staatexamen in seinem Bundesland orientieren. Auch für das zweite Examen kann man einen – wenngleich nicht ganz so relevanten – Schwerpunkt setzen. Die Anzahl dieser Schwerpunkt ist begrenzt, der Inhalt klar

umrissen und begrenzt auf wenige, praxisnahe Gebiete. In diesen Gebieten laufen sie aber überwiegend parallel zu den Schwerpunkten in der universitären Ausbildung. Gut aufbauen kann man z.B. im Wahlfach Arbeits- oder Steuerrecht auf den Kenntnissen vom Ersten Juristischen Examen. Im Zweiten Juristischen Staatsexamen werden hingegen Kenntnisse im Völkerstrafrecht kaum je relevant werden.

e. Zusammenfassung: Die studienbegleitenden Prüfungen

Der Stichpunkt „studienbegleitende Prüfungen“ ist leicht abgehandelt: bis auf die Scheine und die Zwischenprüfung, die allerdings hauptsächlich aus dem Nachweis von Scheinen besteht, gibt es außerhalb des Schwerpunktbereiches gegenwärtig im Jurastudium keine Prüfungen vor dem eigentlichen Examen.

Tipp:

Die Voraussetzungen für die Zulassung zur Ersten Juristischen Prüfung können Sie der jeweiligen Prüfungsordnung Ihres Bundeslandes (meist einer sog. JAO (Juristisch Ausbildungsordnung) bzw. JAPO (Juristische Ausbildungs- und Prüfungsordnung)) entnehmen.

In der jeweiligen Prüfungsordnung der Bundesländer findet sich die Liste der studienbegleitenden Leistungen, die Sie beibringen müssen. Für Bayern sind dies etwa: die große Übung im Zivilrecht, Strafrecht, Öffentlichen Recht, ein dreimonatiges Praktikum, ein Sprachenschein (§ 22 BayJAPO), wobei die großen Übungen wiederum das Bestehen der Zwischenprüfung voraussetzen. Noch einmal: bei allen studienbegleitenden Prüfungen kommt es nur darauf an, die Prüfungen zu bestehen. Die Noten dieser Prüfungen gehen nicht in die Note des staatlichen Teils der Ersten Juristischen Prüfung ein.

Anders ist die Situation bei den studienbegleitenden Prüfungen in den Schwerpunktbereichen. Hier gehen die Ergebnisse in die Note der Schwerpunktbereichsprüfung ein. Eine Seminararbeit ist bei den Schwerpunktbereichsprüfungen immer notwendig. Vom Landesrecht und von den Satzungen der Juristischen Fakultäten hängt es ab, ob über die Seminararbeit hinaus noch ein mündlicher Seminarvortrag erforderlich wird, eine Klausur im Schwerpunktbereich hinzukommt und/oder eine mündliche Prüfung erforderlich ist. (Hier bleibt leider nur, sich an der jeweiligen Juristischen Fakultät zu erkundigen).

Gar nicht in Abrede gestellt werden soll, dass man sich bei den Hausarbeiten und beim Scheinerwerb durchlavieren kann – und sich dabei am Ende doch einzig und allein selbst betrügt. Manche gründen regelrechte „Seilschaften", die sie durch die Hausarbeiten hieven. Das heißt nicht, dass man nicht die Diskussion mit Mitstudenten um die Probleme einer Hausarbeit suchen sollte (das sollte man nämlich unbedingt tun). Diskutieren Sie mit Ihren Kommilitonen, ringen Sie mit diesen um Ideen und um eine gute Argumentation – aber die eigene Hausarbeit muss immer eine genuin eigene Leistung sein. Was man tunlichst vermeiden sollte, ist Hausarbeiten oder auch nur Teile davon abzuschreiben. Abgesehen davon, dass das Unterschleif ist und Sie leicht erwischt werden können- im Examen können Sie jedenfalls nirgendwo abschreiben. Setzen Sie auf die Kontinuität der eigenen Prüfungsvorbereitung, arbeiten Sie am eigenen Urteilsvermögen und verbessern Sie Ihre juristische Technik – und nicht die des Kommilitonen.

f. Die Examensvorbereitung

Wer alle Scheine in der Tasche hat, kann nun den Gipfel in Angriff nehmen – das Erste Juristische Examen. Die fleißigsten Studenten beginnen ab dem sechsten Semester mit der Examensvorbereitung. Der Zeitpunkt variiert jedoch in der Praxis stark- je nach individuellem Tempo, Motivation und nach Länge der Vorbereitungszeit, die sich der einzelne gibt.

Dieser Studienabschnitt stellt für viele eine echte Zäsur dar. Es fehlen nun äußere Vorgaben und Orientierungspunkte (und vielleicht auch die Erfolgserlebnisse); die kleinen und großen Scheine haben diese Funktion immerhin noch einigermaßen zuverlässig übernommen. Seit einigen Jahren ist allerdings ein deutliches Bemühen der Universitäten festzustellen, den Studenten wenigstens ein bisschen an Hilfestellung bei der eigentlichen Examensvorbereitung zu geben. Es gibt überall die Möglichkeit, Übungsklausuren zu schreiben. Manche Universitäten haben sogar richtiggehende Examenskurse auf die Beine gestellt.

Im Examen wird im Pflichtstoffbereich die Beherrschung des gesamten Stoffes verlangt, den es sich anzueignen gilt. Ohne Zweifel ist es eine enorme Menge an Prüfungsstoff, die man zum Zeitpunkt des Examens beherrschen muss. Andererseits – andere Studiengänge wie Medizin sind da auch nicht unbedingt besser. Es liegt da nun ein recht steiniger Weg vor einem. Viele kämpfen in diesem Ausbildungsabschnitt für sich allein. Sinnvoller ist es aber, sich mit privaten Lerngruppen selbst eine neue Struktur zu geben. Für eine gute Lerngruppe braucht es Gleichgesinnte, mit denen man den Stoff gemeinsam einteilen, durchgehen und wiederholen kann.

Je näher das Examen rückt, desto mehr sollte man Übungsklausuren schreiben. Eine Klausur pro Woche für den Zeitraum von mindestens einem Jahr sollte das Minimum sein. Studenten, die im Examen gescheitert sind, schildern oft, dass sie nur wenige Übungsklausuren wirklich unter Examensbedingungen geschrieben haben. Man muss den Examensdruck vorher trainieren: man muss wissen, was es heißt, unter Zeitnot eine passable Arbeit fertigstellen zu können. Man muss das Gefühl von Ohnmacht, das einen überfällt, wenn man nicht weiter weiß, mehrfach überwunden haben, um zu wissen, dass man immer einen Weg findet.

Nahezu an allen Universitäten gibt es hierfür Klausurenkurse zur Vorbereitung auf das Examen. Manche Studenten wählen lieber den Klausurenkurs bei einem Repetitor (hierzu sogleich). Das Prinzip ist aber das Gleiche. Die Korrektur dieser Übungsklausuren, die im Schwierigkeitsgrad Examensniveau haben und auf eine fünfstündige Arbeitszeit angelegt sind, erfolgt durch Korrekturassistenten der Lehrstühle – oder eben die Mitarbeiter eines Repetitoriums. Diese erläutern auch in einem Klausurbesprechungstermin die Lösungsskizze; ein individuelles Feedback erhält man hier in aller Regel aber nicht, auch nicht beim Repetitor. Der Student muss selbst die Brücke schlagen von der abstrakten Lösungsskizze zur eigenen Leistung. Eine kontinuierliche Teilnahme an einem solchen Klausurenkurs ist trotzdem dringend anzuraten. Zum einen erhält man einen

Überblick über den eigenen Leistungsstand. Zum anderen trainiert man beständig auf Examensniveau. Man darf nicht unterschätzen, dass es im Examen ja nicht nur um die juristische Leistung geht, sondern auch um die Zeiteinteilung und die sprachlich ansprechende Niederschrift der Lösung. Das lässt sich alles gut üben. Wer in diesen Klausurenkursen beständig bei drei Punkten oder schlechter landet, sollte noch nicht zum Examen antreten und die eigene Prüfungsvorbereitung überdenken. Bewährt hat sich daneben der Zusammenschluss zu privaten Arbeitsgemeinschaften, die den Stoff gemeinsam erarbeiten und trainieren. Eine präzise Zeitplanung, die Lerninhalte und Lernschritte festlegt, versteht sich dabei von selbst.

Tipp:

Zwei Phänomene in der Examensvorbereitung bewahrheiten sich immer wieder:

- Die Phase der Examensvorbereitung ist nicht geeignet, andere Interessen sehr intensiv nebenbei zu verfolgen. Sie sollten sich in dieser Zeit ganz auf das Ziel konzentrieren.
- Eine längere Studiendauer korreliert in Jura nicht mit einem besseren Ergebnis. Es lohnt es sich nicht, die Examensvorbereitung in die Länge zu dehnen. Ein, höchstens zwei Jahre sollten genug sein, sonst lernen Sie nur permanent gegen das eigene Vergessen an.

g. Das Phänomen der Repetitorien

Der didaktische Gehalt der Lehre an deutschen Hochschulen hat sich in den letzten Jahrzehnten verbessert. Der Inhalt der Lehre befand sich schon immer auf hohem Niveau, doch die Art und Weise der Vermittlung war – gerade im Vergleich zu anderen Ländern – teilweise noch verbesserungswürdig. Es hat sich vieles verändert. Bei der Auswahl des Lehrpersonals wird auf die Didaktik deutlich mehr Wert gelegt. Allerdings nimmt nach wie vor die Forschung im Wertesystem der Universität die maßgebliche Bezugsgröße für die Berufskarriere als Hochschullehrender ein. Das gilt nicht nur bei der Schwelle zur ersten Berufung, sondern auch bei späteren Berufungen. Zwar kommt der Lehre inzwischen eine größere Bedeutung zu, ungewöhnliches und erfolgreiches Engagement in der Lehre führen aber nicht unbedingt auch zu besonderer Anerkennung im Kreis der wissenschaftlichen Gemeinschaft.

Die akademische Lehre hat bei Juristen noch eine ganz spezielle Problematik. Eine außeruniversitäre Institution blickt hier auf eine lange Tradition zurück: die Repetitorien. So hat schon Goethe einen Repetitor aufgesucht. Bei Repetitoren handelt es sich um private Anbieter, die in Kursen eine klar strukturierte Wegleitung zur Examensvorbereitung anbieten. Sie bereiten den *gesamten* Examensstoff aus einem Guss auf und spitzen diesen taktisch auf die Klausursituation zu. Ein Stück weit funktionieren sie wieder wie Schulunterricht. Sie bieten damit eine Leistung an, die die Universitäten oft nicht bieten, die viele Studenten aber bewusst suchen. Bemerkenswert ist, dass es nach wie vor diese kostenpflichtigen „Paukanstalten" sind, die die meisten angehenden Juristinnen und Juristen auf den Studienabschluss vorbereiten. Wenn Studenten keinen Repetitor aufsuchen- und das sind dann doch die wenigsten- dann arbeiten sie doch meist mit dem Material der Repetitoren, das überall erhältlich ist.

Die Universitäten versuchen – im Rahmen der Möglichkeiten – diesem Phänomen zu begegnen; die juristischen Fakultäten bieten oft auch entsprechende Klausurenkurse und Examinatorien an. Dennoch entscheidet sich die Mehrzahl der Studierenden für den kostspieligen Gang zum Repetitor. Das mag zum einen an Defiziten im universitären Angebot liegen; mancher mag sich bei den universitären Angeboten auch nicht individuell aufgehoben fühlen. Viele mögen das „Vorportionieren des Stoffes" durch das Repetitorium. Das schafft jedenfalls eine gewisse Sicherheit, und viele Repetitorien sind professionell in ihrem Leistungsangebot. Es gibt ausgesprochene Entertainer unter den Repetitoren, die auch inhaltlich durchaus einem Professor das Wasser reichen können.

Andererseits muss man realistischerweise auch sehen, dass für die Repetitoren „Klappern zum Handwerk" gehört; Jura ist insoweit auch ein Geschäft mit der Angst vor den Examina. Was Repetitoren bieten können, ist ein Stück weit die Angst zu nehmen. Ob ein „Rundum-Sorglos-Paket" zu diesem Preis nötig ist, muss jeder einzelne für sich entscheiden. Denn eins ist auch klar: eine umfassende Vorbereitung in den unterschiedlichen Stoffgebieten bei einem Repetitor kostet eine dicke Stange Geld und führt auch nicht zwingend zum Erfolg. Im Einzelfall gibt es große Unterschiede zwischen den Angeboten – es lohnt sich, sich früh zu informieren, genau hinzusehen und zu vergleichen. Wählen Sie jedenfalls auch Ihren Repetitor mit Bedacht aus. Wo nur die Fallbearbeitung im Vordergrund steht, ohne dass die systematischen Zusammenhänge und die Strukturen vermittelt werden, zahlen Sie Ihr Geld womöglich umsonst. Im Ergebnis sollte man aber ein entspanntes Verhältnis zu den Repetitorien als Ergänzung zum Universitätsstudium haben. Die Frage des Besuchs eines Repetitoriums sollte nicht ideologisch, sondern pragmatisch von jedem selbst beantwortet werden. Auch wer einen Repetitor besucht, sollte aber jedenfalls auch das universitäre Examensvorbereitungsangebot wahrnehmen; beide schließen sich jedenfalls nicht aus, sondern können sich kongenial ergänzen.

3. Die Erste Juristische Prüfung

Der ganzen Vorbereitungszeit schließt sich die sog, Erste Juristische Prüfung (früher, als es noch keinen universitären Teil der Prüfung gab: Erstes Juristisches Staatsexamen) an.

Zum Hintergrund:

Das Erste Juristische Examen zerfällt in zwei Teile:

- den staatlichen und den
- universitären Teil.

Der staatliche Teil fließt mit 70 % in das Endergebnis ein, der universitäre Teil mit 30 %. Die inhaltlichen Anforderungen im universitären Teil bestimmen im Einzelnen die jeweiligen Universitäten.

Der staatliche Teil besteht wiederum aus

- einer schriftlichen und
- einer mündlichen Prüfung.

Die Gewichtung von mündlichem und schriftlichem Teil differiert ein wenig von Bundesland zu Bundesland. Einzelheiten zur inhaltlichen Ausgestaltung des Ersten Juristischen Prüfung in den Bundesländern finden Sie im Anhang und auf der Website des Bundesamts für Justiz
https://www.bundesjustizamt.de/DE/Themen/Buergerdienste/Justiz statistik/Juristen/Ausbildung_node.html

Daraus ergibt sich auch, dass der staatliche Teil der Prüfung der wesentlich Bedeutendere ist. Von den Anforderungen her ist er auch der Umfangreichere (dazu sogleich). Dieser staatliche Teil der Ersten Juristischen Prüfung ist der eigentliche „Berg“ am Ende der Marathonstrecke, der viele mit Respekt, manche sogar mit Sorge erfüllt.

a. Der staatliche Teil der Prüfung

Der schriftliche Teil der staatlichen Prüfung fragt in Form von Klausuren das fundamentale Wissen des gesamten Studienverlaufs ab. Auf die schriftliche Prüfung folgt noch eine mündliche Prüfung; das Schwergewicht macht – unabhängig von der Gewichtung von mündlich zu schriftlich in den einzelnen Bundesländern im Detail-der schriftliche Teil aus.

Geregelt wird der Staatsteil durch die Landesgesetze, wodurch es zwischen den Bundesländern durchaus Unterschiede in der Ausgestaltung der Prüfung gibt.

- Diese Unterschiede betreffen zum einen die Anzahl der Klausuren. Die meisten Länder verlangen sechs Klausuren, Sachsen und Schleswig- Holstein wollen indes nur fünf Klausuren. Brandenburg und Berlin sind mit sieben Klausuren dabei, Mecklenburg-Vorpommern möchte sogar acht Klausuren. Auch die Aufteilung der Klausuren auf die drei Hauptgebiete Zivil-, Straf- und Öffentliches Rechts sind unterschiedlich geregelt.
- Ein weiterer Unterschied besteht darin, ob in der mündlichen Prüfung ein sog. Aktenvortrag verlangt wird; dies tun z.B. Berlin, Brandenburg, Sachsen, Sachsen-Anhalt sowie Hamburg.
- Es gibt Bundesländer, die zweimal im Jahr die staatliche Pflichtfachprüfung anbieten; andere bieten sogar drei- oder viermal im Jahr die Möglichkeit hierzu.

Als staatliche Prüfung wird dieser Teil der Prüfung nicht vor der Universität abgelegt – auch wenn die Prüfung manchmal örtlich in der Universität stattfindet. Abgelegt wird sie vor den Justizprüfungsämtern der Länder. Die Prüfungsämter stellen (landesweit) die Klausuren und verantworten die mündlichen Prüfungen. Die Prüfungsaufgaben kommen nicht nur von Universitätsprofessoren. Oft werden sie von Praktikern (also z.B. Richtern, Rechtsanwälten, Verwaltungsjuristen) gestellt und korrigiert. Es kann passieren, dass am gesamten staatlichen Prüfungsteil kein Hochschullehrender der Universität beteiligt ist, an der der Prüfling studiert hat. Der staatliche Teil hat einen schriftlichen und einen mündlichen Abschnitt. Der schriftliche Teil besteht in allen Ländern aus Klausuren (früher gab es in einigen Bundesländern zusätzlich eine Hausarbeit, die inzwischen abgeschafft wurde). Abgefragt wird auch hier nahezu immer die Lösung eines konkreten juristischen Falles.

b. Der universitäre Teil der Prüfung- die Schwerpunktprüfung

Vom staatlichen Teil zu trennen ist der universitäre Teil, die sog. Schwerpunktprüfung, die wir oben schon angesprochen haben. Diese findet vor oder nach dem staatlichen Teil der Prüfung statt. Der universitäre Teil verläuft ganz anders als die staatliche Prüfung. Die Organisation liegt bei den Universitäten, Prüfer und Prüflinge kennen sich idR vorher. Die Durchfallquote ist viel geringer als im staatlichen Teil der Prüfung, die Noten sind im Schnitt drei Punkte besser als im staatlichen Teil. Auch wenn man mit der Universitätsnote sein Notenbild insgesamt verbessern kann, darf man diesen Teil der Prüfung nicht überbewerten. Viele juristische Arbeitgeber achten besonders auf den staatlichen Teil und weniger auf die universitäre Schwerpunktprüfung. Auch dann, wenn Sie einen Anhaltspunkt für die Erfolgsaussichten im Zweiten Juristischen Staatsexamen möchten, sollten Sie eher auf den Staatsteil des ersten Examens blicken. Die Erfahrung zeigt, dass der Katzenjammer im Referendariat bei den Studenten, mit einem tollen universitären Ergebnis und einem unterdurchschnittlichen staatlichen Teil oft groß ist. Diese Referendare sind besonders gefährdet, sich zu verschlechtern, weil sie die Anforderungen im Referendariat unterschätzen.

In den Schwerpunktbereichen müssen mehrere studienbegleitende Prüfungen abgelegt werden, die in die Examensnoten einfließen. Die Ausgestaltung der Prüfungen hängt von den jeweiligen Regelungen in den an der jeweiligen Universität geltenden Ausbildungsgesetzen ab. In aller Regel hat der Studierende aber durch die Wahl der Prüfungsveranstaltungen auch in gewissem Maße die Möglichkeit, sich seinen Prüfer „auszusuchen". Man sollte daher schon von Beginn des Studiums an die Dozierenden immer auch unter dem Blickwinkel möglicher Schwerpunktprüfer betrachten. Die Prüfungen im Schwerpunktbereich unterscheiden sich von den Prüfungen im staatlichen Bereich nicht unerheblich. Sie werden von den Universitäten organisiert und durchgeführt. Beim Schwerpunktbereich ist die Stofffülle überschaubar. Oft gibt es an den Fakultäten nicht allzuviele Mitglieder, die ein bestimmtes Spezialbereich lehren und prüfen. Bei der Wahl des Schwerpunktbereichs sollte man auch auf die Lehrenden schauen . Jeder Hochschullehrende hat seine eigene Sicht auf die Dinge und bringt diese gerade in den Schwerpunktbereich ein; teilweise werden Lehrveranstaltungen im Schwerpunktbereich auch durch Praktiker angeboten. Die Anforderungen und die Bewertungen unterscheiden sich daher sowohl von Schwerpunkt zu Schwerpunkt innerhalb einer Fakultät als auch von Fakultät zu Fakultät.

Die Prüfungen sind oft auseinandergezogen und zeitlich versetzt. Weiter verlangt der Schwerpunktbereich oft, dass man innerhalb einer bestimmten Zeit eine Hausarbeit oder ein Referat erstellt. In dieser Zeit kann man dann meist das reguläre Studium nicht weiter betreiben. Die Prüfungsarbeiten im Schwerpunktbereich reißen nach den bisherigen Erfahrungen ein „Loch" in das reguläre Studium.

4. Das Referendariat

Es fiel schon das Stichwort „Referendariat". Die meisten Absolventen entscheiden sich nach dem Ersten Juristischen Examen auch noch dafür, das Zweite Juristische Staatsexamen in Angriff zu nehmen – denn nur dieses macht den Weg frei zum Volljuristen. Im Referendariat geht es nun – mancher wird sagen: endlich einmal – um die praktische Anwendung des Gelernten. Die Zielsetzung ist, dass der Referendar, wo immer möglich, eigenständig bereits bestimmte Aufgaben in der Praxis übernehmen soll.

a. Ist „kein Referendariat" eine Option?

Nicht alle aber wollen sich nach dem ersten Examen noch weitere Prüfungen antun. Man kann nach dem Ersten Juristischen Examen auch ohne Referendariat direkt mit dem Arbeiten beginnen. In der

Wirtschaft gibt es durchaus auch Positionen für Juristen ohne Zweites Examen (zu den Berufsmöglichkeiten generell siehe Kap. 2). Allerdings, und dessen muss man sich ganz klar bewusst sein: Man ist kein Volljurist, und bekommt das sicherlich das eine oder andere Mal im Laufe des weiteren Berufsweges auch entgegengehalten. Das Zweite Staatsexamen und das Referendariat sind zwar formal nur für die Berufe notwendig, die die Befähigung zum Richteramt voraussetzen, das sind insbesondere der Richterberuf, der Anwaltsberuf und der höhere allgemeine Verwaltungsdienst. Tatsächlich dominieren aber die Volljuristen die juristische Arbeitswelt. Als Volljurist hat man am Ende des Tages faktisch viel mehr Möglichkeiten – und immer die Option in der Hinterhand, sich als Rechtsanwalt doch noch einmal selbständig zu machen. Wer nach der Ersten Juristischen Prüfung nur zunächst die Nase voll hat vom Pauken für das Examen, kann auch auf andere Art und Weise einen Schnitt machen. Viele Studierende gehen nach dem ersten Examen ins Ausland und erwerben dort einen Master of Laws (die Abkürzung hierfür ist LL.M., vom lateinischen „Legum Magister"). Andere entscheiden sich für eine Promotion oder nehmen sich sonst eine Auszeit.

b. Der Ablauf des Referendariats

Vor dem Zweiten Juristischen Staatsexamen steht die sogenannte Referendarzeit. Das Referendariat kann man unabhängig davon, wo man die Erste Juristische Prüfung absolviert hat, im Bundesland der Wahl absolvieren. Allerdings haben manche Bundesländer Wartezeiten, sodass man sich vorher informieren sollte. In den meisten Bundesländern wird man in ein Angestelltenverhältnis auf Zeit aufgenommen; in einigen wenigen Bundesländern wird man sogar auf Zeit verbeamtet. So oder so – man erhält während des Referendariats in allen Bundesländern jedenfalls ein Entgelt. Viele Referendare bessern dieses außerdem durch eine – zumeist juristische – Nebentätigkeit auf, die man sich allerdings genehmigen lassen muss.

Als Referendar durchläuft man im Bezirk eines Oberlandesgerichts verschiedene Stationen, zu denen zählen (einen Muster-Ablaufplan finden Sie im Anhang):

- Zivilstation beim Zivilgericht,
- Strafstation bei Strafgericht oder Staatsanwaltschaft,
- Anwaltsstation,
- Verwaltungsstation und
- Wahlstation.

Im Laufe des Referendariats wird man einerseits in die Praxis eingebunden, dieser Teil heißt Stationsausbildung. In den einzelnen Stationen begleitet man hier seinen Ausbilder (Richter, Staatsanwalt, Verwaltungsjuristen) in dessen täglicher Arbeit und fertigt für diesen auch verschiedene schriftliche Entwürfe an (z.B. einen Urteilsentwurf, Vergleichsvorschlag, Bescheid, etc.). In der Zivilstation kann man bei Gericht unter Anleitung eines Richters in einer Verhandlung auch einmal Aufgaben übernehmen wie z.B. die Einführung in den Sach- und Streitstand, eine Beweisaufnahme oder die Moderation eines Vergleichsgesprächs. In der Strafstation vertritt man teilweise die Staatsanwaltschaft im Prozess, verliest die Anklage und hält das Plädoyer.

Auf der anderen Seite erhält man aber auch noch Unterricht in sog. Arbeitsgemeinschaften. Je nach Bundesland variiert dieser theoretische Unterrichtsanteil. Der Unterricht in den Arbeitsgemeinschaften erinnert wieder an die Schule, die Gruppen, in denen gelernt wird, sind klein. Nicht jeder ist nach der Freiheit an der Universität davon begeistert, dass es nun wieder eine Anwesenheitspflicht und Pflichtklausuren (die allerdings für die Note im Zweiten Juristischen Staatsexamen irrelevant sind) gibt. Andere schätzen die Anleitung und die straffen Vorgaben, manchem helfen sie bei einer Verbesserung des Ergebnisses vom ersten zum zweiten Examen. Der Stoffumfang für das zweite Examen hat sich noch einmal erweitert, die die Zivil, Straf- und Verwaltungsprozessordnungen bilden den Ausbildungsschwerpunkt. Je nach Bundesland kommen weitere Inhalte wie z.B. in Bayern das Steuerrecht hinzu. Bestimmte Teilgebiete werden weiter vertieft, z.B. das Arbeitsrecht. Einen eigenen Schwerpunkt kann man setzen durch das Wahlfach, das man in der sog. Wahlstation am Ende des Ausbildungszeit auch praktisch vertieft. Die Wahlstation kann auch an geeigneten Stellen im Ausland abgeleistet werden. Bei jenen, die sich für das Öffentliche Recht interessieren, ist auch ein Semester an der Hochschule für Verwaltungswissenschaften in Speyer beliebt. Diese bietet im Rahmen des Referendariats ein viermonatiges Ergänzungsstudium (sog. „Speyer-Semester“) an.

Der Fokus der Ausbildung im Referendariat liegt inhaltlich immer deutlich auf den Prozessordnungen, also dem Zivil-, Straf- und Verwaltungsprozessrecht. Die Arbeitsgemeinschaften werden von erfahrenen Richtern und Praktikern z.B. aus der Verwaltung oder der Anwaltschaft geleitet. Auch erstellt man jetzt in aller Regel keine juristischen Gutachten mehr, sondern versetzt sich auch in den Klausuren in die Perspektive des Praktikers. Anzufertigen sind daher jetzt Urteile, Schriftsätze, Plädoyers, Bescheide, etc. Auch finden Kurse zur Vertragsformulierung und – gestaltung statt (sog. Kautelarkurse). Daneben gibt es in vielen Bundesländern weiterführende Veranstaltungen, die zwar nicht verpflichtend sind, aber hilfreich beim Erwerb von Schlüsselqualifikationen.

Ergänzt wird der theoretische Unterricht durch Klausurenkurse, in denen man wieder für das Examen üben kann. Zu einer Teilnahme können wir nur dringend raten, denn in diesen Klausurenkursen wird mit original Examensfällen gearbeitet. Korrigiert werden diese Klausuren von Praktikern, die teilweise auch im Examen selbst eingesetzt werden. Das ist etwas, was die Repetitoren so nicht bieten können, die aber natürlich auch zum zweiten Examen ihre verschiedenen kostenpflichtigen Vorbereitungskurse anbieten.

5. Die Zweite Juristische Staatsprüfung

Anschließend findet das sogenannte Zweite Juristische Staatsexamen statt, das grundsätzlich ähnlich strukturiert ist wie das erste Examen; man schreibt nun je nach Bundesland sieben (z.B. in Berlin und Brandenburg) bis neun (Bayern) Klausuren.

Tipp:

In allen Bundesländern besteht das Zweite Juristische Staatsexamen aus einem

- schriftlichen und einem
- mündlichen Teil.

Zwischen dem schriftlichen und mündlichen Teil dieser Prüfung liegt die Wahlstation des Referendariats. Die Gewichtung von schriftlicher zu mündlicher Leistung ist in den einzelnen Ländern unterschiedlich. Auch die Anzahl der Klausuren im schriftlichen Teil variiert (wie auch schon im Ersten Juristischen Examen). Einen Überblick über die Anforderungen in den einzelnen Bundesländern im Zweiten Juristischen Staatsexamen finden Sie im Anhang zu diesem Buch und auf der Website des Bundesamts für Justiz https://www.bundesjustizamt.de/DE/Themen/Buergerdienste/Justizstatistik/Juristen/Ausbildung_node.html

Die Klausuren zeichnen sich in diesem juristischen Examen nun durch mehr Praxisnähe aus. Die Klausurangaben werden länger und schildern ganze Lebenssachverhalte incl. Bescheiden, Urteilen, etc. im Wortlaut; damit nimmt der zeitliche Druck auf den Bearbeiter zu. Das Zeitmanagement ist etwas, das man ernst nehmen muss, um hoch punkten zu können. Für die Lösung der Klausuren nimmt – ganz wie im richtigen Leben eines Juristen – die Bedeutung der Ansicht der Rechtsprechung zu. Es empfiehlt sich daher, möglichst natürlich bereits während des Studiums Entscheidungen der Obergerichte wirklich auch zu lesen und auf die Ansicht der Gerichte zu achten. Man muss ihnen nicht folgen, man muss sie aber kennen.

Den – wenn man so will – krönenden Abschluss der langen Ausbildung bildet dann die Mündliche Prüfung im Zweiten Juristischen Staatsexamen. Die meisten Bundesländer sehen als Bestandteil der Mündlichen Prüfung einen sog. Aktenvortrag vor, also die mündliche Aufbereitung eines juristischen Falles durch den Prüfling. Die Prüfer im Zweiten Juristischen Staatsexamen sind übrigens allesamt Praktiker.

6. Ein juristisches Auslandsstudium

Ein Aspekt der individuellen Schwerpunktbildung ist bislang noch nicht genannt worden: das **juristische Auslandsstudium**. Dazu kann man eigentlich nur eines sagen: wer die Chance hierzu hat, sollte sie unbedingt nutzen. Der eigentliche Vorteil liegt dabei nicht unbedingt in der juristisch-fachlichen Zusatzqualifikation, sondern im sozialen und kommunikativen Kompetenzzuwachs, den ein solcher Aufenthalt mit sich bringt. Der Vorteil, sich in einer fremden Sprache und einer fremden Lebenswelt sicher bewegen zu können, kann überhaupt nicht hoch genug geschätzt werden. Mancher Studienkollege mit sehr mittelmäßigen Examina hat wegen seiner guten Kenntnisse anderer Länder und Sprachen und wegen der dabei gewonnenen sozialen Kompetenzen später herausragende Job-Angebote erhalten.

Es gibt verschiedene Wege, eine Hochschule seiner Wahl im Ausland zu finden. Der einfachste führt über die eigene Universität. Viele Fakultäten haben z.B. im Rahmen von Erasmus-Programmen oder des Swiss-European Mobility Programms vielfältige Partnerschaften zu europäischen Hochschulen aufgebaut und vermitteln selbst den Austausch von Studierenden. Teilweise bestehen auch sehr interessante internationale Kontakte, z.B. an der Universität Augsburg (USA und China). Ansonsten kann man natürlich auch direkt die gewünschte Zieluniversität im Ausland kontaktieren und sich dort bewerben. Die zentrale Adresse für Auslandsstudien ist der Deutsche Akademische Austauschdienst (DAAD), der Auslandsstipendien auch für Juristen vergibt. Stipendien speziell für das Studium in den USA vergibt auch die Fulbright-Kommission, www.fulbright.de.

Tipp:

Ausführliche Informationen erhalten Sie auf der Website des Deutschen Akademischen Austauschdienstes, www.daad.de.

Bei Auslandssemestern sollten Sie in der Prüfungsordnung Ihres jeweiligen Landes nachlesen, ob diese Ihnen auf die Freischussregelung angerechnet werden oder nicht. Handelt es sich um juristische Fachsemester, findet eine Anrechnung in der Regel nicht statt – ein Auslandsaufenthalt ist also nicht „schädlich für den Freiversuch". Ein Auslandsstudium hat eine längere Vorlaufzeit, gerade wenn Sie sich auch noch um ein Stipendium bewerben möchten. Mindestens ein Jahr vorher sollte man schon mit der Bewerbung beginnen. Neben Ihren Zeugnissen – die teilweise einer offiziellen Übersetzung bedürfen – brauchen Sie meist auch den Nachweis von Sprachkenntnissen auf einem bestimmten Niveau. Sofern die Gastuniversität hierfür einen standardisierten Sprachtest verlangt – häufig z.B. den TOEFL (Test of English as a Foreign Language), müssen Sie auch die Zeit für die Vorbereitung und das Ablegen dieses Tests einkalkulieren. Auch Empfehlungsschreiben oder Gutachten von Dozenten bekommt man nicht über Nacht. Außerdem müssen Sie Nachweise zur Krankenversicherung und zur Finanzierung beibringen. Sofern ein Visum notwendig ist – wie z.B. für die USA – muss auch hierfür reichlich Zeit eingeplant werden. Für ein US-Studentenvisum müssen Sie z.B. im Konsulat in München oder Frankfurt am Main oder in der Konsularabteilung in Berlin-Dahlem persönlich vorsprechen; Termine hierfür werden teilweise Monate im Voraus vergeben.

Der ideale Zeitpunkt für ein Auslandssemester oder -jahr dürfte nach dem Grundstudium liegen. Durch die Schwerpunktbereiche ist das Studium allerdings sehr dicht geworden. Viele Studierende legen daher inzwischen die „Auslandsphase“ auf die Zeit nach dem Examen. Unsinnig ist dies nicht, weil dadurch das Inlandstudium nicht zerrissen wird und man zudem einen zusätzlichen akademischen Titel im Ausland erwerben kann. Als „kleine“ Lösung während des Studiums bieten sich sog. summer schools an, die viele Universitäten z.B. in Großbritannien oder den USA anbieten. Die Sommerkurse sind eine gute Möglichkeit, einmal in eine ausländische Rechtsordnung „hineinzuschnuppern“ und zu prüfen, ob man ein Jahr lang im Ausland studieren möchte; in der Regel kosten sie allerdings nicht gerade wenig.

Ab dem ersten Examen (und auch noch nach dem zweiten) kann man einen Master of Laws, einen LL.M., an einer ausländischen Universität erwerben. Mittlerweile ist es ein regelrechtes Geschäftsmodell vieler Universitäten gerade in den USA geworden, spezielle Master-Studiengänge für Juristen aus anderen Ländern anzubieten. Diese Studiengänge dauern idR ein Jahr, schlagen aber mit mehreren zehntausend Euro zu Buche. Bei vielen Anwaltskanzleien zählt der LL.M. von einer angesehenen amerikanischen Universität so viel wie eine Promotion.

Wer sich für ein Auslandsstudium oder – praktikum interessiert, ist, genauso wie derjenige, der „nur“ über den deutschen Tellerrand hinausschauen möchte, bei el§a, der European Law Students‘ Association gut aufgehoben. El§a ist eine unabhängige Vereinigung von Studenten und an zahllosen Universitäten europaweit vertreten. Sie hat es sich zum Ziel gesetzt, die europaweite Verständigung zwischen Jurastudenten zu fördern, z.B. durch akademische Aktivitäten wie moot courts, Vorträge und Schreibwettwerbe. Daneben veranstaltet el§a aber auch Seminare und Konferenzen und bietet sog. study visits (Gastbesuche), Austauschprogramme und vieles mehr.

Tipp:

Information zur European Law Students' Association finden Sie auf der Webseite https://elsa.org. El§a ist an jeder Jura-Fakultät in Deutschland vertreten; schauen Sie also auch auf die jeweilige lokale Website, also z.B. https://elsa-potsdam.de.

Kapitel 3. Praktische Tipps zur Bewältigung des Studiums

Eingangs haben wir das Jurastudium als einen Marathonlauf bezeichnet. Ein guter Marathonläufer braucht viel Willenskraft, Ausdauer, hartes Training und die notwendige Motivation. Er muss sich durchbeißen – und er muss durchhalten. Im Folgenden haben wir einige praktische Tipps zusammengefasst, die bei der Bewältigung des Studienmarathons helfen sollen.

1. Planen Sie Ihr Studium

a. Warum es so wichtig ist, das Jura-Studium zu planen

Das Jurastudium zeichnet sich – auch und gerade im Vergleich zu anderen Studiengängen- durch einige Besonderheiten aus, über die man sich im von Anfang an im Klaren sein sollte. Aus diesen ergibt sich auch die Notwendigkeit, das Studium gut zu planen.

aa. Das Wichtigste kommt erst ganz am Schluss

Die entscheidende Prüfung steht in der Rechtswissenschaft erst ganz am Ende des Universitätsstudiums an. Diese Erste Juristische Prüfung deckt dabei thematisch das Stoffgebiet des gesamten bisherigen Studiums ab. Obigen Marathonvergleich muss man deshalb ergänzen: Das Jura Studium gleicht einem Marathon mit einem anspruchsvollen Schlusssprint. Es ist deshalb entscheidend, sich die Kräfte geschickt einzuteilen und Reserven aufzubauen.

Die Erste Juristische Prüfung ist, wie eben dargelegt, zweigeteilt in einen staatlichen und einen universitären Teil. Der staatliche Teil fragt in Form von Klausuren und mündlichen Prüfungen das fundamentale Wissen ab, das von jedem Juristen gleichermaßen erwartet wird. Die Prüfung wird vor den Justizprüfungsämtern der Länder abgelegt, die für den staatlichen Teil der Prüfung verantwortlich sind. Die Prüfungsämter stellen (landesweit einheitlich) die Klausuren und verantworten die mündlichen Prüfungen. Eine Möglichkeit, Stoff abzuschichten oder Punkte während des Universitätsstudiums zu sammeln, besteht insoweit nicht. Für den Studierenden bedeutet das, dass man das eigene Wissen kontinuierlich über die Studienjahre immer weiter ausbauen muss; dabei gilt es, den Spannungsbogen zu halten, Gelerntes nicht wieder zu vergessen und auch nicht die Motivation zu verlieren.

Der universitäre Teil hingegen ist eine eher individuelle Prüfung; hier wird man von der Universität in einem bestimmten Rechtsbereich geprüft, den man während seines Studiums – je nach universitärem Angebot – frei wählen konnte. Durch eine geschickte Studienplanung kann man Neigung und Pflicht hier in ein ausgeglichenes Maß bringen und in einem gewissen Maße auch schon Prüfungsleistungen „abschichten".

Eine besondere Härte des Juraexamens rührt daher, dass eben erst am Ende wirklich ausgesiebt wird. Gerade in den ersten Semestern und solange der Prüfungsstoff noch überschaubar ist, kommt man auch noch mit viel Auswendiglernen gut durch. Hier kann man also mangelnde Technik und fehlendes Verständnis durch Fleiß auch noch ausgleichen. Dass man aber tatsächlich den Anschluss verloren hat, realisiert man dann oft erst in den höheren Semestern oder schlimmstenfalls auch erst im Examen selbst. Wer zweimal die Erste Juristische Prüfung nicht besteht (zur Ausnahme des „Freischusses" sogleich), hat endgültig nicht bestanden – und damit außer dem Abitur keinen Abschluss.

bb. Die Bedeutung der Examensnote

Bereits an anderer Stelle war die Rede davon, dass zumindest für den Einstieg in das Berufsleben, teilweise aber auch später für das berufliche Fortkommen (Beförderungen im öffentlichen Dienst, aber auch Gehaltsverhandlungen in den Kanzleien und in der freien Wirtschaft, etc.) die in den beiden Examina erzielte Note eine entscheidende Bedeutung hat. Dieses Phänomen gibt es bei anderen Studiengängen nicht oder zumindest nicht in dieser extremen Form. Wer ein „gutes Examen" schreiben möchte, darf sich das nicht erst im sechsten Semester überlegen, sondern muss frühzeitig die Weichen stellen. „Gut" heißt in Jura interessanterweise übrigens „vollbefriedigend" und noch nicht einmal „gut".

cc. Ein Wort zum Notensystem

Juristische Arbeiten (Klausuren, Hausarbeiten und Examina) werden nicht mit Schulnoten bewertet, sondern mit Punkten.

Tipp:

Die Notenskalen zu den Klausuren und zu den Examina ergeben sich aus der **Verordnung über eine Noten- und Punkteskala für die erste und zweite juristische Prüfung**. Sie finden Sie im Internet unter www.gesetze-im-internet.de oder im Anhang zu diesem Buch auch in tabellarischer Form (Anhang 2, Übersichten 3–5).

Rein theoretisch gibt es einen Notenbereich von 0 bis18 Punkten. Allerdings werden diese fast nie vergeben. Der in allen möglichen Varianten immer wieder gerne kolportierte Spruch dazu lautet *„18 Punkte bekommt niemand. 17 Punkte bekommt der liebe Gott, aber nur, wenn er die Lösungsskizze kennt. 16 Punkte bekommt der Klausurersteller, aber nur, wenn es keinen Zweitkorrektor gibt."* (Siehe hierzu auch den Anhang zu diesem Buch). Eine Klausur bestanden hat man übrigens schon mit vier Punkten („*Vier gewinnt*"). Manchmal spricht man bei einem Examensdurchschnitt von mehr als 6,5 Punkten von einem „kleinen Prädikat". Das „große Prädikat" / ein „Prädikatsexamen" hat, wer im Durchschnitt 9 Punkte erzielen konnte.

In den Klausuren, die während des Studiums geschrieben werden, gibt es in aller Regel nur einen Korrektor. In den beiden juristischen Examina selbst wird jede Klausur von einem Erst- und Zweitkorrektor korrigiert.

dd. Die Möglichkeit zum „Freischuss"

Ein weiterer guter Grund das Studium rechtzeitig strategisch anzugehen, ist die Möglichkeit zum sog. Freischuss, auch Freiversuch genannt. Dieser bietet die Möglichkeit, gleichsam einmal versuchsweise am staatlichen Teil der Prüfung teilzunehmen. Fällt das Ergebnis zufriedenstellend aus, kann man den Versuch werten lassen – wobei man aber immer noch einen zweiten Versuch mit der Chance zur Verbesserung hat. Hat dieser Versuch nicht geklappt, wird das Ergebnis schlicht nicht gewertet. Das heißt, dass man noch einmal antreten kann, als sei nie etwas gewesen. Fällt dieser Versuch dann nicht zur Zufriedenheit des Prüflings aus, bleibt immer noch eine Möglichkeit zur Wiederholung, die jeder hat (auch derjenige, der nicht den Freischuss wahrgenommen hat). Insgesamt erhält man also mit dem Freischuss dreimal die Chance zum Erfolg. Alles in allem ein komfortables Angebot, mit dem man vor allem die Prüfungsfurcht gut in den Griff bekommen kann!

Die Sache hat nur einen Haken, und damit sind wir wieder bei der geschickten Studienplanung: man muss sich spätestens nach dem neunten (früher: achten) Semester für den Freischuss anmelden. Von Bundesland zu Bundesland sind die Meldefristen im Einzelnen allerdings unterschiedlich geregelt. Wer den Versuch mitmachen möchte, sollte sich rechtzeitig – spätestens ab dem sechsten Semester – darauf vorbereiten. Nehmen Sie diesen Aspekt also frühzeitig in Ihre Überlegungen zum Studienverlauf auf.

Die Erfahrungen der Länder mit der Freischussregelung sind gut. Sie zeigen gleichzeitig auch ein anderes interessantes Phänomen auf: Die Noten bei langer Studienzeit fallen nicht unbedingt besser aus als bei kurzer. Das spricht dafür, dass die besseren, zumindest einmal die besser organisierten, Studenten schnell ins Examen gehen und dort auch vergleichsweise gut abschneiden. Richtig ist zwar, dass die juristische Substanz für das Urteilsvermögen wachsen muss. Das ist aber nur teilweise eine Frage der Zeit, eher ist es eine Frage der eigenen geistigen Offenheit, der Studienintensität und der individuellen Studienplanung, zu der wir ausdrücklich ermutigen möchten.

Tipp:

Statistiken zu den Bestehensquoten in den beiden juristischen Examina, auch aufgeschlüsselt nach den einzelnen Bundesländern, veröffentlich das Bundesamt für Justiz auf seiner Website. Gesondert aufgeführt werden auch die Erfolgsquoten im Freiversuch.
https://www.bundesjustizamt.de/DE/SharedDocs/Publikationen/Justizstatistik

ee. Die Gefahr des Scheiterns

Auf dem Weg zum Ersten Juristischen Examen liegen während des Studiums, wie dargelegt, zunächst nur Hürden, die man auch mit weniger Aufwand nehmen kann. Die große Gefahr des Jura-Studiums ist, dass man erst spät, dann aber endgültig scheitert. Eine Analyse des Deutschen Zentrums für Hochschul- und Wissenschaftsforschung (DZHW) aus dem Jahre 2017 beschäftigt sich ausführlich mit den Studienabbrechern im Fach Jura. Diese Studie war auf Initiative des nordrhein-westfälischen Justizministeriums von 15 Bundesländern in Auftrag gegeben worden, auch mit dem Ziel, die Abbrecherquote zu senken.

Diese liegt in Jura mit durchschnittlich 24 Prozent weitaus höher als in anderen Studiengängen mit Staatsexamen. Zwischen den Bundesländern gibt es hier signifikante Unterschiede. Auch bei den Spitzennoten unterscheiden sich die Länder teilweise merklich, andererseits muss man bei der Lektüre der Statistiken im Hinterkopf behalten, dass z.B. das Bundesland Hamburg mit der privaten Bucerius Law School eine Universität hat, die sich die bundesweit besten Bewerber aussuchen kann.

Von dieser hohen Zahl an Studienabbrechern sind diejenigen, die den Studiengang wechseln, noch gar nicht umfasst. Hinzu kommt:

in keinem anderen Fach wird das Studium – nämlich nach fast sieben Semestern – so spät abgebrochen wie in Jura.[14] Auch von denen, die es bis zur Prüfung schaffen, scheitern viele: die Erste Juristische Prüfung bestehen jährlich knapp 30 % der Studenten nicht. Wer die Erste Juristische Prüfung nicht besteht, steht ohne Abschluss da und muss sich beruflich noch einmal ganz von vorne neu orientieren. Eine besondere Härte ergibt sich daraus, dass man zu diesem Zeitpunkt dann schon relativ alt ist – mindestens 12 Semester (faktisch sind es oft wesentlich mehr), also 6 Jahre hat man investiert, bevor man gesagt bekommt, dass man nicht mehr Volljurist werden kann. Einem Mathematik- oder Medizinstudenten wird so etwas kaum passieren. Ein großes Manko des Jurastudiums ist und bleibt, dass nicht rechtzeitig ausgesiebt wird. Die Durchfallquoten im ersten Examen sind seit vielen Jahren so hoch- trotz aller Aktivitäten und Bemühungen der kommerziellen Repetitorien und der Zusatzleistungen der Universitäten, mit speziellen Lehrveranstaltungen eine bessere Vorbereitung auf das Examen zu bieten. Die Erfahrung zeigt jedoch: je zielstrebiger ein Student das Studium von vornherein angeht, desto geringer ist die Gefahr des Durchfallens. Bereits an anderer Stelle hatten wir auf die Korrelation eines guten Abiturs mit guten Examensnoten in Jura hingewiesen.[15] So hatten im Jahr 2016 nach einer Studie des Deutschen Zentrums für Hochschul- und Wissenschaftszentrums 16 % der erfolgreichen Jura- Absolventen die Schule mit einer Abiturnote von 1,4 oder besser abgeschlossen. Unter den Studienabbrechern hingegen hatte im Untersuchungszeitraum kein einziger ein Abitur von 1,4 oder besser. Natürlich garantiert ein gutes Abitur keinen Erfolg im Studium. Aber die Statistik zeigt, dass derjenige, der die Dinge zielstrebig angeht, belohnt wird. Wir wollen Sie also nicht abschrecken- aber ermuntern, ihr Studium strukturiert in Angriff zu nehmen.

b. Entwickeln Sie einen Plan und eine Strategie

Über Generationen hinweg bis in die 90er Jahre galt für den überwiegenden Anteil aller Jura-Studenten: zwei Semester lang genoss man das Ende der Schulzeit, segelte, spielte Tennis, machte Ausflüge, ging gelegentlich auch mal zur Uni, sah sich dort um, schnupperte in die ein oder andere Vorlesung, auch auf fachfremden Gebieten. Im dritten bis fünften Semester schrieb man die für die notwendigen Scheine erforderlichen Klausuren und Hausarbeiten, manchmal mit fremder Hilfe. Ab etwa dem sechsten Semester machte man ernst; man ging regelmäßig zum Repetitor und büffelte von früh morgens bis spät in die Nacht. Diesem Studienrhythmus folgt heute fast keiner mehr. Stoffumfang und Schwierigkeitsgrad haben sich in den letzten Jahren deutlich erhöht. Zuletzt gibt der Arbeitsmarkt im Gegensatz insbesondere zu den Wiederaufbaujahren für einen lockeren Umgang mit dem Studium wenig Raum. Heute braucht man für ein Jurastudium neben guten Nerven einen guten Plan.

Bereits an anderer Stelle war die Rede davon, dass das Jura-Studium mit dem Ziel der Ersten Juristischen Prüfung dem Bologna- Prozess widerstanden hat und nicht verschult wurde. Ein Studium ist auch keine Arbeitsstelle: Nirgends hängt eine Stechuhr, niemand gibt Ihnen Weisungen oder bezahlt Sie für das Geleistete. Die Studienzeit ist einerseits die unglaubliche Zeit im Leben, in der Sie die große Freiheit haben, Ihren Geist zu schulen. Andererseits kommt mit der inhaltlichen Freiheit auch die große Eigenverantwortung, die einen fordert und manchen auch überfordert. Der innere Schweinehund will im Sommer immer lieber an den See als in die Bibliothek. Im Winter will er Skifahren gehen oder Kaffee trinken und immer noch nicht in die Bibliothek.

Hinzukommt: der Stoffumfang eines Jura-Studiums ist nicht wirklich benutzerfreundlich, so richtig mit einem Themengebiet „fertig“ wird man nie. Das ist aber systemimmanent und Sie dürfen und müssen es bei der Vorbereitung schlicht mit einpreisen. Immer wieder heißt es daher auch, Jura sei wie ein Ozean; man stehe am Ufer und sehe kein Land. Tatsächlich hat auch der größte Ozean ein Ufer. Wer sich allerdings ohne Karten in die Fluten stürzt, läuft tatsächlich Gefahr, darin zu ertrinken. Wer aber mit guter Ausrüstung und festen Zielen diszipliniert lossegelt, wird bald feststellen, dass die Sorge, unterzugehen, völlig unberechtigt war.

aa. Von Anfang an durchstarten

Entscheidend ist, dass man von Anbeginn des Studiums an mitlernt. Bereiten Sie Vorlesungen und Arbeitsgemeinschaften immer nach (wobei das Verständnis für die Struktur am Anfang immer wichtiger als die Details). Manche Anfänger gehen davon aus, dass das erste Semester zum Schnuppern da ist. Sie meinen, dass man den erforderlichen Arbeitsaufwand ruhig bis ins zweite Semester hinauszögern und auf den „Einführungskram" mehr oder weniger verzichten kann. Ein schwerer Irrtum, der nur noch mit viel Mühe repariert werden kann. Denn: Der Stoff, den Sie im ersten Semester lernen, brauchen Sie auch noch im Staatsexamen! Zudem: Das Lernen über viele Jahre hinweg mit einer immensen Fülle an Lernstoff hält man nur durch, wenn man von Anfang an, also vom ersten Semester an, seinen Alltag als Arbeitsalltag strukturiert. Freude am Studieren hängt ja auch davon ab, dass man Erfolgserlebnisse hat: etwa, weil man feststellt, dass man einen Lernabschnitt erfolgreich abgespeichert oder weil man in einer Klausur ein zufriedenstellendes Ergebnis erzielt hat. Erfolgserlebnisse aber, das wissen Sie selbst nach jahrelanger Schulzeit, setzen einen entsprechenden Arbeitseinsatz und Arbeitsaufwand voraus. Je besser dieser geplant wird, desto größer der Erfolg. Zuletzt: Wenn Sie sich, wie die Mehrzahl Ihrer Kolleginnen und Kollegen für einen Freischuss entscheiden, und Sie mangels Planung nicht mithalten können, ist das frustrierend. Fazit deshalb: Auch wenn bei Studienbeginn das Ziel des Erstens Staatsexamens noch Jahre entfernt, im Ungewissen liegt – gewiss ist, dass ein nutzlos verstrichenes erstes Semester nur Frust auslösen wird; ebenso gewiss ist, dass eine umsichtige Planung schon in diesem frühen Stadium Zeit und Nerven spart und den Grundpfeiler für ein entspanntes und gleichzeitig erfolgreiches Studium legt.

Tipp:

Schaffen Sie sich von Anfang an feste Strukturen

- **zeitlicher** und
- **inhaltlicher** Art.

bb. Der Plan für die ersten Semester

Zum ersten Mal eine Uni betreten, möglicherweise eine neue Stadt, neue Leute und die vielen Informationen, die auf den Anfänger einstürmen – leicht ist der Start in den neuen Lebensabschnitt nicht. War in der Schulzeit der Tagesablauf geregelt, jetzt ist er es nicht mehr. Es herrscht die akademische Freiheit! Sie können über Ihre Zeit frei bestimmen, – auch darüber, ob Sie einzelne universitäre Veranstaltungen „sausen" lassen. Hinzu kommt: Die Universitäten schreiben zwar die Grundlagenfächer vor und bieten Übungen und Tutorien an, es werden dort aber nur die Grundlagen gelehrt. Zum Einprägen des Lernstoffes und zur Vorbereitung auf Abschlussklausuren, geschweige denn auf das Erste Staatsexamen reicht das nicht aus, d.h. Sie müssen den Lehrstoff anhand von Fach- und Fallbüchern sowie Fachzeitschriften vertiefen. Angesichts dieser Wand aus Unsicherheit vor der man steht – welche Fächer sind Pflicht und welche Wahl? Welche zusätzlichen Übungen und oder Veranstaltungen sind für mich als Anfänger sinnvoll? Welche Regeln sind zu beachten und sind sie erfolgversprechend? Welche Auswahl an Lehrbüchern treffe ich? – stolpert die Mehrzahl der Studierenden eher unvorbereitet in ihr Studium.

Ein zeitlicher Rahmen

Schaffen Sie sich zunächst selbst einen zeitlichen Rahmen. Vielen hilft tatsächlich ein Wochenplan, wie man ihn noch von der Schule als Stundenplan gewohnt ist. Nahezu jede juristische Fakultät bzw. Fachschaft hält Musterstundenpläne zumindest für die Anfangssemester bereit, an denen Sie sich orientieren können (Sie finden Muster auch im Anhang 2, Beispiele 2 und 3). Ergänzen Sie diesen Plan um feste Lernzeiten. In den ersten Wochen kann man sich beispielsweise 2 Stunden täglich für das Lernen fest reservieren – die Zeit, die man früher für die Hausaufgaben in der Oberstufe brauchte. Nur dass es jetzt eben keine Hausaufgaben mehr gibt; die müssen Sie sich selbst aufgeben und damit sind wir bei der inhaltlichen Struktur.

Ein inhaltlicher Rahmen

Im Blick halten müssen Sie vor allem zwei Dinge

- Den zu wiederholenden Stoff: Er ergibt sich insbesondere aus den Vorlesungen und der in diesen gefertigten Notizen; vielfach werden von der Uni auch vorlesungsbegleitende Materialien ausgegeben.
- Den zusätzlichen zu lernenden Stoff. Er ergibt sich aus den Literaturempfehlungen des Lehrstuhlinhabers des einschlägigen Grundfachs. (Aber Achtung: Diese Empfehlungen umfassen in aller Regel mehrere Bücher und Sie können in der Regel nur eines bearbeiten. Nehmen Sie sich deshalb die Zeit und blättern Sie in der Bibliothek oder Buchhandlung in aller Ruhe in den empfohlenen Werken, bis Sie Ihres gefunden haben – es werden Ihnen nicht alle liegen!)

Lernen Sie nicht ins Blaue hinein, lesen Sie nicht wild in Lehrbüchern herum – das frustriert fürchterlich, gerade am Anfang. Nehmen Sie sich stets eine überschaubare Portion vor (z.B. „Der Aufbau des Grundgesetzes“). Sagen Sie sich zu Beginn Ihrer Arbeitszeit ruhig noch einmal vor, was Sie heute lernen wollen („Ich will heute den Aufbau des Grundgesetzes verstehen“.) Arbeiten Sie das Material der Universität, die Mitschrift oder ein Skript zu diesem Punkt durch; wiederholen Sie besprochene Fälle, indem Sie sich selbständig lösen. Wenn Ihnen das disziplinierte Lernen zu Hause nicht gelingt, schaffen Sie sich einen äußeren Rahmen. Setzen Sie sich in die Bibliothek. Das hat übrigens auch den Vorteil, dass man dort nicht in Versuchung kommt, nach der Post zu schauen, schnell den Tisch zu wischen oder ans Telefon zu gehen.

Das selbständige Abprüfen des Gelernten

Einen „Fallstrick“ stellt es für manche – gerade am Anfang des Studiums, wenn man von der Schule noch anderes gewohnt ist – der Umstand dar, dass auf das Lernen kein direktes Abprüfen folgt. Das Prinzip „eine Woche lerne ich, nächste Woche gebe ich das in der Klausur wieder“ funktioniert nicht mehr. Man erhält also von außen keine unmittelbare Rückmeldung auf den Lernerfolg mehr, was sich auch negativ auf die Lernmotivation auswirken kann („Warum soll ich lernen, wenn mich eh keiner danach fragt.") Deshalb muss man gegensteuern, indem man sich selbst stets immer und wieder prüft; indem man Fälle und Klausuren selbst aktiv löst (und eben nicht nur die Musterlösung durchliest) und den eigenen Kenntnisstand ehrlich bewertet.

Lieblingsfächer und weniger geliebte Fächer

In jeder Studienrichtung ist es so: es gibt Fächer, die man mag und es gibt Fächer, die man nicht mag. Sie müssen aufpassen, die Fächer, die Ihnen liegen, bei der Einplanung nicht (unbewusst) zu bevorzugen; bei Gebieten, die einem liegen, ist ohnehin die Merkfähigkeit ausgeprägter! Es gilt vielmehr: Was man nicht so mag, wiederholt man häufiger; auch Klausuren schreibt man auf ungeliebtem Gebiet in erhöhter Taktzahl. Sie werden dabei feststellen: Sympathie ist vielfach nur eine Frage der Häufigkeit des Kontakts. So wie man auf Zeitgenossen trifft, die einem auf Anhieb unsympathisch sind, dann aber – sieht man sie öfter – ganz sympathisch findet, geht es auch mit dem Lernstoff. Je länger und näher man sich mit dem ungeliebten Gebiet befasst, gar Erfolgserlebnisse durch gute Klausurnoten erzielt, umso mehr lernt man es schätzen.

cc. Der Ferienplan

Die Zeiten, in denen Ferien zu allen möglichen Tätigkeiten genutzt wurden, nur nicht zum Lernen – und wenn, dann nur sporadisch – sind jetzt Vergangenheit. In den Ferien sind regelmäßig die Hausarbeiten anzufertigen. Auch ist im Übrigen die Stofffülle zu groß, als dass man sich eine lange Pause vom Lernen leisten könnte. Nehmen Sie sich aber trotzdem ganz bewusst zwei oder drei Wochen von der Juristerei komplett frei. Machen Sie sich für die übrigen Tage einen Plan, der mindestens 6 Stunden reine Arbeitszeit pro Tag erfassen soll; ein bis zwei Tage in der Woche bleiben dabei weiterhin ganz frei.

dd. Pläne für die folgenden Semester

Im Lauf des Studiums werden die Studienpläne komplexer: die einzelnen juristischen Fachgebiete wachsen stetig und damit der zu wiederholende Stoff … an anderer Stelle hatten wir ja schon darauf hingewiesen: Was Sie im ersten Semester gelernt haben, müssen Sie auch im Staatsexamen wissen! Ihr Arbeitsalltag sollte nun acht Stunden täglich umfassen, ein freier Tag in der Woche muss in aller Regel reichen. Ansonsten sind nur wenige Punkte zu beachten:

- Lernt man zu Hause oder in der Bibliothek: spätestes nach 2 Stunden 5–10 Minuten eine bewusste Pause einlegen und abschalten (hierzu sogleich)
- Nach der Pause: das Stoffgebiet wechseln, also z.B. vom Strafrecht zum Zivilrecht, damit der Stoff interessant bleibt.
- Besonders widerspenstigen Lernstoff eine halbe Stunde vor dem Schlafengehen nochmals wiederholen; er prägt sich in der Schlafphase zusätzlich ein.

ee. Zeit für Pausen

Währen der ersten sieben Semester ergeben sich die Pausen, die man in Lernalltag einbauen muss, mehr oder weniger von selbst: Man geht von einer Vorlesung in die andere, von einem Seminarraum in den anderen, zu Kursen und Tutorien, fährt vielleicht mittags nach Hause und Abend zu einem Klausurenkurs, usw. Anderes gilt für die Zeit der Vorbereitung auf das Examen. Hier sind einige Überlegungen zur Gestaltung der Pausen notwendig. Viele Studierende arbeiten gerade in der Vorbereitungsphase bis tief in die Nacht und unterbrechen ihr Lernen lediglich für kurze Zeit, um Fastfood hinunterzuschlingen. Sie wundern sich dann, warum ihr „Einsatz“ so wenig an Erfolg bringt. Nun: Ein Durcharbeiten ohne sinnvoll gestaltete Pausen ist vergeudete Zeit. Aus neurologischer Sicht ist erwiesen, dass der gelernte Stoff Pausen braucht, um im Langzeitgedächtnis verankert zu werden. Das Gehirn verarbeitet und speichert insbesondere im Schlaf das tagsüber Erlernte.

Vorsicht, Lernfalle:

Bei unstrukuriertem „Durchlernen" von Stoff treten schnell Lernhemmungen auf[16]; am häufigsten

- **die retrospektive Hemmung:** das Lernen und Behalten eines zuerst gelernten Stoffes wird durch Lernstoffe, die später eingeübt werden, behindert) und
- **die Ähnlichkeitshemmung:** der zweite Lerninhalt weist mit dem ersten Lerninhalt Ähnlichkeiten auf.

Bei der Aufnahme neuer Informationen sollten kleinere Pausen von 5 bis maximal 10 Minuten spätestens alle 45 Minuten eingeschaltet werden.[17] (Sie erinnern sich an die Dauer Ihrer Schulstunden). Der Versuch, über eine Stunde lang neue Informationen aufzunehmen, birgt die Gefahr, dass das Gehirn von selbst abschaltet und die Gedanken schleifen lässt. Sinnvollerweise sollten Pausen wirklich Pausen sein. Das heißt, die Pausen

- nicht zum Zeitunglesen o.ä. verwenden: Das Gehirn braucht Ruhe, nicht neuen Input, damit sich das aufgenommene Wissen setzen kann; werden gezielt neue Informationen aufgenommen, können sich die alten nicht festigen.
- nicht unbedingt mit Lieblingstätigkeit ausgefüllt werden, das macht das Zurückkehren an den Arbeitsplatz nur schwerer.

Empfehlenswert ist es, den Arbeitsplatz kurzeitig zu verlassen für paar Schritte vor die Türe, zum Durchatmen vor geöffnetem Fenster oder für eine kleine Unterhaltung. Längere Pausen gibt es zur Essenszeit, also die Mittags- und die Abendpause. Studierende schenken einer richtigen Ernährung während der Examensvorbereitung oft zu wenig Beachtung. Manche glauben, die Zeit, die man für eine gesunde Ernährung aufbringen muss, sei verschwendete Zeit. Dabei gibt es wohl kaum einen anderen Lebensabschnitt, in dem es so wichtig, sich um richtig und gesund zu ernähren, um fit und leistungsfähig zu bleiben. Ihr Gehirn, das schon unter normalen Umständen 20 % des täglichen Energiebedarfs verbraucht, will in aktiven Lernphasen noch deutlich mehr Energie.

Tipp:

Schauen Sie doch einmal auf

- https://www.lernen-heute.de/ernaehrung.html;
- https://campus-aktuell-bremen.de/iss-dich-schlau-die-richtige-ernaehrung-beim-lernen/.

c. Suchen Sie sich Mitstreiter

Bekanntlich sagt das Sprichwort „*Wer schnell gehen will, gehe allein. Wer aber weit kommen möchte, suche sich Begleiter*“. Das gilt auch für den Weg durch das Jura-Studium. Wir meinen hier damit nicht, dass Sie an der Universität Freunde suchen sollen. Wir sprechen von reinen Mitstreitern mit denen man nicht zwingend befreundet sein muss, um von der gemeinsamen Arbeit zu profitieren.

In den ersten Tagen und Wochen des Studiums werden Sie Gleichgesinnte brauchen, um sich in dem neuen Biotop Universität zurecht zu finden – und nicht gleich den Mut zu verlieren. Täler, die auf jeden Studenten im Studium unweigerlich warten, scheinen tiefer, wenn man sie allein durchschreiten muss. Vielen Studenten fehlt der Halt, den der gut strukturierte Schulalltag eben noch gab. Die Universität will, dass der Student sich selbst in die Pflicht nimmt. Weil das so schwer sein kann (und der innere Schweinehund so träge), lohnt es sich, sich über Kommilitonen feste Strukturen zu schaffen, indem man sich z.B. für bestimmte Veranstaltungen verabredet, bestimmte Dinge gemeinsam ausprobiert, für alle verbindliche Lernzeiten (z.B. in Vorlesungspausen) festsetzt, etc.

aa. Ein Wort zur Zusammenarbeit bei den Hausarbeiten

Spätestens bei den ersten Hausarbeiten brauchen Sie aber auch Sparringspartner – Kommilitonen, mit denen sie einzelne juristische Probleme auch einmal kontrovers diskutieren können. In den Hausarbeiten geht es darum, zu lernen, eine eigene Problemlösung zu entwickeln und am Ende zu verteidigen. Das schafft kaum jemand aus dem Stand allein. Sparringspartner sollen mit ihnen die Argumentationsketten durchgehen, das Für und Wider bestimmter Lösungsideen wägen. Wer nicht daran interessiert ist, Ihren Lösungsansatz mit Ihnen Schritt für Schritt kritisch zu durchdenken (das kostet Aufwand und Energie!), ist als Sparringspartner ungeeignet, mag er auch sonst ein netter Mensch sein. Wichtig ist dabei nur eins: keinesfalls dürfen solche Diskussionen dazu führen, dass man die komplette Hausarbeit gemeinsam schreibt – oder dass gar nur einer sie formuliert und alle anderen die Lösung kopieren. Damit würden Sie sich selbst in die Tasche lügen und außerdem Unterschleif begehen. Sinnvoll ist allein die Diskussion einzelner Probleme der Aufgabenstellung, auf der Basis derer jeder aus einer der Gruppe für sich eine eigenständige Lösung entwickeln kann und muss. Jura lebt vom Diskurs, von der Wägung und Prüfung von Argumenten. Das kann man nicht von heute auf morgen, das muss man wieder und wieder üben. Aber das, was ich in der Diskussion mündlich verteidigt und damit gründlich durchdacht habe, kann ich später auch überzeugend zu Papier bringen.

bb. Die Lerngruppe

Spätestens in der Examensvorbereitung empfiehlt sich eine feste Lerngruppe mit Kommilitonen, die zum gleichen Termin in das Examen gehen möchten. Mitstreiter mit einem anderen Examenstermin sind weniger geeignet, weil dann die Motivation eine ganz andere ist und man sich mit einem unterschiedlichen Stresslevel schnell auf die Nerven geht. Die Anzahl der Teilnehmer sollte nicht zu groß sein, damit jeder möglichst viel aktiv beitragen kann; ideal sind nach unserer Ansicht zwei bis vier Teilnehmer.

Die Vorteile einer Lerngruppe sind insbesondere:

- Gruppenarbeit bringt Abwechslung in den gleichförmigen Lernalltag
- Gruppenarbeit hilft beim Einprägen des Lernstoffs
- die Lerngruppe gibt unmittelbare Rückmeldung zum Kenntnisstand im direkten Vergleich mit Kommilitonen

Die Lerngruppe sollte sich in festen Abständen, etwa zweimal die Woche treffen und den Examensstoff gemeinsam durchgehen und wiederholen. Dabei hat sich ein Arbeiten mit original Examensfällen in der Praxis bewährt; es gehen aber natürlich auch Klausuren vom Repetitor oder Fallsammlungen aus dem Buchhandel.

Die Teilnehmer einer solchen Lerngruppe müssen nicht unbedingt alle gleich stark sein. Unterschiedliche Präferenzen bei den Rechtsgebieten sind sogar von Vorteil: man lernt als „Privatrechtler" mehr, wenn ein „Strafrechtler" und ein „Öffentlichrechtler" in der Gruppe sind, als wenn alle drei das BGB passabel beherrschen. Eine gewisse Inhomogenität tut der Gruppe gut, dann kann der Stärkere den Schwächeren mitziehen. Aber auch der Stärkere profitiert: Man lernt selbst am meisten, wenn man die Dinge einem anderen verständlich erklären muss. Erst dann erkennt man, ob man ein Problem selbst wirklich verstanden hat. Im Talmud[18] findet sich der wunderbare Satz: „*Viel habe ich gelernt von meinen Lehrern, mehr von meinen Kollegen, am meisten von meinen Schülern.*"

Zentral ist, dass alle der Teilnehmer die Vorbereitung in der Gruppe gleichermaßen ernst nehmen und die gleiche Motivation mitbringen. Die anderen im Stich lassen indem man sich nicht vorbereitet oder Treffen schwänzt, ist inakzeptabel. Manchmal haben solche Gruppen allerdings auch die Tendenz, recht ernsthaft zu beginnen und dann in ein Kaffeekränzchen auszuarten – hier ist jeder aufgerufen, die Gruppe zur Ordnung zu rufen (siehe oben: man muss nicht mit jedem Mitstreiter befreundet sein, solange man sich nur gegenseitig voran hilft). Es muss der unbedingte Wille da sein, sich gegenseitig weiterzubringen; die Lerngruppe muss allen nützen. Die grundlegende Regel sollte sein, dass jeder gleichermaßen Raum und Sprechanteil erhält. Es nützt wenig, wenn einer die Gruppe dominiert und die anderen nur belehrt – was Schwächere allerdings manchmal gerne geschehen lassen, sodass man sich hier selbst kritisch beobachten sollte. Schlussendlich gilt die Feedback-Regel: jeder hat das Recht und auch die Pflicht zur Kritik. Jede Kritik hat dabei immer sachlich zu bleiben, persönliche Anwürfe sind tabu. Für den Feedbacknehmer muss umgekehrt gelten, dass er bereit sein muss, die Rückmeldung als Verbesserungsmöglichkeit anzunehmen.

2. Bilden Sie sich – Wissen allein reicht nicht

Ein guter Jurist braucht nicht nur Jura. Das entscheidende Stichwort lautet auf neudeutsch „soft skills". Solange Sie nicht Ihr Berufsleben als juristischer Zuarbeiter tief unten im Keller einer Kanzlei fristen möchten (auch dies wäre aber möglich), werden Sie nicht ohne die Fähigkeit zur Zusammenarbeit, ein sicheres, aber nicht arrogantes Auftreten und Dialogbereitschaft auskommen.

a. Bilden Sie Ihre Persönlichkeit

Die Jahre des Studiums sind auch jene Jahre, in denen man als junger Mensch seine Persönlichkeit ausbildet. Nie wieder im Leben – wirklich, nie, nie wieder – werden Sie so viel Freiheit haben, sich persönlich und selbstbestimmt zu bilden. Wenn Sie wissen, wo der Weg Sie beruflich eines Tages hinführen wird, können Sie natürlich auch hier schon alle Grundlagen für Ihre spätere berufliche Karriere legen. Wer weiß, dass er später in das Familienrecht möchte, tut z.B. gut daran, sich mit Mediation und Streitschlichtung zu beschäftigen und (Basis) Kenntnisse in Psychologie anzueignen; man wird es brauchen können. Wer später in eine internationale Großkanzlei möchte, sollte auf ein verhandlungssicheres Englisch achten; auch bestimmte betriebswirtschaftliche Kenntnisse und Wissen im Steuerrecht wird solch ein späterer Arbeitgeber sicher gerne sehen.

Andererseits muss aber niemand an Tag 1 des Studiums schon wissen, was er später genau beruflich machen möchte. Man darf sich auch ein wenig treiben lassen, mal in das Kapitalmarktrecht, mal in das Markenrecht und mal in das Umweltrecht hineinschnuppern, Vorlesungen der philosophischen Fakultät besuchen oder sich hochschulpolitisch engagieren. Die UNO hätte viele Mitarbeiter, wenn alle, die sich während des Studiums für das Völkerrecht begeistern können, später dort auch wirklich anfangen würden. Juristen aber mit einem wachen Kopf, einem Verständnis für Zusammenhänge, Leute, die über den Tellerrand hinausschauen, möchte jeder Arbeitgeber später gerne.

Wir möchten hier nur auf ein paar Möglichkeiten hinweisen. Die Ausbildungszeit bildet letztlich und aufs Ganze gesehen nur einen kurzen Abschnitt, von dem Sie aber den Rest Ihres Berufslebens zehren können. Je mehr Sie aus der Studienzeit machen, umso leichter werden Sie es auch beim Berufseinstieg haben. Später im Berufsleben trifft man immer wieder Kollegen, die es bedauern, nicht mehr „mitgenommen" zu haben aus der Zeit des Studiums und der Ausbildung. Natürlich kostet es Zeit und braucht es Mut, als Student an einem moot court teilzunehmen. Als Referendar brauchen Sie den gleichen Mut, Ihrem Ausbilder die Sitzungsleitung im Zivilprozess abzunehmen. Aber: alle Fehler, die Sie hier machen, passieren im geschützten Rahmen und bleiben für Sie folgenlos. Machen Sie den gleichen Fehler später als Rechtsanwalt, können Sie wahrscheinlich gleich Ihre Berufshaftpflichtversicherung anrufen.

b. Suchen Sie aktiv den Praxisbezug

Was immer wieder verwundert, ist, wie viele Studenten Jura rein über die Theorie angehen. Wären die Pflichtpraktika nicht, kämen sie während des Studiums mit dem wahren juristischen Leben gar nicht in Kontakt. Mancher mag das damit begründen, dass er die wertvolle Zeit lieber auf das Lernen denn auf ein weiteres Praktikum oder eine sonstige praktische Tätigkeit verwendet. Das dürfte dann aber ein Fehlschluss sein. Erfahrungsgemäß lernt es sich viel leichter, wenn man einen praktischen Bezug zu den Dingen hat. Ein Student, der ein Praktikum bei einer Institution der EU in Brüssel abgeleistet hat, wird das Europarecht mit einer anderen Begeisterung lernen als jemand, der nur lieblos in die Vorlesungen schlappt. Auch eine Tätigkeit in einer legal clinic, als studentische Hilfskraft in einer Kanzlei oder in der Rechtsabteilung eines Unternehmens kann Ihnen viele Dinge aus dem Unterricht näherbringen.

Nahezu unfassbar ist es jedenfalls, dass Studenten im 5. Semester brav Woche für Woche Vorlesungen zu den Prozessordnungen mitschreiben, ohne je einen Fuß in den entsprechenden Gerichtssaal gesetzt zu haben. Dabei ist ein gewinnbringender Besuch einer Gerichtsverhandlung in allen Gerichtszweigen ganz einfach möglich. Gerichtsverhandlungen sind in Deutschland grundsätzlich öffentlich. Welche Sitzungen an einem bestimmten Tag in einem Gericht stattfinden, erfahren Sie durch einen Aushang an der Pforte. Man kann sich als Zuhörer einfach in eine Gerichtsverhandlung vor dem Zivil-, Straf- oder Verwaltungsgericht hineinsetzen (man kann sogar später kommen oder früher gehen, ohne dass dies Konsequenzen hätte). Vielleicht sind Sie aber auch eine Gruppe von Kommilitonen, die gemeinsam eine Gerichtsverhandlung besuchen möchte? Dann können Sie den verhandlungsleitenden Richter ein paar Tage vorher anrufen und Ihren Besuch ankündigen – die allermeisten Richter nehmen sich dann in einer Verhandlungspause gerne Zeit für Fragen oder ein Gespräch.

c. Beschäftigen Sie sich mit Recherchetechniken

Wer sich zügig gute Recherchetechniken zulegt, ist nicht nur im Studium, etwa beim Abfassen der Hausarbeiten, im Vorteil, sondern auch später im Berufsleben. Sich z.B. im Rahmen einer Hausarbeit mit einem Problem auseinanderzusetzen und Lösungsansätze zu entwickeln, ist ja in aller Regel schon herausfordernd genug. Wenn man nun noch nicht einmal sicher weiß, wo solche Lösungsansätze zu recherchieren sind, tut man sich doppelt schwer und braucht sicherlich mehr als doppelt so lang. Der Umgang mit Quellen ist essenzieller Bestandteil des juristischen Arbeitens. Nehmen Sie also an Bibliotheksführungen teil, üben Sie den Umgang mit Literatur und vor allem mit den Kommentaren. Angesichts der wachsenden Bedeutung des Internets für die juristische Recherche bieten die Universitäten auch für juristische Datenbanken regelmäßig Einführungsveranstaltungen an. Die meisten juristischen Datenbanken sind zwar an sich kostenpflichtig, allerdings haben Studenten die Möglichkeit eines kostenlosen Zugriffs über die Universität.

Tipp:

Die wichtigsten Datenbanken sind:

Für deutsches Recht:

- www.beck-online.de
- www.juris.de

für ausländisches Recht:

- www.eur-lex.europa.eu (zum europäischen Recht)
- www.lexisnexis.com und www.westlawnect.com (zum US- Recht)

Auf den Websites der gängigen Datenbanken sind außerdem Kurzanleitungen zu finden, mit denen man sich ohnehin zügig vertraut machen sollte (z.B. in der Juristischen Datenbank *beck online* unter dem Reiter Hilfe/ Kurzanleitung).

Im Zusammenhang mit juristischer Recherche und den hierfür zu lernenden Techniken sollte man früh verinnerlichen, was später auch noch einmal für das Zweite Juristische Staatsexamen besonders wichtig werden wird: ein Gesetzeskommentar ist ihr Freund, nicht ihr

Feind. Freunden Sie sich früh mit ihm an, das bringt später klare Zeitvorteile.

d. Nehmen Sie an Moot Courts teil

Viele Universitäten bieten die Teilnahme an sog. Moot Courts an. Der Begriff „Moot Court" bezeichnet zunächst einmal nichts anderes als eine simulierte Gerichtsverhandlung. Es gibt allerdings auch regelrechte Moot Court Wettbewerbe auf nationaler wie auf internationaler Ebene; viele Fakultäten stellen Teams für diese Wettbewerbe auf und trainieren für diese. Neben juristischen Kenntnissen sollen die freie Rede, Argumentationskultur und Teamwork erlernt werden.

Tipp:

Die bekanntesten Moot Court Wettbewerbe sind

- Der Soldan Moot Court zur Anwaltlichen Berufspraxis, den die Hans-Soldan-Stiftung in Zusammenarbeit mit der Bundesrechtsanwaltskammer, dem Deutschen Anwaltverein und dem Deutschen Juristen-Fakultätentag veranstaltet. https://soldanmoot.de/wettbewerb/
- Der Elsa Deutschland Moot Court EDMC https://elsa-germany.org/unsere-projekte/elsa-deutschland-moot-court/
- Der Philip C. Jessup International Law Moot Court organisiert von der International Law Students Organization ILSA, https://www.ilsa.org/about-jessup/
- Der arbeitsrechtliche Moot-Court, den das Bundesarbeitsgericht alle zwei Jahre in Erfurt ausrichtet. http://www.bundesarbeitsgericht.de/mootcourt/mootcourt.html

e. Nehmen Sie an Legal Clinics teil

Aus den USA nach Deutschland geschwappt ist die Idee der sog. „Legal Clinics". Hier können Studierende unter Anleitung erfahrener Juristen, zumeist Rechtsanwälten, erste praktische Berufserfahrungen sammeln indem sie – mit fachlicher Unterstützung – für Ratsuchende eine kostenlose Rechtsberatung durchführen. Diese beschränkt sich allerdings auf den außergerichtlichen Bereich, die

Studenten gehen also nicht für die Mandanten vor Gericht. Der Kreis der Mandanten ist bei den legal clinics meist beschränkt auf bestimmte Bevölkerungsgruppen wie Migranten oder Bedürftige. Manchmal gibt es aber auch legal clinics für Studenten der eigenen Universität.

f. Gewinnen Sie Freude an der deutschen Sprache

Die Sprache ist Ihr entscheidendes Werkzeug. Anders als ein Architekt, der ein Haus baut, einen Handwerker, der einen Tisch schreinert oder die Wasserleitung repariert, hat ein Jurist am Ende kein greifbares Ergebnis in den Händen. Als Jurist „verkaufen" Sie Ihr Ergebnis mit der sprachlichen Darstellung. Für alle Juristen gilt: nur wenn ich die Lösung eines Problems gut begründen und präsentieren kann, wird der Leser meinen Gedankengang nachvollziehen können. Die Parteien eines Zivilprozesses müssen verstehen, warum der Kläger und nicht der Beklagte gewinnt. Der Verurteilte hat das Recht dazu, nachvollziehen zu können, warum er mit 2 Jahren Freiheitsstrafe ohne Bewährung bestraft wird. Der Mandant will begreifen können, warum seine Position aussichtlos ist und der Rechtsanwalt von der Klage abrät. Diese Reihe ließe sich beliebig fortsetzen und würde vermutlich bei den Notarverträgen oder den Allgemeinen Geschäftsbedingungen enden, bei deren Formulierung jedes einzelne Wort auf die Goldwaage gelegt werden muss.

Sicherheit im Umgang mit Grammatik und Orthographie ist für den Juristen ohnehin eigentlich eine Selbstverständlichkeit. Hinzu kommt, dass der Jurist eine besondere sprachliche Präzision benötigt, um Sachverhalte und rechtliche Analysen korrekt wiedergeben zu können. Lesbar soll der Text dann trotzdem sein.

Tipp:

Vielleicht interessiert Sie nicht nur, wie der Jurist schreiben sollte, sondern auch, wie über Juristen geschrieben wird? Dann könnten Sie einen der folgenden „Klassiker" lesen:

- **Friedrich Dürrenmatt,** Der Richter und sein Henker
- **Hans Fallada,** Wer einmal aus dem Blechnapf frisst
- **Heinrich Kleist,** Der zerbrochene Krug

- **Harper Lee,** Wer die Nachtigall stört
- **Ferdinand von Schirach,** Verbrechen
- **Bernhard Schlink,** Der Vorleser
- **Martin Walser,** Die Verteidigung der Kindheit

Wie man gute juristische Texte schreibt, wird an der Universität kaum trainiert. Gutes Deutsch wird schlicht vorausgesetzt. Jeder ist selbst verantwortlich, wie er die Kunst, gut zu schreiben, irgendwie erlernt oder vervollkommnet. Diese Fertigkeit ist im Übrigen nicht nur für ein erfolgreiches Studium wichtig, sondern auch für Ihr ganzes juristisches Berufsleben essenziell.

Nutzen Sie also die Möglichkeit, die Kommunikation in Wort und Schrift zu üben – und holen Sie sich das Feedback anderer dazu ein. Nehmen Sie die Korrekturhinweise zur sprachlichen Darstellung (übrigens auch: zur äußeren Form) genauso ernst wie die zum juristischen Inhalt. Ist das, was ich sage und schreibe, richtig und klar? Ist ein Satz unpräzise oder mehrdeutig? Ist er verständlich? Bauen die Sätze aufeinander auf? Ist klar, worauf sich die Relativpronomen beziehen? Ist die Gedankenführung überzeugend? Ist die Argumentation zu kurz oder zu lang? Entscheidend ist übrigens nicht, ob Ihnen Ihre eigene Arbeit gefällt und ob Sie sie für gut halten. Entscheidend ist immer, wie Ihr Leser sie versteht – beziehungsweise in den Anfangsjahren jedenfalls erst einmal, wie Ihr Prüfer Ihre Lösung nachvollziehen kann.

Tipp:

Juristen haben keinen Freibrief, kompliziert und umständlich zu formulieren, auch wenn manche das zu meinen glauben. Seit dem 1. Januar 2018 sollen beispielsweise Behörden und Sozialversicherungsträger mit Menschen in einfacher und verständlicher Sprache kommunizieren. Auf Verlangen sollen sie ihnen insbesondere Bescheide, Allgemeinverfügungen, öffentlich-rechtliche Verträge und Vordrucke in einfacher und verständlicher Weise erläutern. (§ 11 Behindertengleichstellungsgesetz).
Schauen Sie z.B. einmal auf die Seite des Bundestages https://www.bundestag.de/leichte_sprache/ – und schauen Sie sich dort

gleich etwas ab. Es ist durchaus möglich, auch verfassungsrechtlich anspruchsvolle Sachverhalte in kurzen und einfachen Sätzen zu erklären.

3. Eignen Sie sich weitere, wichtige Fertigkeiten an

Kehren wir zurück zu unserem Bild von Jura als einem Marathonlauf. Ein Sieger im Marathon braucht neben Können auch Technik. Mit Technik meinen wir hier also nicht das juristische Wissen, von dem jetzt schon so viel die Rede war. Mit Technik meinen wir jene Fertigkeiten, die im Kleinen das Leben erleichtern und im Großen auf den letzten Metern mit über Erfolg und Misserfolg entscheiden können. Es handelt sich hierbei auch um Fähigkeiten, die man für einen juristischen Beruf dringend benötigt, ohne dass sie konkret an der Universität vermittelt werden.

a. Lernen Sie Entspannungstechniken

Autogenes Training

Die erste Fertigkeit, die wir Ihnen ans Herz legen wollen, wird Sie vielleicht überraschen. Wir wollen Sie ermuntern, sich aktiv mit Entspannungstechniken zu befassen, insbesondere mit dem sog. autogenen Training. Es handelt sich um eine klassische Entspannungsmethode, die bereits 1932 von dem deutschen Psychiater und Neurologen Heinrich Schulz entwickelt wurde[19]. Sie hilft bei

- **Leistungsabfall** z.B. einem „Lerntief“ in der Bibliothek oder in einer konkreten Prüfungssituation wie dem Schreiben einer Klausur;
- **Konzentrationsstörungen**: während der Vorlesung, beim Lernen und in Prüfungssituationen;
- **Stresssituationen**, die im schlimmsten Fall in Angst- oder gar Panikzuständen enden: während der Vorbereitungen auf das Staatsexamen und in der Prüfung, wenn es um alles geht
- **gesundheitlichen Problemen**: Schlafstörungen, Muskelverspannungen, Durchblutungsstörungen, Kopfschmerzen.

Das dem autogenen Training zugrunde liegende Phänomen der Selbsthypnose ist wissenschaftlich gut erforscht: Gedanken können nervliche Impulse erzeugen und so – bei entsprechender Übung – neue Nervenverbindungen schaffen. Die Tatsache, dass die reine Idee eine Körperfunktion auslöst, das also die bloße Vorstellung der Bewegung des rechten Armes einen messbaren elektrischen Strom in den entsprechen Muskeln erzeugt, bezeichnet man als Ideoplasie oder Carpenter-Effekt. Viele Sportler nützen heutzutage diese Visualisierungstechnik zur Vorbereitung eines Wettkampfes. Mit autogenem Training beeinflusst man das vegetative Nervensystem, das elementare Körperfunktionen wie die Atmung, den Blutdruck und Stoffwechsel sowie die Herzfrequenz regelt und kann so Anspannung abbauen. Als „autogen" wird es übrigens bezeichnet, weil die entsprechenden Vorgänge ohne willentlichen Einfluss und weitestgehend unbewusst ablaufen. Anders als das motorisch-sensorische Nervensystem ist das vegetative Nervensystem permanent in Aktion, auch im Schlaf. Hinsichtlich seiner Funktionen unterscheidet man zwei Schaltkreise; sie fungieren quasi als Gegenspieler und ergänzen sich. Der Sympathikus ist für die Leistungsbereitschaft des Körpers zuständig (deshalb ist sein Erregungszustand am Tag höher als in der Nacht), während der Parasympathikus für Ruhe, Entspannung Regeneration sorgt (deshalb ist sein Erregungszustand im Zustand der Ruhe und Entspannung, v.a. im Schlaf, höher). Wer tagsüber entspannt lernt und nachts gut schläft, hat einen klaren Wettbewerbsvorteil.

Lernen mit Musik

Einen weiteren Tipp möchten wir hier noch anhängen: Abhängig davon, in welchem Zustand sich ein Mensch befindet – wach, entspannt, schlafend –, schwingen seine Gehirnwellen in unterschiedlichen Frequenzbereichen. Man unterscheidet:

- Betawellen (Bereich des angespannten 15-45 Hertz: angespanntes Wachbewusstsein),
- Alphawellen (2–14 Herz, entspanntes Wachbewusstsein),
- Thetawellen (3,5–7 Hertz: Schlafbereich) und
- Deltawellen (unter 2 Hertz: Tiefschlaf, Bewusstlosigkeit).

Die optimale Aufnahmefähigkeit für neue Informationen liegt im Alphawellen-Bereich[20]. Wissenschaftliche Untersuchungen haben gezeigt, dass man bei Testpersonen deren Gehirnwellen mit bestimmten Musikstücken aus der Barockzeit gezielt in den Alpha-Bereich lenken kann:

Hierfür bieten sich z.B. an:

- J. S. Bach, Orchestermusik Nr. 3 in D-dur oder Largo aus Konzert für Cembalo solo in F-Dur
- Vivaldi, Largo aus „Winter" – Die vier Jahreszeiten)
- G. F. Telemann, Largo aus Konzert für Viola, Streicher und Basso continuo in G-Dur.

Wenn Sie von Musik nicht soviel halten, können Sie den entspannten Alphawellen-Bereich auch mit dem autogenen Training erreichen.

b. Lernen Sie Tippen im Zehn-Finger-System

Immer wieder sieht man als Dozent mit Erstaunen Studenten und Referendare, die zwar stets ein schickes Notebook mit sich tragen, aber nicht mit zehn Fingern sicher schreiben können. Die Finger kreisen im „Adler-Such-System" hilflos über der Tastatur. Wem aber schon die reine Niederschrift des Textes eine Last bereitet, der wird sich ungern mehr als notwendig mit dem Text auseinandersetzen wollen. Andere, die sicher frei tippen können, können sich hingegen ganz auf den Inhalt fokussieren. Solche Studenten belastet es nicht, in Vorlesungen sinnvoll mitzuschreiben oder eine Hausarbeit – wann nötig – auch immer wieder neu zu überarbeiten und umzuformulieren. Lernen Sie also das Tippen. Die Zeit ist mit Sicherheit gut angelegt. Mit Jura werden Sie es lebenslang mit Texten zu tun haben. Im Übrigen gilt für das ganze Leben der einprägsame Grundsatz: „*Wer schreibt, der bleibt*". Derjenige, der eine gemeinsam erarbeitete Vereinbarung, einen Kompromiss oder sonstigen Text (z.B. einen Vertrag, einen Vergleich) schriftlich fixiert, hat im wahrsten Sinne des Wortes „die Hand auf der Formulierung".

c. Beschäftigen Sie sich mit Textverarbeitung

Gleichermaßen gilt der Gedanke für den „next level", die Textverarbeitung. Bei einer Hausarbeit Zeit zu verlieren im Kampf mit einer Gliederung oder einem Inhaltsverzeichnis ist vollkommen überflüssig. Die Zeit, die Sie verschwenden, ist übrigens nur das eine. Das andere sind die Nerven, die auf der Strecke bleiben. Soll die Hausarbeit ernsthaft zu einer noch größeren Herausforderung werden, weil Ihnen Textverarbeitungskenntnisse fehlen, die man an jeder Volkshochschule erlernen könnte?

d. Beschäftigen Sie sich mit Legal Tech

Die Digitalisierung hat längst auch die Juristen erfasst – auch wenn viele das noch nicht so wirklich wahrhaben möchten. Mit dem nicht ganz konturenscharfen Schlagwort „Legal Tech" werden allgemein die Nutzung von Technologien im Bereich der Rechtsdienstleistungen bezeichnet, sei es bei der Gestaltung oder Durchsetzung von Rechten aus privaten Rechtsverhältnissen, sei es bei der Ausübung staatlicher Hoheitsgewalt. Legal Tech spielt in der deutschen Juristenausbildung derzeit noch eher eine untergeordnete Rolle. Nach einer von der Friedrich-Naumann-Stiftung in Auftrag gegebenen Untersuchung kommt der Themenbereich Legal Tech in den Ausbildungsplänen der juristischen Studiengängen an den Universitäten viel zu kurz.[21] Die Studie schlägt daher unter anderem vor, das Deutsche Richtergesetz dahingehend zu ändern, dass auch die Datenkompetenz künftig zu den Schlüsselqualifikationen zählt, die an den Universitäten zu lehren ist. Zum Pflichtstoff zählt Legal Tech ohnehin nicht. Bei den Wahlangeboten hinkt das universitäre Angebot an vielen Fakultäten den wirtschaftlichen Notwendigkeiten hinterher. Dem stehen allerdings einige Fakultäten gegenüber, die in jüngster Zeit zügig interessante Ergänzungsstudiengänge bzw. – angebote entwickeln; so bietet etwa die Universität Passau die Möglichkeit, neben einem normalen Jurastudium auch einen Bachelor in Legal Tech zu erwerben. Halten Sie also aktiv Ausschau nach jedem universitären Angebot, das Sie befähigt, auf der Gewinnerseite der Digitalisierung zu stehen.

4. Motivieren Sie sich stets neu und entwickeln Sie Resilienz

Jedes Jahr finden die sog. MemoMasters, die deutschen Gedächtnismeisterschaften statt. Die Sieger in den dortigen Wettbewerben können sich etwa 300 fiktive Namen oder Wörter in beliebiger Reihenfolge merken oder im Binärziffermarathon eine Zahlenabfolge, die nur aus „0“ und „1“ besteht, auf 3000 Stellen genau wiedergeben. Die Teilnehmer solcher Gedächtnisweltmeisterschaften sind nicht sonderlich viel intelligenter als der durchschnittliche Jurist. Was sie unterscheidet, ist die Begeisterung für die Sache. Diese Menschen haben schlicht Freude daran, Zahlenfolgen auswendig zu können; ihnen macht das Lernen Spaß. Dass Lernen ohne Spaß wenig bringt, weiß man vermutlich noch aus Schultagen, als die Liste der Vokabeln auch nicht besser wurde dadurch, dass man Nachmittage lang auf sie starrte. Etwas mit Leidenschaft zu tun, heißt durchaus nicht unbedingt, es immer auch mit Vergnügen zu tun. An der Hochschule dürfen Sie aber die Motivation von außen kaum erwarten. Der Studienalltag wird realistischerweise auch immer einmal wieder ein Stück weit bedeuten, Langeweile auszuhalten.

Was heißt das jetzt für den Studierenden? Hören Sie nie auf, sich selbst zu motivieren; arbeiten Sie immer auf ein ganz persönliches Ziel hin. Ob Volks- und Betriebswirtschaft, Medizin, Chemie, Physik oder Jura, alle Studienrichtungen sind mit Stress verbunden. Man kann streiten, ob Juristen eine Spitzenstellung im Stress-Ranking einnehmen, hoch ist der Level der erforderlichen Frustrationstoleranz (in der Psychologie nennt man das Resilienz) in jedem Fall. Die Stressverursacher, auf die wir an anderer Stelle ja schon eingegangen sind, sind vielfältig. Die Kenntnis der Stressfaktoren, denen nun einmal – Begabung und Intelligenz hin oder her – jeder Studierende ausgesetzt ist, ist der erste Schritt zur Stressbewältigung. Finden Sie heraus, was Sie persönlich am meisten belastet – und steuern Sie dann aktiv dagegen.

Haben Sie in Ihrem Studium bei aller Zielstrebigkeit Geduld mit sich selbst. Die Juristerei verträgt keinen Aktionismus, sondern verlangt ein ruhiges und gleichmäßiges Tempo. Qualität und Urteilskraft müssen reifen. Tragen Sie dazu bei, was Sie eben beitragen können aber bewahren Sie sich immer, selbst während der Examensvorbereitung, einen Freiraum außerhalb des Studiums. Die inneren qualitativen Sprünge geschehen dann von selbst und oft zunächst unbemerkt. Pflegen Sie auch die Überzeugung, dass Sie es schaffen werden. Das hat nichts mit Illusionismus zu tun, sondern mit dem notwendigen Glauben an sich selbst.

a. Das Problem der nachlassenden Motivation

Nach der Schule bot das Studium den Start in ein neues Leben- oder so schien es. Vielleicht eine neue Stadt, jedenfalls aber neue Gesichter, neue Freunde, neue Lehrinhalte. Am Anfang konnte man sich für alles begeistern- und nach ein paar Wochen kommt der Einbruch. Man sehnt sich nach der Schule. Da war das Leben noch durchgetaktet, Hausaufgaben wurden kontrolliert. Das ist ganz normal, die Flitterwochen sind vorbei und man ist in der neuen Realität angekommen. Sie haben aber jetzt auch schon etwas erreicht: Sie haben sich jetzt mindestens schon einmal hineingefunden in ein nicht einfaches Studienfach, in eine neue Art zu denken und zu argumentieren. Was jetzt hilft? Schaffen Sie sich möglichst viele stützende Strukturen. Schreiben Sie endlich einen Lernplan. Halten Sie sich an ältere Kommilitonen, die mehr Erfahrung haben oder an jene, die ihren Schwung schon wiedergefunden haben. Gucken Sie sich von anderen deren Erfolgsgeheimnisse ab: wenn das Lernen zu Hause nicht klappt, gehen Sie zum Lernen in die Bibliothek. Wenn Sie den Stoff nicht allein durchkauen möchten, finden Sie eine Lerngruppe. Wichtig ist nur, dass Sie aktiv werden. Zu Hause eine Tiefdruckphase auszusitzen war noch nie eine gute Idee.

Erst wenn das alles nicht hilft, dann erst lassen Sie den Gedanken zu, ob Sie vielleicht doch das falsche Studienfach erwischt haben. Nutzen Sie die Beratungsangebote an der Universität, sehen Sie sich nach Alternativen um. Verfestigt sich dann der Gedanke, dass Jura nichts für sie ist, brechen Sie ab. Rechtzeitig zu erkennen, was man doch nicht will, ist auch eine Kunst.

b. Das Problem der Fülle des Stoffes

Gerade in den ersten Semestern des Studiums scheint die Fülle des Stoffes unüberschaubar. Hier hilft zum einen zunächst der pragmatische Ratschlag: Finden Sie sich erst einmal (und rechtzeitig) damit ab. In den ersten beiden Semestern werden Sie nur einen Einblick in den Lehrstoff bekommen, der sich erst in den folgenden Semestern zu einem Überblick entwickelt. Zum anderen hilft es, sich an die sog. Step-by-step-Methode zu halten.

Die Step-by-step-Methode illustriert an einem Beispiel

Folgender Bericht ging vor ein paar Jahren durch die Presse[22]: Ein 9jähriges Mädchen war in Kanada mit einem altersschwachen Boot auf einen etwa 50 qkm großen See gerudert. Die Strömungs- und Windverhältnisse trieben das Boot vom Ufer weg. Außer Seh- und Hörweite vom Land sog sich das Boot voll mit Wasser und sank. Zur Verblüffung und zum Erstaunen aller gelang es dem Mädchen bis ans 10 km entfernte Ufer zu schwimmen, wo es entkräftet, aber gesund gefunden wurde. Das Mädchen sagte später: *„Ich wusste die Richtung und bin einfach drauf los geschwommen. Wenn ich müde wurde, und das geschah öfters, habe ich gedacht: Noch einen Schwimmzug, noch einen Schwimmzug und noch einen Schwimmzug. Ich habe immer nur von Schwimmzug zu Schwimmzug gedacht. Und dann war ich am Ufer."* Der Fall wurde unter Fachleuten, insbesondere Psychologen intensiv diskutiert. Man war sich einig: Das Mädchen hätte die große Distanz zum Ufer nie geschafft und wäre ertrunken, hätte es sich in Gedanken mit der Weite der Strecke, die es zurücklegen musste, beschäftigt, – so aber hatte es immer nur an den nächsten Schwimmzug gedacht.

Das weite Ziel am Ende – ein gutes Examen, ein interessanter Beruf – wird Sie vermutlich eben nicht an jedem Tag motivieren können. Das Große geht unter im Kleinklein des Studienalltages. Gibt es also wieder einmal einen Tag, an dem Sie vom Gefühl der Aussichtlosigkeit Ihres Unterfangens überwältigt werden, hilft nur eines: Das nächste Problem anpacken, dann das nächste, und ja nicht an den ganzen Berg von Schwierigkeiten denken. Step by step eben, Schritt für Schritt.

c. Die Motivationskrise in der Examensphase

Eben noch schien der Weg so weit. Und plötzlich steht das Examen vor der Tür. Interessanterweise treffen Motivationsprobleme jetzt auch und vor allem die, die sich um das Bestehen an sich eigentlich keine Sorgen machen müssten. Man hat das Gefühl, auf der Stelle zu treten, nicht voran zu kommen. Die Freude am Fach hat im zähen Alltag des Paukens auf die Prüfungen hin deutlich gelitten. Das ist verständlich. Hinzu kommt die Furcht, es am Ende vielleicht doch nicht zu schaffen. In der unmittelbaren Examensvorbereitung macht meist auch der Körper nicht mehr so mit, mancher schläft schlecht, der Rücken schmerzt, und die Hand wegen der Sehnenscheidenentzündung sowieso.

Wenn es Ihnen aber gelingt, sich selbst auf dieser „Meta- Ebene" zu beobachten, und zu erkennen, wo Sie sich jetzt gerade selbst im Wege stehen, dann ist dies der erste Schritt zur Auflösung des Problems. Machen Sie sich ganz bewusst, dass Sie vor dem Endspurt stehen. Aus der juristischen Mediation kommt der Gedanke, die Dauer zeitliche Abläufe durch eine schlichte Linie zu verdeutlichen. Also: zeichnen Sie eine Linie mit all den Semestern und Hürden, die Sie bereits genommen haben. Und zeichnen Sie, wie kurz sie vor dem Ziel stehen. Setzen Sie außerdem Jura und der ganzen Paukerei aktiv etwas entgegen. Schaffen Sie bewusst Platz in Ihrem Tagesablauf für Sport, Schwimmen oder Yoga; gehen Sie abends spazieren und treffen Sie gute Freunde. Seien Sie gut zu sich selbst. Loben Sie sich innerlich, wenn ein Schritt nach vorne gelang, belohnen Sie sich, wenn Sie etwas geschafft haben. Die meisten Studenten sind in dieser Phase viel zu ungeduldig und hart mit sich selbst. Von dem österreichischen Neurologen und Psychologen Viktor Frankl gibt es das wunderbare Zitat *„Man muss sich von sich selbst auch nicht alles gefallen lassen."* Seien Sie fair zu sich. Sie werden sehen, dass ein positiver Elan, den Sie sich selbst zugestehen, Sie weit nach vorne ziehen wird.

Kapitel 4. Lernen mit Köpfchen – Wissenswertes über das Gehirn

Das Gehirn mit all seinen „Bausteinen" – Großhirn, Basalganglien, Balken, Zwischenhirn mit Zirbeldrüse, Thalamus usw. usw. – wird von etwa 100 Milliarden Nervenzellen und 100 Billionen von Nervenfasern gebildet. Beim Lernen im weitesten Sinne des Wortes, also einschließlich des motorischen Lernens wie Radfahren oder des Erwerbs der Muttersprache, sind mehrere Elemente beteiligt, insbesondere der Thalamus, der Hippocampus, die Amygdala und das Großhirn. Das Lernen im engeren Sinn, das „Studieren", nimmt seinen Ausgangspunkt im Hippocampus, dem Eingangsfilter für alle Informationen und läuft dann im Großhirn ab, das ca. 80 % des Gehirns ausmacht.

1. Die Verarbeitung von Informationen[23]

Jede Information führt dazu, dass im Gehirn Nervenzellen erregt werden und in einem Netzwerk von Neuronen ein bestimmtes Aktivitätsmuster erzeugen. Lernen – wie wir gleich sehen werden in erster Linie über die linke Gehirnhälfte – erfolgt durch die Aufnahme neuen Lernstoffes in Form kleinster Informationseinheiten, denen durch Tausende bis Abertausende von Nervenzellen, verteilt über das gesamte Großhirn, ein bestimmtes Aktivitätsmuster zugeordnet wird. Die Wiedergabe des Gelernten erfolgt sodann durch eine erneute Aktivierung dieses Musters.

a. Die Bausteine des Gehirns und ihre Funktion

Der zentrale Ort des Lernens wie auch des Gedächtnisses ist das Großhirn (Cortex oder Neocortex), genauer gesagt: die Großhirnrinde. Das ist die graue Substanz, die von zahlreichen Furchen durchzogen wird, die durch die starken Windungen der Rindenbereiche zustande kommen. Diese Windungen bewirken eine Oberflächenerweiterung der Hirnrinde: glattbügelt würde es eine Fläche von 1.800 qcm bei einer Dicke von 2 bis 5 mm ergeben. Die graue

Färbung der Rinde wird durch etwa 20 Milliarden von Nervenzellen (Neuronen) verursacht; darunter liegt eine Schicht aus Nervenfasern, die in die Rinde ein- und austreten und weiß erscheinen. Die Nervenzellen in der Rinde haben einen kleinen Körper mit einer Größe von einem hundertstel Millimeter und Fortsätzen (Nervenfasern): einen bis 1 m langen, Axon genannt, und zahlreiche kurze, baumartig verzweigte, sog. Dendriten. Axone verbinden die einzelnen Nervenzellen, indem sie an deren Dendriten andocken. Allein können Nervenzellen nichts bewirken; erst im Verbund formen sie ein sog. neuronales Netzwerk, das das Lernen ermöglicht. Die Kontaktstelle zwischen zwei Nervenzellen (genauer: zwischen Axon und Dendrit) bezeichnet man als Synapse (aus dem griechischen für „gemeinsamer Kontakt"). Über hunderte bis abertausende solcher Synapsen ist jede der einzelnen Nervenzellen mit anderen Zellen verbunden. Eine Synapse zwischen zwei Nervenzellen besteht aus drei Teilen: Der Präsynapse, das Ende der „ersten" Nervenzelle in Form eines Axons; dem synaptischen Spalt und der Postsynapse, der Beginn der „zweiten" Nervenzelle in Form eines Dendriten. Eine große, in Einzelheiten noch nicht geklärte, Rolle für das Gedächtnis spielt auch der Hippocampus (auch Seepferdchen genannt). Er ist Teil der Hirnrinde, liegt an der Unterseite des Gehirns in der Nähe des Hirnstamms und findet sich in jeder Hirnhälfte einmal. Ähnlich der Großhirnrinde besteht auch der Hippocampus aus einer Schichtung von Nervenzellen.

Die Nervenzellenfortsätze dienen der Informationsverarbeitung Die Axone leiten die Informationen mittels elektrischer Impulse an die Synapsen der Empfängerzelle, die die Nervenimpulse in ein analoges Signal aus chemischen Stoffen übersetzen. Wird eine Synapse häufig aktiviert, vergrößert sie sich und schüttet mehr Botenstoffe aus. Auf diese Weise werden Synapsen leistungsfähiger, können sich auch neu bilden. Umgekehrt verkümmern Synapsen, wenn sie nicht dauerhaft aktiviert werden. Synapsen – ein Kubikmillimeter Gehirn enthält etwa eine Milliarde Synapsen[24] – sind damit die entscheidenden Bestandteile der Kommunikation im Gehirn. Unser Denken, unser Lernen hängt davon ab, wie stark sie ausgebildet sind und wo sie sich befinden.

Der Hippocampus ist als Schalter zwischen dem Kurz- und Langzeitgedächtnis der Arbeitsspeicher unseres Gehirns; er sorgt für die räumlichen Orientierung und die Übertragung von Informationen in das Langzeitgedächtnis. Eine Schädigung beider Hippocampi hat schwerwiegende Folgen, weil nur noch das Kurzeitgedächtnis arbeitet, der Weg zum Langzeitgedächtnis aber versperrt ist: Die Betroffenen können sich zwar an alte Gedächtnisinhalte erinnern, neue Dinge und Eindrücke aber nur noch wenige Minuten merken; sie sind im Hier und Jetzt gefangen. Der Hippocampus hilft zudem bei der Speicherung neuer Informationen im Langzeitgedächtnis, indem er dem Großhirn sein – aus dem Kurzzeitgedächtnis erlangtes Wissen – immer wieder präsentiert, bis sich dauerhafte Erinnerungen ausbilden. Um dabei den laufenden Betrieb des Großhirns nicht zu stören, findet dieses „Gedächtnistraining" vor allem nachts statt (aber auch tagsüber in entspannten Situationen). Deswegen ist ausreichender Schlaf ebenso wichtig für erfolgreiches Lernen und Erinnern wie die Einschaltung von Ruhepausen.

b. Das Dreispeichermodell[25]

Die Aufnahme von Informationen erfolgt also durch Verknüpfungen von Tausende und Abertausenden von Nervenzellen über Synapsen. Im Studium geht es nun darum, „juristische Neuronenpopulationen" in großer und größter Menge zu schaffen und dauerhaft (nicht nur bis zur Prüfung!) zu speichern. Diesen Vorgang Neues aufzunehmen (zu verstehen) und im Gedächtnis zu verankern (zu speichern), nennt man Lernen. Bei der Aufnahme ins Gedächtnis unterscheidet man drei Modelle:

Ultrakurzzeitgedächtnis (sensorisches Gedächtnis)		**Kurzzeit-gedächtnis**		**Langzeit-gedächtnis**
hohe Speicherkapazität Dauer: Millisekunden bis maximal 2–3 Sek.	→	geringe Speicherkapazität (7 ±2 Informationseinheiten) Dauer: 3–5 Minuten	→	praktisch unbegrenzte Speicherkapazität Dauer: Monate, Jahre; einige lebenslang

aa. Das Ultrakurzzeitgedächtnis

Hier werden alle Informationen, die wir über die Sinne wahrnehmen – unser Auge etwa nimmt in jeder Sekunde Informationen in einer Größenordnung auf, die mehr als zwanzig Schreibmaschinenseiten entspricht – gesichtet und überflüssige Informationen aussortiert. Die visuellen und auditiven Reize werden dabei ganz überwiegend unbewusst und parallel aufgenommen. Die Zeitspanne von Millisekunden bis zu einigen Sekunden reicht in der Regel aus, um uns in die Lage zu versetzen, einem Gespräch oder Film zu folgen oder um ohne weiteres Nachdenken eine unter Umständen lebenswichtige Sofortreaktionen einzuleiten: z.B. ein sofortiges Bremsen, wenn die Ampel auf Rot schaltet. Die große Masse der Informationen erlischt unmittelbar wieder; nur wenige Informationen werden, weil als wichtig empfunden, in das Kurzzeitgedächtnis weitergeleitet.

bb. Das Kurzzeitgedächtnis oder Arbeitsgedächtnis.

Es behält Informationen über mehrere Minuten. Diese kurzzeitige Speicherung sieht aus neurologischer Sicht so aus: Eine Folge von Spannungsimpulsen wird in einem Netzwerk von miteinander verbundenen Neuronen von einer Nervenzelle auf die andere übertragen, bis sie wieder bei der ersten ankommt; anschließend beginnt der Kreislauf von neuem und erlischt nach etwa 3–4 Minuten. Das funktioniert, wenn die Informationen in Elementen/ Blöcken – z.B.: Wörter, Zahlen, Buchtitel, Sätze – von 7 Einheiten (plus-minus 2), man spricht auch von „chunks“, gepackt sind. Eine Telefonnummer, die man gerade im Telefonbuch nachgesehen hat, hat man also schon beim Wählen vergessen, wenn sie 8 Ziffern hat. Die Bedeutung des Arbeitsgedächtnisses liegt in seiner Filterfunktion; nur die wichtigen Informationen werden an das Langzeitgedächtnis weitergereicht. Was wichtig ist oder nicht kann zwar auch unbewusst entschieden werden, läuft aber in aller Regel über das Bewusstsein, also gleichsam über Ihre Entscheidung: „*Diesen Lernstoff benötige ich*“!

cc. Das Langzeitgedächtnis

Durch das „Nadelöhr“ des Kurzzeitgedächtnisses gelangen Informationen in das Langzeitgedächtnis. Bei diesem Gedächtnis unterscheidet man das deklaratorische vom nicht-deklaratorischen (und noch eine ganze Reihe weiterer „Gedächtnisse“, die aber beim Lernen bzw. Studieren keine Rolle spielen). Das deklaratorische Gedächtnis erfasst bewusste Informationen wie Fakten oder Ereignisse, im nicht-deklaratorischen Gedächtnis werden Fertigkeiten oder Bewegungen gespeichert. Was ein Ski ist, wird im deklaratorischen Gedächtnis abgelegt. Wie wir Ski fahren, speichern wir im nicht-deklaratorischen. Beim deklaratorischen Gedächtnis ist zu differenzieren zwischen dem episodischen Gedächtnis (es ist zeitbezogen, – wir erinnern uns an unsere erste Liebe oder was es zum Frühstück heute Morgen gegeben hat) und dem semantischen (es ist wissensbezogen, – eine erlernte Fremdsprache, die Definition von Urkunde in § 267 Strafgesetzbuch). Episodische Ereignisse verankern sich oft auf Anhieb im Langzeitgedächtnis, wenn sie mit positiven oder negativen Emotionen verbunden sind (die Begegnung mit der ersten Liebe in Bilbo-Disco, das Treffen auf einen Bären in 20m Entfernung im Kanadaurlaub 2018). Ein semantischer Wissenserwerb lässt sich hingegen (leider) nicht mit derart starken positiven Emotionen koppeln, dass er sich auf Anhieb im Langzeitgedächtnis festhängt (das mühsame Wiederholen bleibt einem also nicht erspart).

Es existiert kein separates „Gedächtniszentrum“, vielmehr speichern wir Informationen immer in den Regionen ab, die auch bei dessen Erlernen beteiligt waren. So werden Bewegungsabläufe im Kleinhirn und im motorischen Cortex gespeichert, Fakten in der Großhirnrinde. Auch dort gibt es wiederum keine bestimmten Orte, an denen der Lernstoff gespeichert wird. Vielmehr gilt: Jeder Information, die man speichert, entspricht ein bestimmtes, charakteristisches Aktivitätsmuster des Nervennetzwerks. Mit anderen Worten: Wann immer Sie an „Sachbeschädigung“ denken, zeigt Ihr neuronales Netzwerk ein individuelles Aktivitätsmuster. Dabei sind Inhalt (was man abspeichert: z.B. Sachbeschädigung ist in § 303 StGB geregelt, also das Aktivitätsmuster) und der Ort (das Netzwerk) identisch. Anders beim Computer: Dort fallen Inhalt (in Form von Einsen und Nullen) und Ort (bestimmter Platz auf der Speicherplatte) auseinander. Wichtig ist: Durch eine ständige Wiederholung (die zum Teil auch vom Hippocampus übernommen wird, vgl. oben) bekommt das Großhirn die Möglichkeit, seine eigenen Nervenstrukturen so anzupassen, dass das Aktivitätsmuster das nächste Mal leichter ausgelöst werden kann.

c. Die drei Arbeitsphasen beim Lernen

Für ein dauerhaftes Wissen, wie man es für Prüfungen benötigt, lassen sich neurologisch gesehen drei Arbeitsphasen unterscheiden:

- **Die Verstehensphase**: Der juristische Lernstoff wird durchdrungen, aufgenommen und durch spezifische Aktivitätsmuster von Nervenzellen repräsentiert.
- **Die Wiederholungs- und Vertiefungsphase**: Mit jeder Wiederholung der Information wird das betreffende Aktivitätsmuster unter den beteiligten Neuronen leichter ausgelöst, weil die Synapsen von Mal zu Mal etwas vergrößert werden oder gar eine neue Synapse gebildet wird. Durch die Vergrößerung und Neuschaffung von Synapsen werden Informationen dauerhaft in gleichsam „juristischen" Neuronenpopulationen (Clustern von Nervenzellen) gespeichert, das Verstandene wird dauerhaft angeeignet.
- **Die Anwendungsphase**: Die kreative (gemeint: die nicht am Wort klebende, sondern anwendungsbezogene) Wiedergabe des Erlernten. Die in den Ansammlungen (Netzwerken) von Nervenzellen beteiligten Neuronen werden synchron aktiviert (sie „feuern" gemeinsam).

d. Die beiden Gehirnhälften

Das Großhirn besteht aus der linken und rechten Hälfte (sog. Hemisphären); beide Hälften sind durch ein Bündel von Nervenfasern, Balken genannt, verbunden. Diese Hemisphären sind für unterschiedliche Aufgaben zuständig:

Linke Hemisphäre	– Balken –	Rechte Hemisphäre
Verarbeitet werden hauptsächlich rationale Prozesse: sprachliche, analytische, logische, zeitliche lineare Prozesse		Verarbeitet werden hauptsächliche musische, bildhafte, kreative, intuitive, räumliche, ganzheitliche Prozesse

Die sprachdominante linke Hemisphäre (bei Rechtshändern, – bei Linkshändern sind die beiden Hemisphären vertauscht, d.h. die sprachdominante Sphäre findet sich rechts) verarbeitet Informationen beim Sprechen, Rechnen, Lesen, Schreiben sequentiell (der Reihe nach und in einer bestimmten Ordnung). Die rechte Seite verarbeitet Informationen parallel, Bilder und Musik z.B. können gleichzeitig wahrgenommen werden; eine Ordnung erfolgt dabei nicht.

Die Annahme von den beiden unterschiedlichen arbeitenden Gehirnhälften wird als Hemisphären-Modell bezeichnet und ist die Grundlage zahlreicher populärwissenschaftlicher Bücher, Seminare und Coachings für Persönlichkeitstests und insbesondere das Superlearning. Der derzeitige Stand der Forschung bezweifelt das Modell der strikten Aufgabentrennung der beiden Gehirnhälften, weil sich u.a. erwiesen hat, dass auch die rechte Gehirnhälfte für die Sprachverarbeitung zuständig ist[26]. Was dennoch bleibt und für ein erfolgreiches Lernen nutzbar gemacht werden kann: Die Menschen nutzen bei ihren geistigen Aktivitäten nicht isoliert die eine oder andere Gehirnhälfte, sodass ein bewusstes und gezieltes Verknüpfen der beiden Denk- und Lernansätze bei der Informationsaufnahme sinnvoll und hilfreich ist.

2. Lerntheorien

a. Ursprung der Lerntheorien oder: der Pawlowsche Hund

Lerntheorien stellen den komplexen Vorgang des Lernens mit einfachen Regeln und Prinzipien dar, die empirisch ermittelt und überprüft werden. Der Ursprung der Lerntheorien – es gibt, sieht man von einzelnen Varianten ab, im Wesentlichen nur drei – liegt in den Experimenten des russischen Psychologen Pawlow, der für seine verhaltenspsychologischen Untersuchungen 1904 den Nobelpreis erhielt. Mit seinem klassischen Experiment, bekannt als „Pawlowscher Hund“ hat Pawlow Weltruhm erlangt. Das Experiment verlief in groben Zügen so: Hunde zeigen während der Nahrungsaufnahme einen vermehrten Speichelfluss; es handelt es sich um eine automatische Reaktion auf den Geruch und Anblick des Futters. Pawlow nahm nun eine einfache Glocke, um einen akustischen Reiz durch das Klingeln bei seinem Hund zu erzeugen. Allein dieses Geräusch löste, wie Pawlow beobachtete, keinen vermehrten Speichelflussreflex aus. Anschließend fütterte er seinen Hund immer kurz nach dem Glockenton, womit er dem Reiz des Futters, durch den er mehr speichelte, sowie dem Reiz des Klingelns gleichzeitig ausgesetzt war. Nach einer gewissen Gewöhnungszeit ließ Pawlow nur noch die Glocke läuten: Wie er erwartet hatte, reagierte der Hund allein auf den Tonreiz mit mehr Speichelfluss, weil er „**gelernt**" hat, dass es nach dem Klingeln Futter gibt. Aufgrund dieses Experiments entwickelte Pawlow seine klassische Theorie der Konditionierung, ein heutzutage unverzichtbares Element der Verhaltenstherapie und Ursprung aller Lerntheorien. Danach kann aus einem angeborenen, unbedingten Reflex durch Training (Lernen) ein bedingter, also absichtlich hervorgerufener Reflex erzeugt werden: Der Glockenton, ein ursprünglich indifferenter, reaktionsloser Reiz wurde zu einem wirksamen Reiz (für den Speichelfluss), indem er mehrmals gemeinsam mit einem einfachen, unbedingten Reiz (dem Futter) kombiniert wurde.

b. Behaviorismus

Diese Theorie, begründet von Watson in den 1920er Jahren, wurde durch die Werke von Skinner (berühmt wurden seine Experimenten mit „lernenden Tauben") und Thorndike in den 1950er Jahren zur herrschenden lernpsychologischen Theorie. Sie fordert, alles Subjektive aus der Psychologie zu verbannen und die Untersuchung auf das beobachtbare Verhalten (z.B. Hebel drücken, Körperreaktionen usw.) zu beschränken. Die internen Prozesse, die zum Lernen führen (Motivation, Absicht etc.) verdienen keine Beachtung, weil sie weder beobachtbar noch präzise messbar sind. Der Lernende übernimmt als „Black Box" eine rein passive Rolle. Lernen wird als Verstärkung und Abschwächung von erwünschten bzw. unerwünschten Verhaltensweisen gesehen. Verstärkt wird ein Verhalten, wenn es ein angenehmes Ereignis zur Folge hat, wie ein Lob, eine Belohnung, einen Lernerfolg (positive Verstärkung). Wird durch ein Verhalten ein unangenehmer Zustand in einen angenehmen gewandelt, wird dieses Verhalten ebenfalls verstärkt (negative Verstärkung). Abgeschwächt wird ein Verhalten, wenn es ein unangenehmes Ereignis, etwa eine Bestrafung zur Folge hat. Konsequenz: Man kann das Lernen durch Reize steuern in Form von Belohnung oder Bestrafung. Diese Lerntheorie überzeugt jedenfalls durch ihren Ansatz – Lernen ist ein Verstärken z.B. durch Wiederholen und Belohnen – und ist in den Bereichen sinnvoll einsetzbar, in denen es um die Vermittlung von kleinschrittigem Faktenwissen geht, wie insbesondere beim Vokabellernen.

c. Kognitivismus

Diese Theorie entstand aus der Kritik am Behaviorismus ab den 1960er Jahren (sog. kognitive Wende in der Psychologie; Hauptvertreter: Chomsky, Bandura, Ellis). Der Lernende ist keine Black Box, vielmehr kommt es auf eben die innerpsychischen Vorgänge an, die der Behaviorismus außer Acht lässt. Der Lernvorgang ist ein Prozess der Informationsbearbeitung, der auch die Bewertung des aufgenommenen Lernstoffes miteinschließt. Lernen erfolgt durch Verstehen und Nachvollziehen, also durch Einsicht. Nicht das Einhämmern des Lernstoffs steht im Vordergrund, sondern die Auseinandersetzung mit seinem Inhalt sowie der Erwerb von Methoden und Fähigkeiten. Der Lernende muss darauf achten, das Neue möglichst in vorhandene Kenntnisse einzubetten, die Lerninhalte so aufzubereiten, dass sie leicht aufgenommen werden können, durch Wiederholung die Speicherung im Gedächtnis verbessern und sein Wissen kontrollieren. Seine Nutzanwendung findet diese Theorie vor allem in einer eingängigen (gemeint: einsichtigen) Aufbereitung des Lernstoffs, wie es etwa beim Mind-Mapping geschieht (dazu sogleich).

d. Konstruktivismus

Die Theorie entwickelte sich ab der Mitte des 20. Jahrhunderts aus den Arbeiten des Entwicklungspsychologen Piaget und des Psychologen und Pädagogen Aebli; Hauptvertreter sind Dewey und Reich. Sie geht, wie der Kognitivismus, davon aus, dass der Lernprozess individueller Natur ist und kein mechanischer Abbildungsprozess (so der Behaviorismus). Der lernende Mensch wird als Individuum angesehen, das zielgerichtet nach Informationen sucht und anhand seiner Sinneseindrücke eine subjektive Realität erzeugt. Im Gegensatz zum Kognitivismus hält der Konstruktivismus es für unmöglich, das Wissen von einer Person auf die andere übertragen wird. Lernen wird nicht durch die Umwelt bestimmt, sondern kann nur individuell konstruiert, organisiert und erweitert werden. Konkret bedeutet das: Der Lernende muss sich mit dem Lehrstoff selbständig auseinandersetzen, den Inhalt selbst erschließen und Zusammenhänge entdecken.

3. Die einzelnen Lerntypen

Typ		Lernen durch
auditiver		sprechen und hören
visueller	→	sehen und beobachten
kognitiver		hinterfragen und kritisches Nachdenken
motorischer		anfassen und fühlen

Vester ist mit seiner Theorie, nach der Personen nach ihrer jeweiligen Vorliebe für Sinneskanäle eingeteilt werden, um so die unterschiedlichen Wahrnehmungskanäle dem jeweiligen Lerntyp anpassen zu können, auf großen Anklang gestoßen. Viele Autoren beziehen sich in ihren Werken auf sie. Es gibt zahlreiche Tests zur Frage, welchem Lerntyp bzw. welcher Mischform man gehört.[27]

Überblick Lerntypen:

Man kann das Prinzip der Lerntypen – vereinfacht – so auf den Punkt bringen:

- **Der auditive Lerntyp nimmt** gleich einem Schwamm das Gehörte auf, kann es sich leicht einprägen und anschließend wiedergeben. Für ihn eignen sich Vorlesungen oder Podcasts.
- **Der visuelle Lerntyp** lernt am besten, wenn er den Lernstoff sieht, also anhand von Texten, Bildern und Diagrammen. Für das Markieren wichtiger Passagen und Daten sollte er bunte Farben verwenden; so kann er sie leichter miteinander kombinieren und in der Erinnerung abrufen.

- **Der kommunikative Typ** lernt durch Gespräche mit anderen. Für ihn ist die beste Methode zur Aneignung des Lernstoffs das Arbeiten mit einem Lernpartner oder in einer Gruppe.
- **Der motorische (haptische oder kinästhetische)** Lerntyp lernt am besten durch eine Kombination von Lesen, Bewegung, Experimentieren und Anfassen.

Jeder von uns hat beim Lernen Vorlieben. Man darf diese Einteilung in Lerntypen allerdings auch nicht zu ernst nehmen: Niemand lernt allein über das Hören oder nur im Gespräch mit anderen. Was man mitnehmen kann aus dieser Einteilung ist ein anderer Gedanke: man sollte sich nach Möglichkeit nicht nur auf eine Lernmethode versteifen; bereits an anderer Stelle war die Rede davon, dass allein das Lesen von Klausurlösungen erfahrungsgemäß sehr wenig bringt – das Klausurenschreiben lernt man beim Klausurenschreiben. Sprich: Es lernt sich am besten, wenn man so viele Sinne benutzt wie möglich[28]. Neurobiologisch gesehen ist es sinnvoll, den Lernstoff möglichst vielgestaltig mental zu repräsentieren, also Gehirnareale bzw. Gehirnebenen durch ein gemeinsames Thema zu verknüpfen.[29] Je mehr Ebenen und Möglichkeiten genutzt werden – dieselbe Lerneinheit z.B. aus dem Buch zuerst lesen, dann laut wiederholen und dabei Auf-und-Ab-Gehen, bunt färben –, desto nachhaltiger wird das zu Lernende behalten.

4. Geht das, Lernen ohne Mühe?

Immer wieder begegnet man Prüfungskandidaten mit schlechten Ergebnissen in den Examina, die glaubhaft versichern, nie gebummelt, sondern stets viel gearbeitet zu haben. Wie kann so etwas passieren? Die Antwort lautet: Arbeiten allein, mag es noch so intensiv sein, reicht leider auch noch nicht; es muss auch richtig gearbeitet werden. Wir möchten Ihnen jetzt zeigen, wie das funktionieren kann.

a. Ein Wort zum „Berieseln lassen", zu Superlearning und „Lernen im Schlaf"

Wenn also das reine Auswendiglernen in Jura nicht funktioniert, funktioniert vielleicht „Superlearning"? Vor allem für das Erlernen von Fremdsprachen, seit den 90er Jahren auch in der Weiterbildung, werden Seminare und Kurse unter dem Schlagwort „Superlearning" („Lernen im Schlaf", „Lernen unter Hypnose") angeboten. Superlearning, auch Suggestopädie genannt, verbindet u.a. Methoden der Entspannung mit Musik und Lerneinheiten. Die Idee ist, dass der Kursteilnehmer in einem Sessel ruht und über Kopfhörer durch meditative Formeln in einen Zustand angenehmer Entspannung versetzt wird; anschließend werden unter leiser Musikuntermalung Vokabeln, Redewendungen usw. wiederholt vorgetragen. Untersuchungen haben jedoch gezeigt, dass sich keinerlei Verbesserungen der Lern- oder Gedächtnisleistung ergaben[30]. Auch auf anderen Gebieten des Superlearning fehlen empirisch Belege der angeblichen Erfolge[31]. Ein Studierender kann daher leider nicht damit rechnen, dass es erfolgversprechend sein wird, etwa juristischen Definitionen aufzuspielen, um sie sich dann auf der Couch unter Musikbegleitung abzurufen und so in seinem Gedächtnis zu verankern. Insgesamt zeigt die Erfahrung: allein das passive „Berieseln lassen" bringt einen in Jura nicht weiter. Man muss immer selbst aktiv werden. Für den, der Jura studiert, bleibt die Idee vom Lernen ohne Arbeit, vom mühelosen Wissenserwerb, leider ein Traum.

b. Aktives Tun statt passiver Konsum

Wenn passiver Konsum nichts bringt, muss man selbst aktiv werden. Bereits an anderer Stelle war die Rede davon, dass es nicht ausreicht, Lehrbücher über das erfolgreiche Klausurschreiben oder Musterklausuren in Büchern und Fachzeitschriften – beides gibt es zu Hauf – zu lesen und wieder zu lesen. Vielmehr gilt: üben, üben und wieder üben. Den meisten Studenten ist dies für das Klausurenschreiben – zumindest in der Theorie – auch bewusst. Aber das Prinzip „selbst aktiv werden" gilt auch darüber hinaus für das strukturierte Erfassen und Lernen des Stoffes; und da bleiben viele Studierende schlicht zu passiv. Wir möchten Sie daher immer wieder ermuntern, Ihren Lernerfolg aktiv in die Hand zu nehmen. Wie das erfolgreich geschehen kann, zeigen wir Ihnen hier. Eingebunden sind die für ein erfolgreiches Lernen wichtigsten Empfehlungen der Lernpsychologie und die eben aufgeführten Erkenntnisse der modernen Gehirnforschung, insbesondere der Neurobiologie und der kognitiven Neurowissenschaft.

5. Lernen mit System

Lernen bedeutet für das Gehirn: Unter den Milliarden von Nervenzellen neue Verknüpfungen zu bilden und Wiederholung bedeutet, sie zu festigen und effektiver zu nutzen. Noch einmal: Die Lern- und Denkfähigkeit ist keine Frage der vorhandener Neuronen – jeder Mensch besitzt mehr als genug davon – sondern eine Frage der Anzahl der synaptischen Verbindungen, aufgrund derer es zu neuen Neuronenpopulationen kommt. Jedes Neugeborene kommt mit etwa 100 Milliarden Neuronen auf die Welt, es sind diese aber nur sehr lose miteinander verknüpft. Bereits im ersten Lebensjahr vergrößert es seine Gehirnmasse von ca. 250 g auf 750 g indem feste Verbindungen zwischen den Neuronen schafft (indem es „lernt“).

Neue Informationen vergleicht das Gehirn zuerst mit vorhandenen Wissensbeständen. Aus Ihren schulischen Erfahrungen ist Ihnen bekannt, dass sich ein neuer Lernstoff leichter erarbeiten und einprägen lässt, wenn er auf bereits vorhandenes Wissen stößt. Mit anderen Worten: Neue Informationen werden immer dann besonders erfolgreich abgespeichert, wenn sie sich mit etwas verknüpfen lassen, was bereits vorhanden ist. Wo bereits ein neuronales Netzwerk zur Verfügung steht, kann man neues Wissen besonders gut andocken. Man kann das als „lernbiologisches Naturgesetz“ bezeichnen[32]. Schwerer wird es hingegen, dort, wo noch keine oder sehr wenige Verbindungen bestehen. Hier muss man neue Verbindungen schaffen: von zentraler Bedeutung ist es hier, sich zunächst eine Grobstruktur über den neuen unbekannten Lernstoff zu schaffen, um diesen dann nach und nach zu aufzufüllen. So nimmt man Rücksicht auf das lernpsychologische Naturgesetz: Man muss sich bei der Anlegung einer neuen juristischen Neuronenpopulation (etwa zum Thema: Voraussetzungen eines gemeinschaftlichen Testaments) in einem ersten Schritt über einige wenige Neuronen eine erste „grobe" Verbindung legen, um diese dann nach und nach mit immer weiteren Neuronenverbindungen zu einem dichten Netzwerk zu verknüpfen. Aus diesem Grunde verläuft eine Lernkurve immer exponential:[33]

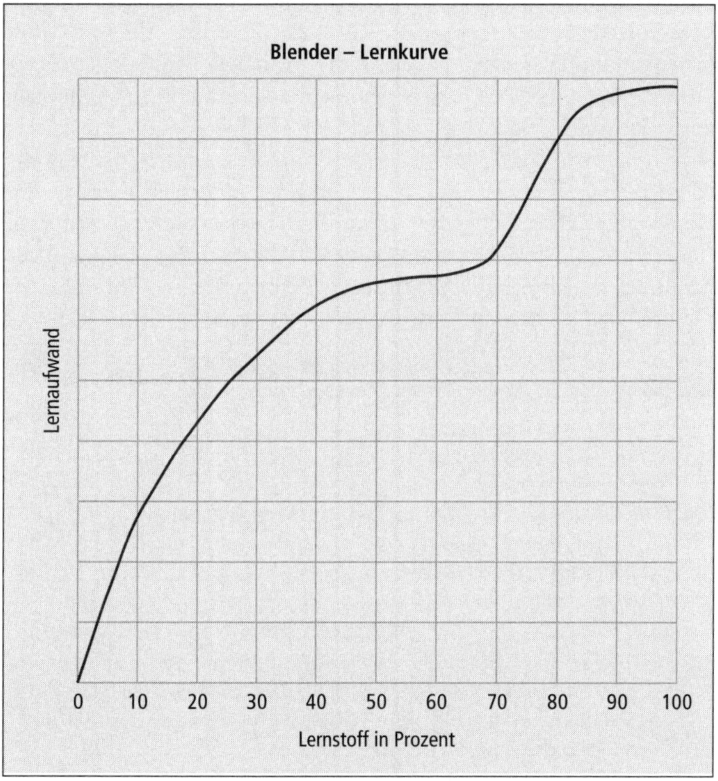

Ein zielführendes Lernen knüpft an diese Gegebenheiten an. Wir zeigen Ihnen nun, wie das funktionieren kann.

Kapitel 5. Arbeitstechniken für das Studium

1. Mind Mapping

Mind Mapping ist ein grafisches Hilfsmittel zur visuellen Darstellung von Gedanke, Ideen und Zusammenhängen. Als Lern- und Arbeitsmethode wurde es von dem britischen Psychologen Tony Buzan[34] eingeführt. Gänzlich neu ist die Idee nicht; ihr Ursprung reicht Jahrhunderte zurück: Bereits im 3. Jahrhundert visualisierte Porphyrios von Tyros Konzepte des Aristoteles mit bildhaft-grafischen Mitteln[35] und in den folgenden Jahrhunderten hielten viele Philosophen ihre Gedanken in grafisch aufbereiteter Form fest. Heute ist das Mind-Mapping unter Einsatz von Power-Point-Programmen im Unterricht, im Business Bereich und in Seminaren zu allen mögliche Themen Standard.

Der Erfolg des Mind-Mapping beruht auf

- der bewusst eingesetzten und damit gezielten Aktivierung der beiden Gehirnhälften, also insbesondere der rational-logischen und der kreativen Bereiche;
- dem Gedanken des einsichtigen Lernens. Bei linear aufgebauten Texten steht – für das Gehirn wenig verständlich – das zentrale Thema nicht optisch im Mittelpunkt, sondern wird (meist in Form einer Überschrift) zunächst „vorgestellt" und dann – sukzessive Satz um Satz, inklusive Nebensätzen – erläutert. Anders beim Mind-Mapping: Der Hauptgedanke steht zentral in der Mitte, an dieses Zentrum schließen sich, so wie sich Gedanken verzweigen, die einzelnen Themen an. Zuletzt – optisch am Rande – folgen die Einzelheiten. Solche Strukturen, möglichst noch bunt, liebt das Gehirn[36];
- der Funktionsweise unseres Gehirns[37]: Wird in einem Aktivitätsmuster eine Nervenzelle aktiviert, werden damit auch die anderen verknüpften Neuronen und damit das im gesamten Aktivitätsmuster angelegte und gespeicherte Wissen aktiviert. So wie wir denken, nicht etwa linear, sondern assoziativ, so sind auch die Mind-Maps angelegt.

a. Erstellung einer Mind-Map-Kartei

Sie sollten im Laufe Ihres Studiums für die drei Hauptgebiete (Zivilrecht, Strafrecht, öffentliches Recht) Mind-Maps anlegen und stapelweise in einem entsprechenden Schuber aufbewahren. So haben Sie einen wertvollen Fundus an dem gesamten zur Prüfung anstehenden Lernstoff, der ganz auf Ihre Fähigkeiten ausgerichtet ist.

Bei der Anlegung einer Mind-Map-Karte anhand eines Lehrbuchs oder Skripts gehen Sie so vor (vgl. auch die weiter unten abgedruckten Muster):

- Verwenden Sie eine weiße Karteikarte mit dem Din A5 Format; bunte Papiere eignen sich nicht.
- Formulieren Sie in der Mitte der Karte das Thema des Lernstoffs. Am besten verwenden Sie ein Schlüsselwort, gegebenenfalls unter Verwendung gebräuchlicher Abkürzungen (z.B. WE für Willenserklärung). Wichtig: Es muss sich um das zentrale Thema handeln und es muss diese Funktion durch die Platzierung und Gestaltung (große Buchstaben, fette Buchstaben, dicke Umrahmung o.ä.) hervorgehoben werden. Schreiben Sie gut leserlich mit Druckbuchstaben.
- Die Herausarbeitung der Struktur eines Themas, die Suche nach Teilästen, die das Schlüsselwort umfasst und ihre prägnante Herausarbeitung beanspruchen einen Aufwand an Gedankenarbeit, der sich unmittelbar auf die Verankerung des Lernstoffs im Gedächtnis auswirkt. Neuronal gesprochen: Die Verarbeitungstiefe sorgt für eine entsprechend dichte Verbindung unter den einschlägigen Neuronen.
- Ausgehend von diesem zentralen Thema in der Kartenmitte werden die weitere Kernpunkte des Lernstoffs herausgearbeitet, eingängig formuliert und mit dem Hauptthema mittels gerader oder gewundener Linien verbunden. Ob man diese Linien durch eine besondere Dicke hervorhebt oder nicht, hängt davon ab, ob weitere Verbindungslinien von Hauptbegriffen zu Unterbegriffen erforderlich sind. Zu beachten ist: Die verschiedenen Ebenen müssen grafisch unterschiedlich dargestellt werden, also durch unterschiedliche Buchstabengröße, Haupt- und Kleinbuchstaben, damit die Hierarchie des Lernstoffes auf Anhieb visuell erkennbar ist. Sie können auch bestimmte Farben für die einzel-

nen Ebenen wählen, sollte diese Wahl dann aber bei der Anlegung weiterer Karten – gleich Farben, gleiche Ebene – durchgängig einhalten (kein farbliches Durcheinander – das verwirrt). Ansonsten gilt: Der Kreativität sind keine Grenzen gesetzt!

- Die vom zentralen Thema ausgehenden Linien dürfen die Anzahl von 7 nicht überschreiten, ansonsten sie vom Arbeitsgedächtnis nicht aufgenommen werden können.

b. Pflege der Mind-Map-Karten

Halten Sie die Mind-Maps im Laufe Ihres Studiums in zweierlei Hinsicht auf dem neuesten Stand: Zum einen: Bei der Erstanlegung der einzelnen Mind-Maps ist der jeweilige Lernstoff noch neu. Sie strukturieren diesen folglich noch unter dem Aspekt des Anfängers. Mit zunehmender Durchdringung des Lernstoffs verbessern Sie dann Ihre Mind-Maps indem Sie sie nach und nach „auffüllen" (verfeinern). Unter Umständen ist auch eine Neuanlegung mit einer neue Gestaltung und Strukturierung erforderlich, – was gleichzeitig den unschätzbaren Nebeneffekt einer vertieften Einprägung in Ihr Langzeitgedächtnis mit sich bringt: die buchstäblich griffige Arbeit des Schreibens und Gestaltens der Karten ist, wie beim Arbeiten mit Karteikarten (siehe S. 197), ein entscheidender Faktor zur dauerhaften Speicherung der neuen Information. Zum anderen: Mit der Zunahme Ihres Wissens und der Beherrschung Ihres Lernstoffs werden Sie feststellen, dass eine ganze Reihe von den Lernstoff-*Details*, die Sie auf der Mind-Map-Karte notiert haben, sich fest im Langzeitgedächtnis verankert haben. Sie können dem Rechnung tragen und diesen Lernstoff aussieben, indem Sie ihn auf einer aktualisierten neuen Karte lediglich mit einem Schlagwort charakterisieren. Ganz entfernen sollten Sie diesen Teil nicht; sie benötigen ihn noch für die Wiederholung in der Phase der Prüfungsvorbereitung.

Hier ein Beispiel für eine Mind-Map-Karte, die für einen Anfänger hilfreich ist, spätestens nach dem Ende des ersten Semesters aber aussortiert werden kann. Wer erstmals aus dem Jura-Lernstoff mit Sachgebieten wie Schuldrecht, Strafprozessrecht, Handelsrecht, Polizeirecht konfrontiert ist, dem schwirrt der Kopf und er wünscht sich eine Übersicht zum Ganzen. Eine solche Übersicht könnte so aussehen:

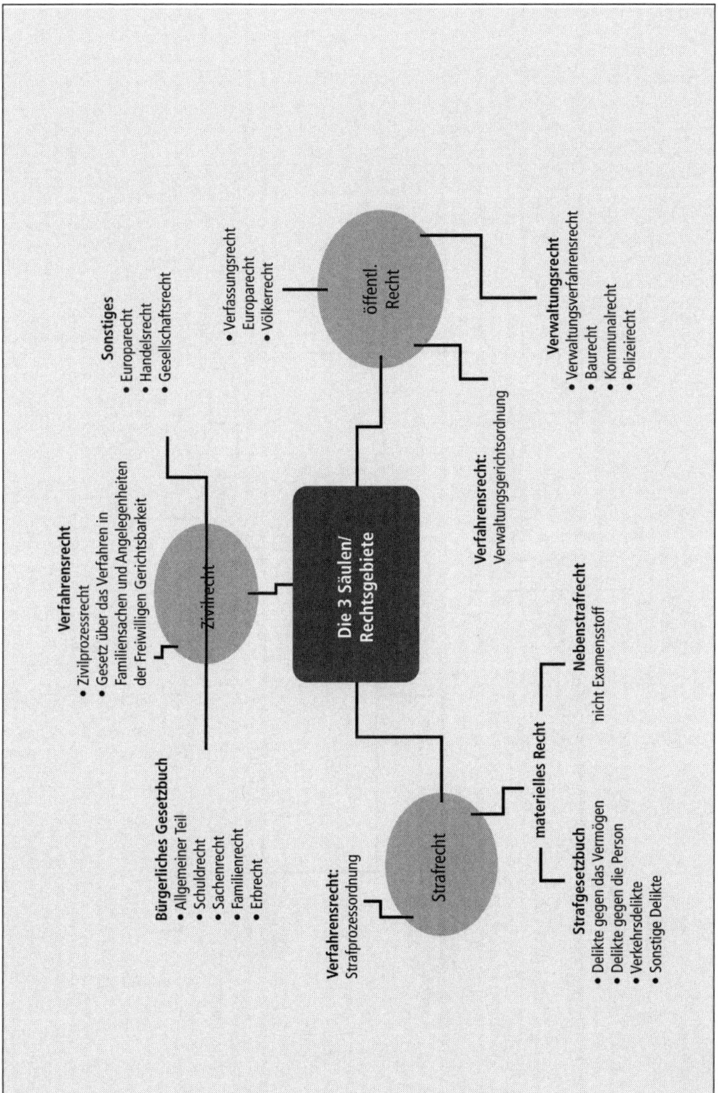
Die 3 Säulen/
Rechtsgebiete
Zivilrecht
Verfahrensrecht
• Zivilprozessrecht
• Gesetz über das Verfahren in Familiensachen und Angelegenheiten der Freiwilligen Gerichtsbarkeit
Sonstiges
• Europarecht
• Handelsrecht
• Gesellschaftsrecht
Bürgerliches Gesetzbuch
• Allgemeiner Teil
• Schuldrecht
• Sachenrecht
• Familienrecht
• Erbrecht
öffentl.
Recht
• Verfassungsrecht
Europarecht
• Völkerrecht
Verfahrensrecht:
Verwaltungsgerichtsordnung
Verwaltungsrecht
• Verwaltungsverfahrensrecht
• Baurecht
• Kommunalrecht
• Polizeirecht
Strafrecht
Verfahrensrecht:
Strafprozessordnung
materielles Recht
Nebenstrafrecht
nicht Examensstoff
Strafgesetzbuch
• Delikte gegen das Vermögen
• Delikte gegen die Person
• Verkehrsdelikte
• Sonstige Delikte

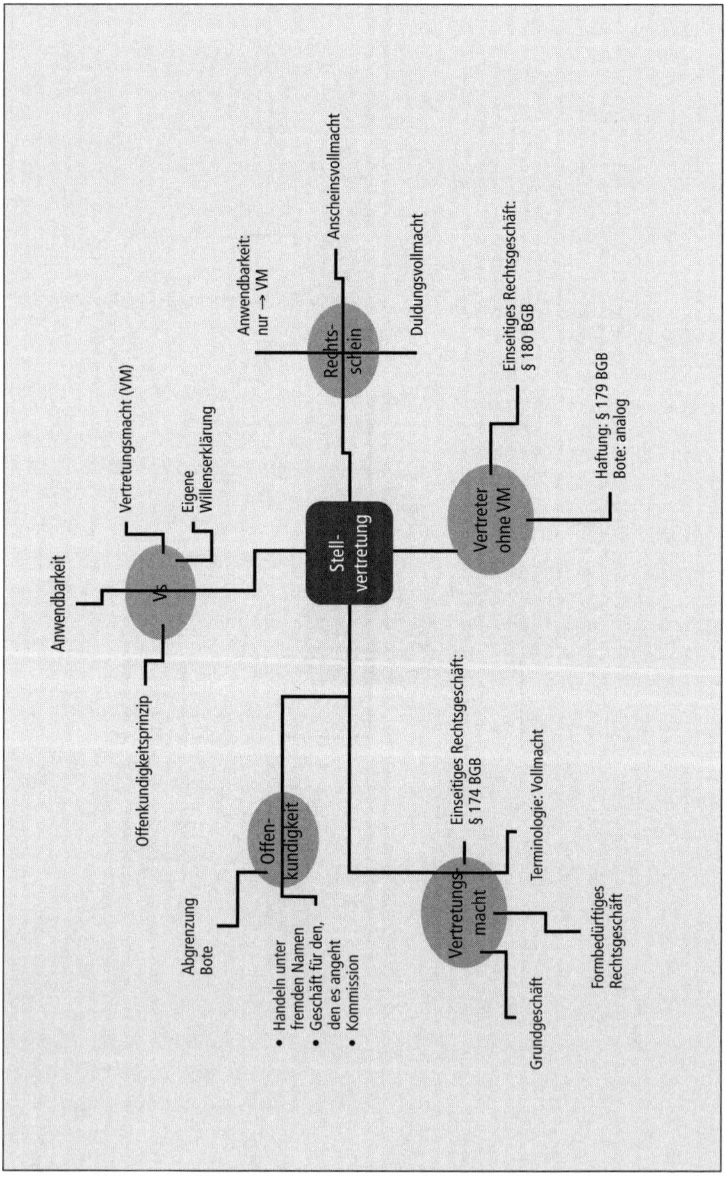
Stell-
vertretung
VS
Anwendbarkeit
Vertretungsmacht (VM)
Eigene
Willenserklärung
Offenkundigkeitsprinzip
Rechts-
schein
Anwendbarkeit:
nur → VM
Anscheinsvollmacht
Duldungsvollmacht
Vertreter
ohne VM
Einseitiges Rechtsgeschäft:
§ 180 BGB
Haftung: § 179 BGB
Bote: analog
Offen-
kundigkeit
Abgrenzung
Bote
• Handeln unter
fremden Namen
• Geschäft für den,
den es angeht
• Kommission
Vertretungs-
macht
Einseitiges Rechtsgeschäft:
§ 174 BGB
Terminologie: Vollmacht
Formbedürftiges
Rechtsgeschäft
Grundgeschäft

2. Lernen mit Karteikarten[38]

a. Der Kampf gegen das Vergessen

Das Erlernen eines neuen Stoffes macht in aller Regel Spaß. Dies gilt umso mehr, je tiefer man in die Materie eindringt. Bleibt jede Freude auf Dauer aus, hat man das falsche Studium gewählt und sollte sich schleunigst nach einem anderen umsehen. Der Spaß wird nicht in allen drei Hauptgebieten, dem Zivilrecht, Strafrecht und öffentlichen Recht, gleich groß sein. Das war in der Schule nicht anders und trifft auf alle Studienrichtungen zu: ein Mediziner hat Schwierigkeiten mit dem Fach Chemie, ein Betriebswirt mit der Statistik. Gelegentlich, manchmal auch gehäuft, stößt man auf Schwierigkeiten bei der Bewältigung einer neuen Lerneinheit, wird diese Hürde aber mit Hilfe von Fachbüchern, Fachzeitschriften, Befragung von Kommilitonen oder Assistenten (ein Professor wird selten zur Verfügung stehen) nach einiger Zeit lösen: Irgendwann versteht man auch die komplexeste Materie, hat also Einsicht gewonnen (Sie erinnern sich: Lernen durch Einsicht, das Zauberwort der kognitiven Theorie)! Der Kern der Schwierigkeiten beim Lernen liegt nun einmal nicht beim *Verstehen* des Lernstoffes, sondern beim *Wiedergeben*. Mit anderen Worten: Die eigentliche Hauptarbeit liegt nicht beim Erlernen des Stoffes, sondern im Kampf gegen das Vergessen.

b. Vergessen aus neurologischer Sicht

Das Vergessen ist im Ultrakurzeitgedächtnis und im Arbeits- oder Kurzzeitgedächtnis Teil der jeweiligen Funktion (*„It is not a bug, it is a feature“*). Denken Sie etwa an eine Fahrt mit dem Rad zu Ihrem 200 m entfernten Bäcker: Tausende allein von visuellen Eindrücken aus der Umgebung links, rechts und vor Ihnen stürmen in dieser Zeit auf Sie ein, hinzukommen die Höreindrücke. Ihr Gehirn würde unter dieser Lawine von Sinneseindrücken schlichtweg kollabieren, würde es all diese Informationen für längere Zeit speichern. Nutzlose Informationen müssen deshalb aussortiert werden, sinnvolle müssen behalten und an das Kurzzeitgedächtnis weitergeleitet werden. Das sensorische Gedächtnis erledigt diese Arbeit perfekt: Ein kurzes Registrieren für etwaige „Notsituationen" (plötzlich auftauchender Fußgänger) – und schon vergessen. Nicht ganz so schnell geht es beim Arbeitsgedächtnis: Ein mehrfaches Kreisen von elektrischen Impulsen in einem Netzwerk verbundener Neuronen – und schon ist es wieder vorbei. Anders im Langzeitgedächtnis. Jeder hat das schon erlebt: Namen, Gesichter und Ereignisse, die man längst vergessen glaubte, treten ganz plötzlich wieder ins Bewusstsein. Auch durch Hypnose können „vergessene" Erlebnisse wieder belebt werden. Denn: Was im Langzeitgedächtnis durch größere molekulare Veränderungen in den Synapsen bzw. durch Neubildung von Synapsen verankert ist, bleibt ein Leben lang erhalten (bei nur kleineren Veränderungen: Monate oder Jahre). Die Vergesslichkeit, gegen die jeder Studierende kämpft, ist in aller Regel keine Folge verkümmerter Neuronen-Netzwerke, vielmehr waren diese mangels wiederholter Aktivierung von vornherein nicht genug eingeschliffen, um jederzeit abgerufen werden zu können. Schlicht und ergreifend: Die Vergesslichkeit ist keine Folge mangelhaften Verstehens des Lehrstoffs, sondern Folge mangelhafter Wiederholung.

c. Die falschen Waffen beim Kampf gegen das Vergessen

In den Fallstudien eines amerikanischen Psychologieprofessors[39] findet sich folgender anschaulicher Beleg dafür, dass ein einfaches Wiederholen, mag es auch noch so oft geschehen, das falsche Mittel gegen das Vergessen ist. Professor Sanford las nach eigener Schätzung im Laufe von etwa 25 Jahren ein Morgengebet mindestens 5000mal laut vor. Zu seinem Erstaunen musste er danach feststellen, dass er nicht in der Lage war, es auswendig vorzutragen. So überrascht wie der Psychologieprofessor sind auch viele Studierende: Sie sind ratlos angesichts ihrer schlechten Noten, wo sie doch über Tage und Wochen, Stunde um Stunde in der Bibliothek oder am Schreibtisch saßen und „gebüffelt", wichtige Stellen in den Texten markiert und diese auch vielfach erneut gelesen, Wiederholung also durchaus ernst genommen hatten. All die Zeit, die man zum „Lernen" aufgewendet hat, soll nutzlos gewesen sein? Leider ist dem so. Der Grund: der Kampf gegen das Vergessen wurde mit den falschen „Waffen" geführt. Zwar war der Ausgangspunkt zutreffend. Ohne Üben, d.h. Wiederholen geht gar nichts. Aber ein simples gehäuftes Wiederholen ist nutzlos. Schon Anfang des 20. Jahrhunderts haben Psychologen experimentell festgestellt[40], dass Wiederholungen, die über einen längeren Zeitraum verteilt werden, den Lernstoff leichter und sicherer im Gedächtnis verankern als ein geballtes Wiederholen an einem oder zwei Tagen. Auch das richtige „Wiederholen" muss also gelernt werden.

d. Richtiges Wiederholen zum Ersten: Die Ebbinghaus`sche Vergessenskurve

Ausgangspunkt für ein richtiges Wiederholen muss die Frage sein: Wird eigentlich alles Gelernte vergessen oder nur ein Teil davon? Wenn alles vergessen wird, müsste der gesamte Lehrstoff wiederholt werden; wird hingegen ein Teil des Gelernten bereits im Langzeitgedächtnis verankert und „nur" der Rest vergessen, müsste man lediglich diesen Teil wiederholen. Diese Frage hat der deutsche Psychologe Ebbinghaus bereits Ende des 19. Jahrhunderts mit seiner – in der psychologischen/pädagogischen Wissenschaft nach wie vor aktuellen und allgemein akzeptierten – Gedächtnis- oder Vergessenskurve beantwortet[41].

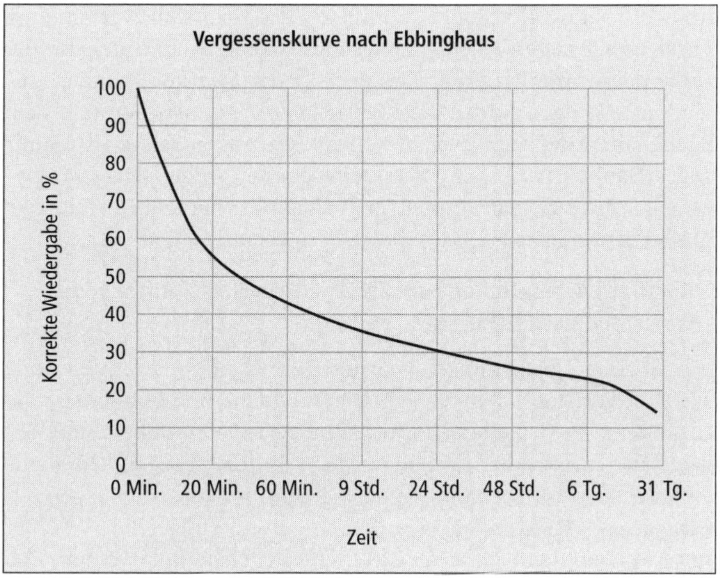

Ebbinghaus hatte seine Kurve, die in den folgenden Jahrzehnten experimentell bestätigt wurde, so gefunden: Er verbrachte ungezählte Stunden seines Lebens mit dem Auswendiglernen von Reihen von sinnlosen Silben, um dann zu erproben, wie lange sie im Gedächtnis bleiben. Der Grund, dass er mit sinnlosem Material arbeitete und nicht mit einem sinnvollen, nützlichen Material: Wenn die Aneinanderreihung von Silben einen Sinn ergibt, haften sie leichter und länger im Gedächtnis; sinnlosem Material gegenüber ist das Gedächtnis „unparteiischer". Anhand dieser Kurve kann man nun erkennen: Schon nach 20 Minuten sind rund 40 % des gelernten Stoffes verschwunden, sind vergessen, d.h. umgekehrt: nur 60 % bleiben haften. Und mit dem Verstreichen der Zeit wird es düsterer und düsterer: nach einer Stunde verbleiben vom Lernstoff rund 40 %, nach einem Tag rund 30 % und nach sechs Tagen sind etwa drei Viertel vergessen. Jetzt aber die gute Nachricht: Immerhin rund 15 % vom Gelernten bleiben im Langzeitgedächtnis haften. Dieser Teil wird, wie Ebbinghaus herausfand, auch nicht nach Jahren vergessen. Und es wird noch besser: Die Ebbinghaus`sche Vergessenskurve geht von sinnlosem Lernmaterial aus, während das Jurastudium nur sinnvolles Material anbietet, das man selbstverständlich länger im Gedächtnis behält als sinnlose Silben. Man muss also die Kurve dahin **modifizieren,** dass anstelle der Minuten Stunden stehen, anstelle der Stunden Tage, anstelle der Tage Wochen und dass der Behaltenswert bei etwa 20 % liegt. Die Ausgangsfrage ist damit so zu beantworten: Nach etwa sechs Wochen findet sich vom Gelernten nur noch ein Fünftel im Gedächtnis; der größte Teil, vier Fünftel, ist vergessen.

e. Richtiges Wiederholen zum Zweiten: Welches Fünftel vom Gelernten wird behalten?

Das ist die Gretchenfrage: Welches Fünftel vom Gelernten wird (nach 6 Wochen!) behalten[42]? Die modifizierte Ebbinghaus'sche Kurve zeigt: In den ersten Tagen fällt die Kurve besonders stark ab, bevor sie dann immer flacher werdend auf die „ewigen" 20 % zuläuft. Folglich ist, so könnte man meinen, in den ersten Tagen ein mehrfaches Wiederholen erforderlich, in den folgenden Wochen und Monaten dann muss der Stoff seltener wiederholt werden. Das ist aber ein Fehlschluss. Das bereits Gelernte, das gewisse Fünftel, muss bei den gestaffelten Wiederholungen vielmehr gezielt ausgesiebt werden. Dieses Aussieben, also das Trennen von „Gewusstem“ und „Nichtgewusstem“ lässt sich nun am effektivsten mit einer Lernkartei erreichen: Es muss nicht der gesamte Lernstoff wieder und wieder gelernt werden, vielmehr schrumpft er von Wiederholung zu Wiederholung jeweils um ein Fünftel, d.h. der Aufwand des Wiederholens wird von Mal zu Mal deutlich geringer. Im Gegensatz zu Kommilitonen, die eifrig und stundenlang über Büchern und Zeitschriften sitzen und die nach dem dritten Durchlesen eines Aufsatzes der festen Überzeugung sind, ihre Zeit sinnvoll verbracht zu haben, wissen Sie: Diese 4 Karteikarten zur Frage der Mangelhaftigkeit bei einer Kaufsache sitzen, diese 2 Karten noch nicht. M.a.W.: Sie können bei den einzelnen Stoffgebieten exakt zwischen Gelerntem und Nichtgelerntem trennen und sich gezielt dem Stoffteil zuwenden, von dem Sie wissen, dass er noch nicht sitzt.

Kaufen Sie sich Karteikästen; es gibt sie in Karton und Holz. Da Sie im Laufe Ihres Studiums eine ganze Reihe von Kästen benötigen, sind Kartons die preiswertere Alternative. Kaufen Sie einen Stoß weißer Karteikarten im DIN A5, A6 oder A7-Format. Im weiteren Verlauf des Lernens mit Karteikarten variieren Sie dann je nach Lerngebiet mit Karten in verschiedenen Farben, liniert und unliniert. Sie werden Ihre eigenen Vorlieben entwickeln.

Das Anlegen von Karteikarten

Je mehr Gedankenarbeit man bei der Anlegung einer Karteikarte aufwendet, sei es durch die Reduzierung und Komprimierung des Lernstoffes auf Kernaussagen, sei es durch aussagekräftige Schlagworte, durch die grafische Gestaltung usw., desto nachhaltiger ist die Wirkung auf die (erstmalige) Verankerung im Langzeitgedächtnis. Vermeiden Sie daher eine rein wörtliche Wiedergabe des Lernstoffes aus der jeweiligen Quelle (Kommentar, Lehrbuch, Fachzeitschrift).

Im Übrigen gibt es auf vielen Rechtsgebieten auch vorgedruckte Karteikarten in unterschiedlicher Qualität; sie haben zwar nicht den beschriebenen positiven Effekt wie bei einer Selbstanlegung, lassen sich jedoch von Fall zu Fall und Gebiet zu Gebiet durchaus mit Ihren eigenen Karten kombinieren. Neben der analogen gibt es heute auch die digitale Methode. Ihr fehlt zwar, wie bei den angelegten vorgedruckten Karteikarten der schöpferische bzw. haptische Effekt, sie bieten aber andererseits durchaus Vorteile. Zum einen kann der gesamte Lernstoff automatisch nach Stichwörtern durchsucht werden. Zum anderen sortieren diese Programme die Karten automatisch danach, wie sie beherrscht werden und wann sie wiederholt werden sollen.

Lerninhalte und Definitionen

Im Folgenden bringen wir Ihnen Beispiele zum Anlegen von Karteikarten für das Erlernen von Definitionen und Lerninhalten = das Anlegen eines Lern- und eines Definitionskastens.

Beispiel 1: Gelernt werden soll die Definition von „**beschädigen**" in § 303 StGB (Sachbeschädigung) *„Wer rechtswidrig eine fremde Sache beschädigt oder zerstört, wird mit Freiheitsstrafe bis zu zwei Jahren oder mit Geldstrafe bestraft."*

Definitionen (Begriffsbestimmungen) der einzelnen Tatbestandsmerkmale einer Norm findet man in Lehrbüchern oder Kommentaren zum Strafrecht. Diese Fachbücher fassen die Definitionen im Wortlaut manchmal unterschiedlich, stimmen im Kern aber immer überein. „Beschädigen" wird z.B. so definiert:

- Unter **Beschädigen** ist jede Substanzverletzung oder Brauchbarkeitsminderung zu verstehen. Dabei geht es nicht um das äußere Erscheinungsbild der Sache, sondern vielmehr um die funktionale Betrachtung. Beispiel: Beschmutzen von Kleidung, Wegnahme einer Bohle von einer Brücke[43].
- Ein Beschädigen liegt vor, wenn durch körperliche Einwirkung entweder die Sache in ihrer Substanz beeinträchtigt oder ihre bestimmungsgemäße Brauchbarkeit gemindert wird[44].

Mit welcher der Definitionen man dann arbeitet, ist zunächst Geschmackssache. Spätestens dann, wenn Sie mit der angelegten Karteikarte beim zweiten Wiederholgang nicht zu Recht kommen, ist ein Austausch geboten. Geboten ist er zudem, wenn sich beim „Härtetest" des Klausurschreibens erweist, dass Ihnen anhand der gewählten Definition das Argumentieren schwer fällt.

Ein buchstabentreues Wiedergeben der gefundenen Begriffsbestimmung ist in der Regel nicht zu empfehlen; (abgekürzte) aussagekräftige Stichworte sind besser (aber Vorsicht: die Definitionen, auf die Sie stoßen, sind das Ergebnis intensiver Bemühungen von Literatur und Rechtsprechung; wählen Sie also keinesfalls neue oder vermeintlich synonyme Stichwörter). Sie können auch beide Definitionen zur Sachbeschädigung kombinieren, wenn Sie der Überzeugung sind, dass sie sich dann besser merken (oder eine solche Kombination später nachholen) oder mit Beispielen ergänzen. Hier ein Vorschlag:

Vorderseite
Beschädigen, § 303 StGB

Rückseite
Beeinträchtigung der Substanz oder Minderung der bestimmgsgem Brauchbarkeit (Beschmutzg von Kleidg; Wegnahme der Bohle einer Holzbrücke, so dass Stabilität beeinträchtigt ist)

Beispiel 2: § 1 HGB (Handelsgesetzbuch) lautet:
(1) Kaufmann im Sinne dieses Gesetzbuchs ist, wer ein Handelsgewerbe betreibt.
(2) Handelsgewerbe ist jeder Gewerbebetrieb, es sei denn, daß das Unternehmen nach Art oder Umfang einen in kaufmännischer Weise eingerichteten Geschäftsbetrieb nicht erfordert.

Dieser Gesetzestext enthält keine Definition des zentralen Begriffs des „Gewerbes". Rechtsprechung und Lehre definieren diesen Begriff so: Ein **Gewerbe** im rechtlichen Sinne ist jede erlaubte, selbstständige, nach außen erkennbare, auf Gewinn gerichtete und auf Dauer angelegte Tätigkeit mit Ausnahme der Urproduktion, der freien Berufe, der Verwaltung eigenen Vermögens und der künstlerischen und wissenschaftlichen Tätigkeiten.

Wenn Sie diese Begriffsbestimmung auf Ihre Karteikarte übernehmen, können Sie so vorgehen.

Vorderseite	Rückseite
Gewerbe (§ 1 HGB)?	Jede erlaubte, selbständige, nach außen gerichtete, auf Dauer angelegt und auf Gewinn gerichtete Tätigkeit; ausgenommen: Urproduktion, freie Berufe, Verwaltung eigenen Vermögens, künstlerische und wissenschaftliche Tätigkeit

Diese Form der Kartenanlegung beschränkt sich auf eine nahezu wörtliche Übernahme der vorgegebenen Begriffsbestimmung. Das kann man so machen und es geht in seltenen Fällen auch gar nicht anders. Besser ist eine kreative Umarbeitung. Das macht Mühe, lohnt sich aber, weil das Ergebnis leichter im Kopf zu verankern ist. Da obige Karteikarte mit den vielen Charakteristika eines Gewerbes für das Gedächtnis schwer zu bewältigen ist, sollte man an eine Umformulierung denken, die sich leichter einprägt, etwa so:

Vorderseite	Rückseite
Gewerbe (§ 1 HGB)?	1. Tätigkeit: erlaubt, nach außen gerichtet, planmäßig (auf Dauer angelegt) selbständig (nicht weisungsgebunden) Gewinnerzielung 2. Nicht: Urproduktion freiberuflich (Arzt) Verwaltung eigenen Vermögens, künstlerische/wissenschaftliche Tätigkeit

oder so (man surft im Internet und findet oft hübsche Einfälle zu Eselsbrücken: Hanjo Hamann, StudZR 1/2010, 125, 135):

Vorderseite	Rückseite
Gewerbe (§ 1 HGB)?	Gewerbe: **Senfpate** ***S**elbstständige **en**tgeltliche* *nicht **f**reiberufliche **p**lanmäßige* *nach **a**ußen gerichtete **T**ätigkeit* *die **e**rlaubt ist.* *Kein Gewerbe: Urproduktion, wissenschaftliche und künstlerische Tätigkeit, Verwaltung eigenen Vermögens*

In diesem Zusammenhang: Man sollte „Eselsbrücken" nicht schmähen. Sie haben sich seit Jahrhunderten gehalten und bewährt. Auch in der Juristerei finden sich recht brauchbare, wie z.B. (www.talentrocket.de/karrieremagazin/details/die-top-10-jura-eselsbruecken-im-zivilrecht-zivilprozessrecht):

- *Der Zedent flennt, der Zessionar schreit „Hurra"*. Wird eine Forderung, etwa eine Kaufpreisforderung, abgetreten, ist das in §§ 398 ff. BGB geregelt. Dort wird der, der seine Forderung abtritt (verliert) als Zedent bezeichnet und derjenige, an den abgetreten wird (der sie erhält) als Zessionar. Zedent und Zessionar verwechselt man gern, was diese Eselsbrücke verhindert: Der Zedent „flennt", weil er seine Forderung verliert, der Zessionar schreit „Hurra" weil er die Forderung erhält.
- *Ist das Kindlein noch so klein, kann es doch schon Bote sein*. Kinder bis 7 Jahre sind nicht geschäftsfähig und dürfen daher keine eigenen Willenserklärungen abgeben. Die Eselsbrücke macht deutlich, dass selbst ein Kleinkind ein Erklärungsbote bzw. Empfangsbote sein kann, da es als Bote nur eine fremde Willenserklärung abgibt bzw. empfängt.

Lerninhaltskarten

Die gerade gezeigten Karteikarten helfen bei dem für ein Jurastudium unerlässlichen Aneignen von Fakten. Die Juristerei lebt aber auch von der Systematik, dem Zusammenspiel von Normen, von typischen Examensbausteinen und hierfür bietet sich – am sinnvollsten im DIN A5/A6-Format – das Anlegen von Karteikarten an, mit denen ein juristischen Thema zusammengefasst wird.

Der Autor hat mit folgendem Aufbau – die Vorder- und Rückseite der Karteikarten enthalten mehrere Felder – ausgesprochen gute Erfahrungen gemacht. Die Karten sollen kein Lehrbuch ersetzen und eine gelungene Karteikarte reduziert gerne zehn- bis zwanzig Seiten. Das setzt aber voraus, dass der Inhalt wie ein *Teaser* wirkt und den Anwender zwingt, zum Lehrbuch zu greifen, wenn bestimmte Elemente der Karteikarte nicht mehr präsent oder nachvollziehbar sind. Die Karteikarten sollten einer einheitlichen Struktur folgen, z.B.:

Karteikartenvorderseite

Gesetzliche Grundlagen / Anspruchsgrundlagen / zentrale Vorschriften Prüfungsschema	Anwendung / Abgrenzung
Rechtsprechung	Meine Klausurfehler

Hieran sieht man schon: Die Karteikarte lebt! Nach jeder Klausur sollten die Missverständnisse aufgearbeitet und die eigenen Fehler analysiert werden. Stolpert man über zentrale Entscheidungen des Bundesgerichtshofs, sollte diese vermerkt werden. Eignet man sich (mehrere Semester später) familienrechtliche Grundlagen an, muss beispielsweise die Karte zum Vertretungsrecht um die „Schlüsselgewalt" ergänzt werden usw.

Karteikartenrückseite

Examensrelevante Bausteine	Formulierungsbeispiel einer Examensklausur (klein kopiert, ausgeschnitten und eingeklebt)
Besonderheiten	

Am Beispiel des Stellvertretungsrechts (es erstreckt sich im BGB von § 164 bis § 181) könnte die Vorderseite einer Karteikarte folgenden Inhalt haben, wobei der Detailgrad von der Größe der Handschrift abhängig ist:

Gesetzliche Grundlagen: § 164–§ 181 **Anspruchsgrundlage**: § 179 BGB *Zentrale Vorschriften:* • *§ 166: Willensmängel* • *§ 172: Vollmachtsurkunde* • *§§ 174, 180: Einseitiges Rechtsgeschäft* • *§ 181: Insichgeschäft* **Prüfungsschema** I. Kein Vertrag zwischen A und B direkt II. zwischen A, vertreten durch V und B? 1. Eigene Willenserklärung des V (§ 164 I 1) 2. Im fremdem Namen (= Offenkundigkeitsprinzip: S. 1 UND S. 2) analog: Handeln unter fremdem Namen 3. Mit Vertretungsmacht (typische Form: Vollmacht, § 167 I BGB) – auch möglich (!): Rechtsscheinsvollmacht **RF**: Zurechnung der Willenserklärung	**Anwendung** • Gesetzlicher Anwendungsfall: **Willenserklärungen** • Entsprechende Anwendung: rechtsgeschäftsähnliche Handlungen, wie Mahnung, Aufforderung zur Genehmigung, Abhilfeverlangen, Mängelanzeige, Fristsetzung. • Keine Anwendung: Realakte (Verbindung, Vermischung), Aufnahme von Vertragsverhandlungen und Haftung hieraus (dann aber evtl. § 278). **Abgrenzung** • Mittelbare Stellvertretung • Strohmann • Treuhänder • Ermächtigung • Wissensvertreter • Bote
Rechtsprechung (…)	**Meine Klausurfehler** Umgang mit Rechtsscheinsvollmachten. Diese führen nicht zu einer Haftung, sondern sind allein als Baustein im Prüfungsschema *Vertretungsmacht* zu erörtern.

Der Wiederholungsrhythmus

Man teilt die Karteikästen für die Definitionen und die Lernkarten mit Trennscheiben etwa so auf (Vogelperspektive)[45]:

5
4
3
2
1

In das erste Fach, es sollte etwa für 40 bis 50 Karteikarten ausreichen, stellt man die neu angefertigten Definitions- bzw. Lernkarten. Auch bei intensivem Lernen werden das am Tag nicht mehr als 4 bis 6 Karten pro Sachgebiet sein. Die Zahl der Karten hängt aber nicht zuletzt auch davon ab, wie dicht Sie sie beschreiben und ob der Lernstoff in Schlagworten/Stichworten erfasst werden kann oder in umfangreicheren und damit zeitfressenden längeren Ausführungen. Da es sinnvoll ist, den Lernstoff zu variieren (also etwa nach zwei Stunden vom Strafrecht ins Zivilrecht zu wechseln) ist es zweckmäßig, mit mehreren Karteikästen zu arbeiten.

Wichtig ist der Wiederholungsrhythmus: Am nächsten Tag (nicht dem übernächsten oder gar in einer Woche) folgt der **erste** Wiederholgang. Nehmen Sie die Karten aus Fach 1 und bearbeiten Karte für Karte; das Ganze locker und gelassen, entweder man weiß es oder, das ist die Regel, weiß es nicht. Die Kartenrückseite muss gegebenenfalls idR gelesen (besser: „studiert") werden. Wurde die Karte gewusst, legt man sie in Fach 2, ansonsten geht sie zurück ins Fach 1.

Die **zweite** Wiederholungsrunde schaltet man nach etwa einer Woche ein. Einige Karten werden Sie wissen, dann ab ins Fach 2, andere wissen Sie gar nicht, von einer Reihe nur Teile. Bei letzteren markieren Sie sich das Nichtgewusste – oder notieren das Nichtgewusste gleich auf einer gesonderten Karte.

Wiederholgang Nummer **drei** sollte im Abstand von etwa vier Wochen nach dem bisherigen Muster erfolgen. In Fach 2 wird so die Kartenzahl langsam wachsen. Ab dem **vierten** Wiederholgang (etwa zwei bis drei Monate später) nehmen Sie sich auch die Karten in Fach 2 vor; Gewussstes aus Fach 2 wandert in Fach 3 und aus Fach 1 in Fach 2; Nichtgewusstes bleibt, wo es war. Die Karten in Fach 3 können dort einige Wochen liegen. Und so geht es fort; irgendwann stellt sich von selbst Ihr eigener Wiederholungsrhythmus ein, Sie müssen nur variieren und ausprobieren. Was in Fach 4 landet, das ist nahezu im Gedächtnis verankert, was in Fach 5 landet können Sie als gespeichert bestaunen.

Die Pflege der Karteikarten

Mit der stetig zunehmenden Zahl an gefertigten Karteikarten wächst auch die Routine beim Formulieren des Lernstoffes auf der Kartenrückseite. Sie werden deshalb feststellen, dass gerade die in den ersten beiden Semestern gemachte Aufzeichnungen viel Überflüssiges und wenig einprägsam Formuliertes, möglicherweise gar Unrichtiges enthalten. Dann ist eine Neuanlegung des auf der Karte Gebrachten erforderlich, diesmal in der richtigen Form. Bei den Wiederholungen wird sich zeigen, dass eine Reihe von Karten der Neuformulierung bedarf, dies vor allem dann, wenn sich der Stoff einfach nicht einprägen will (er wurde dann schlicht nicht in der für Sie merkbaren „Fassung" gebracht!). Schauen Sie, ob nicht zwei oder gar drei Karten bei einer gebotenen Komprimierung in einer neuen zusammengefasst werden kann. Bei all dieser zusätzliche Arbeit müssen Sie daran denken: Jede schriftlich festgehaltene Neu- oder Umformulierung ist aus lernpsychologischer Sciht wieder ein Gewinn. Ihr Wissen wird gefestigt und verdichtet.

Die Karteikarten im Jahr vor dem Staatsexamen

Wenn Sie mit der Lernstoffansammlung beginnen, sind zunächst nur wenige Karteikarten im Einsatz. Im Laufe der Studienjahre wird die Zahl vielleicht auf einige Hundert Karten wachsen. Im Prüfungsjahr werden noch zwei- bis dreihundert Karten und einige Karteikästen dazukommen, denn es wird noch eine ganze Reihe von Lücken im notwendigen Lernstoff geben. Was Sie sich so angelegt haben, ist nicht etwa ein „unübersehbarer und ungeordneter Haufen an Karten", sondern ein echter Schatz: Es muss nicht der gesamte Lernstoff wieder und wieder gelernt werden, vielmehr ist ein Großteil bereits aussortiert: die Karten in Fach 5! Der noch neu zu lernende Stoff schrumpft von Wiederholung zu Wiederholung jeweils um ein Fünftel, d.h. der Aufwand des Wiederholens wird von Mal zu Mal deutlich geringer. Im Gegensatz zu Kommilitonen, die eifrig und stundenlang über Büchern und Zeitschriften sitzen und die nach dem dritten Durchlesen eines Aufsatzes der festen Überzeugung sind, ihre Zeit sinnvoll verbracht zu haben, wissen Sie: Diese 4 Karteikarten zur Frage der Mangelhaftigkeit bei einer Kaufsache sitzen, diese 2 Karten noch nicht. M.a.W.: Sie können bei den einzelnen Stoffgebieten exakt zwischen Gelerntem und Nichtgelerntem trennen und sich gezielt dem Stoffteil zuwenden, von dem Sie wissen, dass er noch nicht sitzt. Ihre Kommilitonen in der Bibliothek können das nicht. Auch rein optisch haben Sie nun Anlass, der Prüfung gelassen entgegen zu sehen: Anhand Ihrer Kästen sehen Sie, was getan wurde und was noch zu tun ist.

Ein kritischer Blick auf das Lernen mit Karteikarten

Teilweise wird kritisiert, der Fokus läge zu stark auf dem Auswendiglernen. Das was ein Studium auszeichne, sei ein Lernen durch „Einsicht" in die Zusammenhänge, nicht ein reines Aneignen von vorgegebenen Fakten, die kritiklos aufgenommen werden. Das sei doch letztlich ein stumpfes Wiederholen, eben ein Pauken im schlechten Sinn. Dem sind mehrere Argumente entgegenzuhalten. Zum ersten: Die Einsicht in ein Studienfach ist notwendig (zunächst) an die Kenntnis der einschlägigen Fakten geknüpft. Man kann auch nicht Klavier spielen, ohne die Noten, zumindest die Tasten des Klaviers zu kennen. Vieles, was bei der Bearbeitung einer Klausur wichtig ist, muss einfach gewusst werden, z. B. welche gesetzliche Regelungen einschlägig und wo sie zu finden sind. Gleiches gilt für die wichtigsten Definitionen und Prüfungsschemata. Zum zweiten: Es wird verkannt, dass für ein effektives Anlegen von Karteikarten eine intensive (und damit auch automatisch kritische) Gedankenarbeit erforderlich ist. Zum dritten: Ein Studierender, soviel Zutrauen kann man voraussetzen, wird seine Karteikarten auch nach Kriterien wie etwa – *Das ist ein gutes Argument für die Theorie yx. Welche Einwände könnte man gegenüber der angeblich herrschenden Meinung geltend machen?* – anlegen. Zuletzt: Die Anwendung des auf den Karteikarten niedergelegten erforderlichen Wissens auf den konkreten Fall kann – das weiß jeder Lernende – selbstverständlich nicht über die Karten gelernt werden, sondern nur über ein intensives Schreiben von Klausuren. (Abgesehen davon: Man kann auch die Anwendung des Rechts auf Karteikarten üben, indem man etwa seine in den Klausuren gemachten Fehler in Frage- und Antwortform niederlegt und sie sich ab und zu wieder vor Augen führt!)

3. Aus Fehlern lernen: Qualitätskontrolle als Selbstkontrolle

Ein großes Problem im Jura-Studium ist, dass Fehler im eigenen Lernprozess oft nicht rechtzeitig erkannt und zu spät korrigiert werden. Eine wesentliche Ursache liegt sicherlich auch darin, dass an der Universität „richtiges Lernen" einfach vorausgesetzt wird. Dabei fehlt es den Abiturienten- gerade wenn sie nur 8 Jahre das Gymnasium im Rahmen des G 8 besucht haben- an den richtigen Techniken zur Qualitätskontrolle. Bei der Idee der Fehlerlehre geht es aber nicht nur um Qualitätskontrolle, sondern auch um die Optimierung des Selbstlernprozesses. Wir lernen in unserem Leben ehrlicherweise eine Menge durch Pannen. Manche schlechte Erfahrung muss man eben wirklich selbst machen, manches Lehrgeld selbst bezahlen. Wenn Sie sich bei schlechten Noten als Versager fühlen, stellen Sie das Gefühl möglichst bald ab und begreifen Sie Fehler als Chance.

Eine gute Fehlerkultur beruht zunächst einmal auf der Erkenntnis, dass ein Fehler per se nichts Schlechtes ist. Es greift das Prinzip: *„Man darf jeden Fehler machen. Aber eben nur einmal."*

Der nächste Schritt setzt die Bereitschaft voraus, sich mit den eigenen Fehlern auseinanderzusetzen. Davor schrecken erstaunlich viele Studenten zurück. Obschon sie z.B. 5 Stunden in das Schreiben einer Übungsklausur gesteckt haben und dann noch 3 Stunden der Besprechung der Musterlösung zugehört habe, legen sie die Klausur im Anschluss schlicht in den Schrank. Damit waren das dann aber 8 Stunden Arbeit für „nichts". Denn eigentlich geht jetzt erst die Arbeit mit der Klausur los. So sollte man besser anhand eines Stapels eigener Klausuren die Fehler auswerten. Es werden sich rasch bestimmte Fehlergruppen ausmachen lassen, die man nach Art eines Kataloges gruppieren kann. Die schnelle und vielleicht überraschende Erkenntnis folgt auf dem Fuße: auch das Falsche folgt eigenen Gesetzlichkeiten. Die Welt der Fehler ist keineswegs strukturlos und chaotisch. Wiederkehrende Fehler sind konkrete Hinweise auf neuralgische Punkte, an denen man nachbessern muss.

Damit sind wir beim dritten Schritt. Nun geht es darum, jedem Fehler eine Konsequenz, eine konkrete Handlungsanweisung zuzuordnen. Das kann etwa so aussehen:

- Der Korrektor moniert fehlende Struktur in Ihrer Klausur. Verdeutlichen Sie also in Zukunft die Gliederung Ihrer Arbeit im Aufbau, auch optisch. Lassen Sie Platz zwischen einzelnen Gedanken und Absätzen, verschwenden Sie ausnahmsweise in der Klausur Papier (und spenden Sie nach dem Examen für den Regenwald).
- Der Korrektor moniert immer wieder, dass Sie Unproblematisches viel zu sehr ausbreiten- dann stimmt die Schwerpunktsetzung also noch nicht. Verstehen Sie das als Aufforderung, sich auf die wesentlichen Probleme zu fokussieren. Markieren Sie sich vielleicht schon in Ihrer Gliederung die Schwerpunkte mit einem Textmarker. Nur an den erkannten Schwerpunkten gehen Sie dann in die Tiefe, den Rest arbeiten Sie zügig ab.
- Der Korrektor moniert „Ergebnisbehauptungen" – die Aufforderung an Sie, Ihre Ergebnisse auch mit Argumenten zu belegen.

Das dahinterstehende Prinzip ist altbekannt: „*Gefahr erkannt. Gefahr gebannt.*" Vom begriffenen Problem ist der Weg zur Lösung nicht weit. Das bewusste Lernen mit den eigenen Fehlern ist besonders gut geeignet, die Strukturen des juristischen Denkens transparent zu machen: Durch das Hin- und Herwandern des Blicks zwischen falsch und richtig wird die Systematik oft erst wirklich fassbar. Für den Erwerb dauerhaften Wissens werden ja traditionell drei Arbeitsphasen unterschieden:

- Das **Durchdringen** eines fremden Stoffes: die eigentliche Verstehensphase.
- Das **dauerhaft Aneignen** des Verstandenen: die Wiederholungs- und Vertiefungsphase, zu der auch die Strukturierung und die kreative Erweiterung des Stoffes gehört.
- Die **schöpferische Wiedergabe** des Erlernten: die Anwendungsphase.

Das Konzept des Lernens aus Fehlern schaltet nun noch eine Rückkopplungsebene dazwischen. Alles andere ist ehrlicherweise auch fatal, denn ein Lernen ohne Auseinandersetzung mit dem eigenen Fehlschlag, das Stehenlassen von Fehlern ohne das Bemühen um die richtige Lösung führen schlimmstenfalls dazu, dass man jahrelang studiert, ohne von der Stelle zu kommen. Umgekehrt muss man aber natürlich auch darauf achten, die Fehlerkorrektur nicht zu übertreiben. Im Bestreben, es besser zu machen, darf man nicht in das andere Extrem fallen. Wenn also fehlende Präzision im Detail gerügt wird, sollte man nicht gleich zum übertriebenen Pedanten werden, der in der Klausur vor lauter Detailverliebtheit nicht mehr mit der Aufgabe fertig wird.

a. Lernen Sie, wie ein Prüfer zu denken

Selbst Klausuren zu schreiben und die Korrekturanmerkungen entgegenzunehmen, ist das eine. In die Prüferrolle zu wechseln und selbst Klausuren zu korrigieren, ist das andere. Aus Erfahrung können wir nur sagen: man lernt dabei unglaublich viel. In späteren Semestern, spätestens nach dem Examen können Sie als Korrekturassistent an den Lehrstühlen der Universität arbeiten; die Anforderungen sind oft nicht ganz so hoch, wie man gemeinhin vermutet. Alternativ suchen auch die privaten Repetitoren immer wieder Korrekturhilfen. Aber auch wenn Sie im Studium noch nicht so weit sind oder gerade keine Stelle frei ist – korrigieren Sie trotzdem. Tauschen Sie mit Mitstreitern die Klausuren (diese dürfen auch ruhig schon einmal „professionell" korrigiert worden sein) und überprüfen Sie die Arbeiten. Was würden Sie anstreichen? Warum? Welche Fehler würden Sie schwerer gewichten, wo könnte man großzügiger sein? Fragen Sie dann nach, ob der so von Ihnen Korrigierte Ihre

Bewertung nachvollziehen kann. Sie werden mit einem ganz anderen Blick Ihre eigenen Arbeiten schreiben.

b. Typische Fehlerquellen

Auch wenn man selbst das Gefühl haben mag, einzigartige Fehler zu machen oder, drastischer ausgedrückt, die Klausuren „individuell zu verhauen“, so zeigt die Erfahrung langjähriger Korrektoren doch etwas anderes. Es gibt Fehler, die passieren allen Studenten (und später auch den Referendaren) immer wieder.

Das reine Aufzeigen einiger typischer Fehlerquellen allein wird nicht das Wundermittel sein, dass Ihnen diese Fehler nicht passieren werden, leider. Aber die folgende Liste soll den eigenen Fehlersinn schärfen und als Anregung dienen, wie man Fehler systematisch erst ordnen und dann vermeiden lernen kann. Die folgende Liste ist ein mögliches Modell unter vielen. Selbstverständlich ist die Liste auch nicht vollständig, sondern sie greift einige charakteristische Schwächen heraus. Man kann die Liste gleichsam als Checkliste mit wachsender Klausurerfahrung immer wieder gewinnbringend heranziehen.

aa. Fehler in der Erfassung des Sachverhaltes

Die erste Fehlergruppe lässt sich unter dem Stichwort „Fehler im Umgang mit dem Sachverhalt“ zusammenfassen. Mit dem Wort „Sachverhalt“ wird in der Juristenausbildung üblicherweise die Klausurangabe bezeichnet. Die Klausurangabe schildert einen fiktiven Sachverhalt und nennt die Fallfrage.

Fehler in der Lektüre des Sachverhalts:

Der erste – und am leichtesten vermeidbare – Fehler ist die falsche Lektüre des Sachverhaltes. Jura lebt von der Genauigkeit im Detail. Ein zu flüchtiges Lesen führt schnell zu Fehlern. So wird z.B. übersehen, dass der Käufer minderjährig ist oder eine Rechtsverordnung und keine Satzung inmitten des Falles steht. Auch Daten geraten den Bearbeitern bis in die Examina hinein immer wieder durcheinander. Das kann dort, wo es z.B. um Fristen geht, natürlich fatale Folgen haben. Zwingen Sie sich zum genauen Lesen. Bei Zeitangaben und Daten ist immer exakt auf Fristen zu achten, bei Ortsangaben auf die Zuständigkeit von Behörden und Gerichten!

Veränderung des Sachverhalts:

Eng verwandt mit dem flüchtigen Lesen ist die Veränderung des Sachverhaltes. Dieser Fehler wird gemeinhin als „*Sachverhaltsquetsche*" bezeichnet. Diese liegt vor, wenn der Prüfling den vorgegebenen Sachverhalt – unbewusst- verändert. Meist passiert dies, weil der Bearbeiter eine bestimmte Idee zu einer Lösung hat und meint, dass der Sachverhalt zu dieser Lösung passen müsste. Häufiger sind das Fälle, in denen nicht ausdrückliche Angaben verändert werden, sondern in denen der Bearbeiter bestimmte Dinge in den Sachverhalt hineinliest. Es gilt indes der feste Grundsatz, dass nur die Geschehnisse zugrunde zu legen sind, die im Sachverhalt auch genannt sind.

Höchstens in Ausnahmefällen darf man den Sachverhalt lebensnah ergänzen. Dabei ist dann aber zu unterstellen, dass sich die Beteiligten regelkonform verhalten. Wenn z. B. im Sachverhalt steht, dass eine Verfassungsbeschwerde erhoben wurde, aber nichts dazu, ob diese (korrekterweise) schriftlich eingereicht wurde, kann man unterstellen, dass die Verfassungsbeschwerde schriftlich formuliert wurde. Dem Beschwerdeführer hier aktiv einen Fehler zu unterstellen und etwa eine telefonische Einreichung zu diskutieren, wäre wirklich nicht vertretbar.

Auf keinen Fall darf man den Sachverhalt, der ausdrücklich gegeben ist, in seiner Richtigkeit bezweifeln – nach dem Motto, „das kann doch gar nicht sein", „so etwas kommt nicht vor". Viele Sachverhalte haben etwas Gekünsteltes an sich. Das muss teilweise so sein, denn der Aufgabensteller will eben ein spezielles juristisches Problem erörtert haben und hat daher den Sachverhalt auf dieses Problem hin konstruiert. Lösen Sie also das Problem so, wie es dasteht!

Falsches Wiedererkennen

Auch das verbreitete vermeintliche, aber letztlich falsche Wiedererkennen fängt beim Sachverhalt an. Man liest einen Sachverhalt und denkt, super, das Problem kenne ich. Meistens ist dies ein Trugschluss. Der Sachverhalt ist nur scheinbar ähnlich, eigentlich läuft die Falllösung in eine andere Richtung, weil an irgendeiner Stelle doch ein Unterschied zu dem bekannten Problem besteht. Wie kommt es zu solchen Fehlern? Die juristischen Fallgestaltungen sind – gerade für den Anfänger- manchmal schwer zu bändigen. Gerne würde man einfach eine Lösung hinschreiben, die man schon beherrscht, etwas wiedergeben, was man gelernt hat. In den ersten Semestern nimmt dieses scheinbare „Wiedererkennen" teilweile skurrile Formen an, mancher Bearbeiter meint schon, die Lösung zu kennen, nur weil in dem Fall ein Pferd vorkommt – genau wie in der Hausaufgabe von der letzten Woche. Später dann nimmt dieser Fehler subtilere Formen an. Die Studenten kennen nun mehr Rechtsprechung auch zum Thema und hoffen, in der Klausur einen „Treffer" zu landen. Ganz nach dem Prinzip: *„Jetzt wird doch bestimmt die aktuelle Rechtsprechung des BGH zum Mangelbegriff abgefragt werden"*. Teilweise befeuern Repetitoren – gewollt oder ungewollt – diese Herangehensweise, indem sie Rechtsprechungsübersichten zusammenstellen oder Veranstaltungen wie „Die 100 wichtigsten Entscheidungen zum Arbeitsrecht" anbieten. Wenn dann die 101. Abwandlung zum Fall gestellt wird, geraten manche auf Abwege.

Versetzt man sich einmal in die Prüferperspektive, ist auch nachvollziehbar, warum dieses Phänomen eines vermeintlichen Wiedererkennens so häufig auftritt. Die Klausurersteller sind ihrerseits gezwungen, sich immer wieder neue Fälle auszudenken. Die beste Inspirationsquelle sind da natürlich obergerichtliche Entscheidungen. Allerdings wird ein Prüfer diese aber gerade nicht eins zu eins abfragen, sondern wandelt den Fall ab, macht ihn interessanter, komplexer oder einfacher.

Falsches Wiedererkennen ist ein typischer Flüchtigkeits-, aber auch ein Unsicherheitsfehler. Oberstes Gebot muss daher sein, dass man sich jedem Problem immer wie einem unbekannten Problem neu nähert. Man sollte in einer Klausur grundsätzlich nicht darauf hoffen, ein bekanntes Problem vorgelegt zu bekommen. Jede Aufgabe sollte man als einzigartig und neu begreifen. Kommt tatsächlich einmal – wie sehr selten- eine bekannte Fallkonstellation vor und man braucht erlerntes Wissen wirklich nur hinzuschreiben, umso besser.

Der unvollständig verwertete Sachverhalt

In der Klausur ist der Sachverhalt in der Lösung voll auszuschöpfen. Der Platz im Sachverhalt ist kostbar, jede Information wird eine Bedeutung haben. Das gilt auch dann, wenn gelegentlich Scheinargumente in den Sachverhalt eingebaut sind. Solche Argumente sind ebenso wie Rechtsansichten, die von Beteiligten vorgebracht werden, als Orientierungshilfe für den Bearbeiter gedacht. Sie dienen auch dazu, alle Bearbeiter einer Klausur „auf Spur“ zu halten, was dem Korrektor später auch die Korrektur erleichtert. Umgekehrt heißt das: In der Lösung wird eine Auseinandersetzung mit den vorgebrachten Argumenten erwartet. Nutzen Sie also die „Steilvorlagen“ des Sachverhaltes für Ihre Lösung. Sie brauchen Sie nur aufzugreifen. Als Faustregel gilt: Wer Informationen aus einem Sachverhalt nicht in seiner Lösung unterbringen kann, hat meistens etwas übersehen.

bb. Fehler im Umgang mit der Fallfrage

Man möchte meinen, dass bei der Lektüre der Fallfrage, die üblicherweise am Ende des Aufgabentextes steht, eigentlich keine Fehler passieren könnten. Das Gegenteil ist der Fall – und das Fatale ist, dass sich Fehler im Umgang mit der Fallfrage, die ja die eigentliche Aufgabenstellung enthält, meist „tödlich“ auf die Klausur auswirken.

Falsches Verständnis der Fallfrage

Manchmal steckt der Teufel schon im Detail der Fallfrage. So werden ihnen z.B. bestimmte, ansonsten übliche Bearbeitungsschritte erlassen. Dann heißt es z.B. „Ansprüche gegen den Hersteller des defekten Fahrrades sind nicht zu prüfen.“ Dennoch prüfen viele Bearbeiter dann eben nicht nur die Klage gegen den Verkäufer, sondern auch gegen den Hersteller. Im Zweiten Staatsexamen erlebt man als Korrektor nicht selten das Phänomen, dass explizit nach einem Urteil ohne Tatbestand (der üblicherweise Teil eines Zivilurteils ist) gefragt wird. Dennoch fertigen reihenweise Bearbeiter einen Tatbestand. Der kostet dann soviel Zeit, dass die Arbeit im Übrigen oft fast nicht mehr zu retten ist.

Jedenfalls verhängnisvoll ist die Bearbeitung einer anderen als der gestellten Frage. Sehen Sie also genau hin, was gefragt wird. Im öffentlichen Recht erfordert z.B. nicht jede Fragestellung die Prüfung der prozessualen und materiellen Rechtslage. Wenn nach der Rechtmäßigkeit einer Maßnahme gefragt wird, geht es nur um die materielle Seite, oft die Begründetheit einer entsprechenden Klage. Lautet die Frage: „Wie ist die Rechtslage?" sind dagegen Zulässigkeit und Begründetheit zu prüfen.

Die unvollständig verwertete Fallfrage

Manchmal enthält die Fallfrage zusätzliche Informationen. Es wird z.B. ein bestimmtes Gesetz ausdrücklich genannt (z.B. „Auf § 22 Kunsturhebergesetz wird hingewiesen". „Auf die Regelungen zum Bundesimmissionsschutz wird hingewiesen".). Wie hoch ist wohl die Wahrscheinlichkeit, dass diese Regelungen für die Klausurlösung ohne Relevanz sind? Eben. Und trotzdem gibt es immer wieder reihenweise Arbeiten, die auf diese Normen mit keinem Wort eingehen. Noch einmal: nutzen Sie die „Steilvorlagen" der Fallangabe.

cc. Fehler im Zeitmanagement

An anderer Stelle haben wir schon darauf hingewiesen, dass die Zeitnot ein ständiger Begleiter in allen Klausuren ist und bleiben wird. Die Idee, soviel zu lernen, dass man nicht mehr in Zeitnot kommt, ist leider zum Scheitern verurteilt. Der Ansatz muss vielmehr der sein, den Mangel in den Griff zu bekommen. Es erstaunt immer wieder, dass viele Bearbeiter auch in den Examensklausuren eine unvollständige Arbeit abliefern; da bricht die Bearbeitung dann nach Frage 2 von vier Fragen ab, möglichst noch mitten im Satz, manchmal mit einem dramatischen Strich mitten im Wort. Das oberste Ziel muss aber sein, stets eine in sich geschlossene, d.h. zumindest formal vollständige Lösung abzuliefern. Wägen Sie ab, was der Korrektor besser sieht: eine Arbeit, die die Fragen 1 und 2 auch in die Tiefe durchdringt, dann aber leider abbricht? Oder die Arbeit, die zu allen Fragen etwas bringt, wenngleich sie ein wenig an der Oberfläche blieb? Ansatz eins birgt schon die Gefahr, dass man Punkte verschenkt, wenn man sich beispielsweise bei Frage 1 inhaltlich vertut, aber zu den Fragen 3 und 4, zu denen man leider nicht mehr kam, eigentlich auch noch etwas zu sagen gehabt hätte. Eine Klausur, die nach Ansatz 2 geschrieben wurde, erhält außerdem meist den Bonus der Vollständigkeit – denn auch dem Korrektor ist ja die Zeitnot der Bearbeiter nicht unbekannt.

Gerade auch im Zweiten Staatsexamen, wenn ein z.B. vollständiges Urteil zu schreiben ist, würde auch die Überlegung greifen, dass ein unvollständiges Urteil, und sei es inhaltlich auch brillant, niemals praxistauglich sein kann. Es bringt nichts, *„in Schönheit zu sterben"*. Der Schlüssel zur Lösung des Zeitproblems kann darin liegen, sich zu zwingen, eine Klausur nicht von Anfang an maximieren, sondern sie stets „nur" optimieren zu wollen. Ein Problem, in einem Kurzlehrbuch über zwanzig Seiten dargestellt wird, kann man in einer Klausur eben nur in fünf bis zehn Sätzen niederlegen. Dann muss ich mich dem nächsten Problem zuwenden, wobei die Schwerpunktsetzung unbedingt zu berücksichtigen ist. Unproblematisches kommt nur kurz. Ansonsten gilt: das Klausurenschreiben üben, üben, üben. Je geübter ich aber bin, die Problematik schnell auf den Punkt zu bringen, desto leichter wird mir das Klausurenschreiben fallen.

dd. Fehler im Umgang mit dem Gesetzestext

Ungenaue Gesetzeslektüre

Noch so ein Fehler, den man ganz leicht abstellen kann: Das Gesetz wird zu unsorgfältig gelesen. Hierunter fällt zunächst der Fall, dass wirklich zu flüchtig gelesen wird. Die Lösung ist hier dramatisch einfach: Zwingen Sie sich zur sorgfältigen Lektüre. Zum anderen fällt der Fall darunter, dass der exakte Umgang mit der gesetzlichen Terminologie zu wenig geübt wurde. Dies führt zu einem weiteren, häufigen Problem von Studenten – nämlich die Furcht vor der unbekannten Norm. Dabei besteht kein Grund zur Furcht. Es wird hier vom Bearbeiter nur erwartet, dass er mit dem unbekannten Gesetzestext zurechtkommt. Punkten kann, wer die Norm liest und auf den Fall sorgfältig anwendet. Der Bearbeiter demonstriert so, dass er in der Lage ist, auch die Systematik eines unbekannten Gesetzestextes zu erfassen. Dies ist etwas, was der Praktiker im realen Leben dauernd tun muss; sich in eine neue Materie hineinzufinden. Im Übrigen gilt, dass man auch den Umgang mit dem Unbekannten trainieren kann.

Beispiel: Moderne Gesetze des Verwaltungsrechts haben häufig eine typische Grundstruktur. Zu Beginn steht oft der Gesetzeszweck (so etwa in § 1 des Bundesimmissionsschutzgesetzes (BImSchG), § 1 des Atomgesetzes (AtomG), § 1 des Tierschutzgesetzes (TierSchG), etc.) Es folgen gelegentlich einige Legaldefinitionen (z.B. in § 3 BImSchG), sodann häufig die gesetzesleitenden Grundprinzipien (vgl. § 5 BImSchG, § 2 TierSchG). Die Systematik des Gesetzes lässt sich anhand der Überschriften, die auch im Inhaltsverzeichnis des Gesetzes aufgeführt sind, erfassen (vgl. im BImSchG die Unterscheidung zwischen genehmigungsbedürftigen und nicht genehmigungsbedürftigen Anlagen). Am Ende von Bundesgesetzen finden sich häufig Zuständigkeitsregelungen, wobei die Ausführung der Gesetze meistens Ländersache ist.

Zu guter Letzt: Auch vermeintlich gut bekannte Paragraphen sollte man in einer Klausur immer noch einmal lesen! In Jura kommt es auf die Präzision im Detail an.

Ungenaue Subsumtion und Ergebnisbehauptungen

Jede Gesetzesanwendung auf den konkreten Fall ist ein Auslegungsvorgang. Den Vorgang, einen individuellen Sachverhalt im Wege der Auslegung unter eine abstrakte Rechtsnorm zu ziehen, bezeichnet man als Subsumtion. Wie man ein Gesetz auslegt, lernt man eigentlich in den Veranstaltungen zur juristischen Methodenlehre in den ersten Semestern- zugegebenermaßen sind diese oft allerdings alles andere als mitreißend. Außerdem ist der Schritt von der Theorie zur Praxis für viele Studenten schwierig – viele subsumieren in entscheidenden Fragen zu wenig oder beschränken sich auf die Behauptung von Ergebnissen. Dabei wäre der Ansatz ganz einfach.

Nehmen wir die Klausursituation, in der eine Norm mehrdeutig scheint bzw. ich mir unsicher bin, ob sie den Fall erfasst. So regelt beispielsweise § 303 des Strafgesetzbuches StGB die Sachbeschädigung. Wenn der Täter das Auto des Opfers absichtlich zerkratzt, ist der Fall klar, das ist auch für den Laien eine Sachbeschädigung. Was aber gilt, wenn Jugendliche einen Kornkreis in ein Getreidefeld trampeln- ist das die „Beschädigung einer Sache“ im Sinne des Strafgesetzbuchs? Nun sind die verschiedenen Werkzeuge der Gesetzesauslegung heranzuziehen. Man schaut auf den Wortlaut, mit dem sinnvollerweise zu beginnen ist. Der Wortlaut kann allerdings uneindeutig sein. Vielleicht findet sich aber auch eine Legaldefinition (also eine Begriffsdefinition im Gesetzestext selbst). Existiert eine solche nicht oder hilft sie im konkreten Fall nicht weiter, so ist der Rechtsbegriff weiter mit dem Instrumentarium der Methodenlehre auszulegen. Man kann die Entstehungsgeschichte des Gesetzestextes heranziehen und den systematischen Zusammenhang. Ganz maßgeblich ist der Gesetzeszweck, der bei manchen Gesetzen sogar ausdrücklich normiert ist. Manchmal muss man eine Norm auch im Lichte des Grundgesetzes besonders betrachten; das ist der Grundsatz der verfassungskonformen Auslegung. (Übrigens: ein Getreidefeld wird als Sache und damit als taugliches Objekt einer Sachbeschädigung angesehen. Dass die Sache beweglich sein muss, steht nicht in § 303 des Strafgesetzbuches. Weil der Landwirt das Getreide ernten wollte, ist auch das Anlegen eines Kornkreises eine Beschädigung seiner Sache.)

ee. Aufbaufehler und Fehler in der Schwerpunktsetzung

Ein juristischer Text besticht im besten Fall durch einen klaren Aufbau und eine systematische Darstellung. Aber auch hier kann einiges schief gehen. Ein Grundproblem ist oft, dass Bearbeiter anfangen zu schreiben, ohne dass Sie sich den Aufbau vollständig überlegt haben. Für den Korrektor ist so eine Herangehensweise eine Qual, denn er muss gleichsam „mitlesen", wie der Verfasser beim Schreiben erst seine Gedanken ordnet. Solche Texte sind übrigen für den Korrektor oft optisch schon auf den ersten Blick erkennbar – denn sie sind gekennzeichnet durch zahlreiche Durchstreichungen, Einschübe, Sternchen, etc. Daher auch noch einmal der Tipp: lassen Sie beim Schreiben viel Platz, dann können Sie später noch einen Gedanken ergänzen, ohne dass der Leser auf „Schnitzeljagd" gehen muss, welcher Einschub wohin gehören könnte. Sparen Sie also um Himmels willen nicht am Papier – und spenden Sie lieber gesondert für den Regenwald. Noch besser ist es natürlich, Ihr Konzept und Ihre Argumentation steht ohnehin vollständig, bevor Sie mit der Niederschrift beginnen – dann kommen Sie vielleicht ganz ohne nachträgliche Einfügungen aus.

Aufbauerklärungen des Erstellers

Im Text sind grundsätzlich keine Erklärungen zum Aufbau einer Arbeit zu machen. (Also nicht: „Ich schreibe jetzt erst eine Einleitung, dann einen Hauptteil und dann einen Schluss.“) Der Aufbau muss aus sich heraus klar und verständlich sein. Den Aufbau eines Textes auch optisch herauszustellen, indem man Absätze macht, ist hingegen erlaubt und empfehlenswert.

Schemafixierung

Der Aufbau und die Prüfung einer Norm folgt einem bestimmten Prinzip. Für zahlreiche Normen gibt es Schemata z.B. in Lehrbüchern. Sie haben ihre Berechtigung, weil sie dem Lernenden das hinter einem Gesetzestext stehende Prinzip verdeutlichen und bei der Lösung eines Falles Hilfestellung geben können. Sie sind und bleiben aber abstrakte Vorlage für eine Vielzahl von Fällen. Wenn man sie im Einzelfall nun nur sklavisch der Reihe nach abarbeitet, geht die Schwerpunktsetzung (hierzu sogleich) mit Sicherheit schief. Schemata sind eine Orientierungshilfe, eine Checkliste für mögliche Probleme, nicht mehr.

Mangelhafte Schwerpunktsetzung

Ein guter Jurist zeichnet sich dadurch aus, dass die entscheidungserheblichen Tatsachen, also das, worauf es für die Falllösung tatsächlich ankommt, korrekt erkannt und gewichtet wird. Worauf kommt es an, worauf nicht? Was ist rechtserheblich, was nicht? Gerade Anfänger tun sich schwer bei der Gewichtung. Dahinter steht häufig die Sorge, etwas zu übersehen. Allerdings darf man nicht verkennen, dass wesentliche Prüfungsleistung in juristischen Prüfungen immer auch die Arbeit unter Zeitdruck ist (Leistung ist schließlich auch physikalisch immer Arbeit durch Zeit). Die Gefahr einer mangelhaften Schwerpunktsetzung ist eine doppelte: Zum einen verwässere ich die eigentlichen Problempunkte der Klausur. Zum anderen verliere ich wertvolle Zeit, denn die ist in den Klausuren immer knapp.

„Abladen" von Wissen

Die Steigerung der mangelhaften Schwerpunktsetzung ist die Verfehlung der Schwerpunkte, die gerne passiert, wenn Klausurbearbeiter schlicht ihr „Wissen abladen“. Dazu kommt es oft, wenn der

Bearbeiter ein Stichwort zu erkennen glaubt, es aber nicht in den abgefragten Zusammenhang setzt, sondern einfach alles niederschreibt, was er zu diesem Punkt weiß. Manchmal steht dahinter auch eine Art Enttäuschung des Studenten- nach dem Prinzip *„jetzt habe ich soviel zu diesem Problem gelernt, jetzt muss der Korrektor auch mal lesen, was ich weiß"*. Einigen Studenten ist das wohl bewusst, dass sie nicht einfach Wissen abladen sollen. Sie tun es dann trotzdem, versuchen das Ganze aber gerne zu verbrämen durch die rhetorische Figur der sog. Paralipse („Auslassung"). Dabei behauptet man, etwas nicht ausführen zu wollen, und tut es dann doch. So muss der Korrektor dann lesen *„Nicht weiter zu vertiefen war hier die Frage der Zulässigkeit, wenngleich die Klage zulässig war, da das Amtsgericht München örtlich und sachlich zuständig war, weil…"*. Wer aber Zeit und Energie bei überflüssigen Ausführungen verliert, hat für die wirklichen Probleme keine Kapazitäten mehr übrig und kann nicht wirklich hoch punkten.

ff. Der Zirkelschluss

Beliebtester Denkfehler, wenn man so will, ist der Zirkelschluss. Zirkelschlüsse liegen immer dann vor, wenn ein Tatbestandsmerkmal, dessen Vorliegen geprüft wird, mit der Prämisse begründet wird. Das gefundene Ergebnis wird also mit sich selbst begründet. Ein Beispiel: § 25 Infektionsschutzgesetz ermächtigt zu ärztlichen Zwangseingriffen bei Bestehen eines Krankheitsverdachts. Mit dem Ergebnis der ärztlichen Untersuchung, die den Krankheitsverdacht bestätigt, darf aber nicht das Bestehen des Anfangsverdachts begründet werden. Ebenso wenig darf die Rechtmäßigkeit einer Durchsuchung damit begründet werden, dass man ja das Tatwerkzeug beim Täter gefunden habe. Nur dann, wenn die Durchsuchung rechtmäßig war, können aufgefundene Objekte (gegebenenfalls) gegen den Täter verwendet werden. Die Eingriffsvoraussetzungen müssen zum Zeitpunkt des Eingriffs vorliegen, um diesen zu legitimieren.

Anhang

1. Die Studienwahl

Motivations- und Zieltest von Graham/Wolff

Bearbeitungshinweis:
Beantworten Sie die folgenden Fragen bitte schriftlich. Nehmen Sie sich dafür ruhig Zeit. Vielleicht sind Sie sich Ihrer Antwort nicht bei jeder Frage sicher. In solchen Fällen hat es sich bewährt, mit jemandem zu sprechen, der Sie gut kennt.

(1) Das Jurastudium ist mein Wunschstudium:

- □ ja
- □ nein

(2) Ich hätte lieber ein anderes Studium gewählt:

- □ ja, nämlich..
- □ nein
- □ Ich hätte lieber einen nichtakademischen Beruf ergriffen

(3) Ich habe mich für das Jurastudium entschieden, weil – nennen Sie Ihre wichtigsten Beweggründe, z. B.:

- □ weil mir nichts Besseres eingefallen ist

- ☐ mir hat der Mut zu meinem Wunschstudium gefehlt
- ☐ aus Vernunftgründen (Berufschancen)
- ☐ andere (Eltern, Lehrende) haben mir dazu geraten
- ☐ es wird von mir erwartet
- ☐ ich habe ein juristisches Vorbild, dem ich nachstrebe
- ☐ mich faszinieren juristische Tätigkeiten
- ☐ meinen Wunschberuf kann ich nur als JuristIn erreichen
- ☐ ich will erst mal schnuppern, ob es mir gefällt
- ☐ ich will mich noch nicht festlegen und möglichst viele Optionen im Berufsleben offenhalten
- ☐ weitere Gründe:
- ☐ ....
- ☐ ....
- ☐ ....

(4) Ich habe davon gehört, dass nur jeder Dritte, der das Jurastudium aufnimmt, auch das erste juristische Staatsexamen bestehen wird (ca. 30 % brechen das Studium der Rechtswissenschaft ab und ca. 30 % fallen durch die erste juristische Staatsprüfung), das hält mich aber von meiner Studienwahl nicht ab, da

- ☐ ich diese Tatsache irgendwie ignoriere,
- ☐ ich dieser Statistik nicht glaube,
- ☐ sich diese Statistik auf Studierende mit einer anderen Einstellung beziehen muss,
- ☐ ich mir erst selbst ein Bild von dem Fach machen muss, das Fach wechseln kann ich immer noch,
- ☐ die anderen für mich in Frage kommenden Fächer noch schlechtere Aussichten aufweisen,
- ☐ ich sicher bin, zu dem Teil zu gehören, das „ankommen wird",
- ☐ Jura mein Traumfach ist.

(5) Meine bisherigen Interessen und Neigungen lassen sich mit dem Jura-Studium gut verbinden,

- ☐ weil sie sich auf die Ordnung des Lebens vieler Menschen beziehen,
- ☐ weil sie sich auf die Ermöglichung der Freiheit und Gleichheit der Menschen beziehen,

- □ weil sie in einem Bereich liegen, der auch rechtlich durchdrungen ist und daher zwischen den Rechtsregeln und meinem außerjuristischen Fachwissen und Interessen eine gute Verbindung besteht,
- □ weil sie so vielfältig sind, dass sie nur durch das Recht miteinander verbunden sind,
- □ ...

(6) Am Jurastudium interessieren mich besonders die folgenden Fächer:

- □ Zivilrecht
- □ Wirtschaftsrecht
- □ Verwaltungsrecht
- □ Staatsrecht
- □ Strafrecht
- □ Rechtsgeschichte
- □ Rechtsphilosophie
- □ Rechtssoziologie
- □ Kirchenrecht
- □ Kriminologie
- □ Prozessrecht
- □ Sozialrecht
- □ Völkerrecht
- □ Europarecht
- □ Arbeitsrecht
- □ weiß nicht, keine rechte Vorstellung

(7) Mit meinem Studium möchte ich folgende Ziele erreichen – nennen Sie Ihre wichtigsten Ziele für das spätere Berufsleben:

- □ hoher gesellschaftlicher Status
- □ möglichst viel Geld verdienen
- □ JuristIn ist einfach mein Traumberuf
- □ gute Karrierechancen
- □ sicheres Unterkommen in der Arbeitswelt
- □ interessantes und vielfältiges Tätigkeitsfeld
- □ viele Möglichkeiten später offenhalten
- □ der Gerechtigkeit dienen

- ☐ zum späteren Beruf mache ich mir keine Gedanken
- ☐ weitere Gründe:
- ☐ ....
- ☐ ....
- ☐ ....

(8) Ziel meines Studiums ist es:

- ☐ eine schöne Zeit zu haben;
- ☐ mich nach der Schule neu zu orientieren;
- ☐ auszuprobieren, ob Jura das Richtige für mich ist;
- ☐ eine gute Berufsausbildung zu erreichen;
- ☐ einen Berufsabschluss zu erhalten;
- ☐ Fähigkeiten zu erwerben, von denen ich ein Leben lang zehren kann;
- ☐ ....

(9) Ich habe ein klares persönliches Berufsbild:

- ☐ ja, und zwar – bitte so genau wie möglich antworten, also nicht nur VerwaltungsjuristIn, wenn Sie als präzise Zielangabe die Kommunalverwaltung haben, oder nur RichterIn, wenn Sie ArbeitsrichterIn werden möchten:
- ☐ ....
- ☐ nein, (falls Sie hier ein Kreuz gemacht haben):
- ☐ Sind Sie der Auffassung, dass Sie eine klare Berufsvorstellung überhaupt im Studium entwickeln sollten?
- ☐ ja
- ☐ nein

(10) Ich möchte auch außerhalb des Fachstudiums wichtige Erfahrungen machen:

- ☐ ja, und zwar (bitte ergänzen):
  - ☐ politisches Engagement
  - ☐ gesellschaftliches Engagement
  - ☐ Selbsterfahrung
  - ☐ in einer WG leben
  - ☐ Auslandsaufenthalt
  - ☐ die große Liebe

- ☐ eine Fremdsprache erlernen
- ☐ Musik machen (Instrument lernen)
- ☐ künstlerisch tätig sein
- ☐ besondere Sportart
- ☐ Zeit für persönliche Experimente
- ☐ große Reisen unternehmen
- ☐ Geld für besondere Wünsche verdienen
- ☐ ....
- ☐ ....

☐ nein, diese Aspekte sind mir nicht so wichtig

(11) Wie lange wollen Sie studieren? – Wählen Sie eine Option: 6–7 – 8–9 – 10–11 – 12–13 – 14 oder mehr Semester.

☐ Ich habe mir selbst eine Höchstgrenze für mein Studium gesetzt und möchte mein Studium nach ___ Semestern abschließen.

☐ Das ist mir gleichgültig.

☐ Darüber habe ich mir noch keine Gedanken gemacht.

(12) Meinen Lebensstandard während des Studiums stelle ich mir so vor:

☐ Beschreiben Sie Ihre Ansprüche möglichst präzise und berücksichtigen Sie dabei die Bereiche Wohnen, Kleidung, (eigenes?) Fahrzeug, Reisewünsche, Ausgaben für Lektüre, Konzerte, „social life", sonstige Hobbys etc.

☐ ....

☐ ....

☐ ....

☐ Schätzen Sie, wie viel Geld Sie dafür ungefähr pro Monat benötigen:

☐ ....

☐ Reichen Ihre Eigenmittel aus oder müssen Sie etwas dazuverdienen, um Ihre Vorstellungen zu verwirklichen?

- ☐ ja, Mittel reichen
- ☐ nein, Jobben ist im Prinzip angesagt

☐ Wollen Sie lieber etwas länger studieren und dafür „gut" leben oder ziehen Sie es vor, rasch fertig zu werden und dafür Verzicht zu leisten?

- ☐ ich möchte gut leben und lieber länger studieren
- ☐ lieber Verzicht leisten und schnell fertig werden

(13) Meine Vorstellungen über den Gegenstand des juristischen Studiums bei Studienbeginn waren/sind:

- □ klar
- □ halbe/halbe
- □ unklar

(14) Folgende Fertigkeiten befähigen mich meiner Meinung nach zu einem Erfolg versprechenden Studium der Rechtswissenschaften:

- □ ich lese gerne,
- □ ich habe Freude am Diskutieren,
- □ ich habe keine Schwierigkeiten, auch vor einer großen Gruppe zu sprechen – Begründungen sind mir wichtig,
- □ ich erkenne sogleich, ob ein Argument für oder gegen ein Ergebnis spricht oder kein Zusammenhang besteht,
- □ ich bleibe auch in emotional angespannten Situationen und sonstigen Stresssituationen sachlich und bemühe mich, mein Ergebnis gut zu begründen,
- □ in der Diskussion lasse ich mich durch emotionale Argumente oder kollektiven Druck wenig beeindrucken,
- □ ich kann deutlich zwischen moralischen Regeln, die je nach Kultur, Erziehung, persönlicher Wertschätzung und politischer Anschauung verschieden sein können, und zwingenden Regeln, die jeder einhalten muss und die vom Staat erlassen werden, trennen.

(15) Wenn ich ein Gesetz für falsch halte, dann

- □ beachte ich das Gesetz einfach nicht,
- □ begründe ich ausführlich, warum die Regelung falsch ist,
- □ wende ich das Gesetz dennoch uneingeschränkt an,
- □ schimpfe ich über den generellen Schwachsinn, den der Gesetzgeber und die Politiker allgemein hervorbringen,
- □ versuche ich den Anwendungsbereich des Gesetzes durch Auslegung möglichst weit einzuschränken und wende den gültigen Teil an und versuche gleichzeitig eine Änderung dieser Norm zu initiieren.
- □ ....

(16) Wie sehr sind Sie geeignet, Probleme selbstständig zu lösen. Hypothetische Testfrage: Wozu neigen Sie, wenn Sie etwa wissen möchte, ob das Fach Gesellschaftsrecht Gegenstand Ihrer ersten juristischen Prüfung ist oder nicht?

- ☐ Sie fragen eine ältere Kommilitonin,
- ☐ Sie gehen zur Studienberatung (und verlieren zwei Stunden)
- ☐ Sie schauen in der Justizprüfungsordnung nach.

(17) Wie sehr sind Sie in der Lage, Ihre Ausbildung selbst in die Hand zu nehmen?

- ☐ Brauchen Sie immer einen, der Ihnen sagt, was gemacht werden muss?
- ☐ Trauen Sie sich auch eigene Entscheidungen zu und können Sie Ihren Stundenplan selbst aufstellen?
- ☐ Haben Sie die Leistungskurse in der gymnasialen Oberstufe selbst gewählt und hat sich die Wahl als richtig erwiesen?
- ☐ ....

(18) Meine Erwartungen haben sich im Verlauf des bisherigen Studiums:

- ☐ bestätigt
- ☐ in etwa bestätigt
- ☐ nicht bestätigt

(19) Ich bringe für mein Studium netto … Wochenstunden auf.

(20) Alles in allem studiere ich Jura:

- ☐ sehr gerne
- ☐ gerne
- ☐ so lala
- ☐ nicht so gerne
- ☐ ich quäle mich

(21) Im wievielten Semester sind Sie?

- ☐ ich befinde mich im … Semester
- ☐ ich habe das Studium noch gar nicht begonnen

(22) Ich habe das Gefühl, effektiv zu studieren und gute Fortschritte zu machen:

- ☐ ja
- ☐ nein

□ Falls Sie nein angekreuzt haben, beantworten Sie bitte auch noch die nachfolgende Frage: Ich würde gerne effizienter arbeiten, weiß aber einfach nicht, wie ich das anstellen soll:

□ ja

□ nein

(23) (a) Haben Sie persönlichen Kontakt zu wissenschaftlichem Hochschulpersonal (Professoren, Assistenten) gewonnen?

□ ja

□ nein

(b) Halten Sie solche Kontakte für sinnvoll oder wünschenswert?

□ ja, unbedingt

□ schadet nicht

□ überflüssig

(24) Wie organisieren Sie Ihren Studienablauf? (Mehrfachnennung möglich)

□ ich halte mich an den Studienplan

□ ich mache mehr als im Studienplan vorgesehen

□ ich mache weniger als im Studienplan vorgesehen

□ ich besuche Lehrveranstaltungen regelmäßig

□ ich besuche nur die Lehrveranstaltungen, die etwas bringen

□ ich besuche Vorlesungen etc. eher nach Neigung

□ ich arbeite viel im Selbststudium

□ ich lese viel für das Studium und arbeite Lehrveranstaltungen nach

□ ich bereite mich auf Vorlesungen regelmäßig vor

□ ich lerne mit anderen zusammen

(25) Schätzen Sie Ihr Engagement für Ihr Studium mit einer Gesamtnote ein!

□ sehr gut

□ gut

□ so lala

□ mäßig

□ schlecht

Zur Auswertung: Dieser kleine Test enthält keine Auswertung, wie man sie aus vielen Zeitschriften kennt. Sie können also keine Punkte für irgendwelche Leistungen bekommen, die Sie dann nur noch addieren müssten, um unter der entsprechenden Punktzahl Ihren Typ zu finden. Welcher Typ Sie sind, müssen Sie schon selbst herausfinden. Sie erhalten dafür das folgende Stichwort zur Auswertung Ihrer Antworten an die Hand:

Zielklarheit: Auf Dauer werden Sie das Ziel des Studiums ohne Zielklarheit, den Willen zum Ankommen und ein gewisses Vergnügen an der Sache kaum erreichen.

Sie sollten anhand Ihrer Antworten in der Lage sein, Ihre eigene Zielklarheit zu bestimmen. Unterscheiden Sie dabei im Hinblick auf Ihre Studienwahl und Ihr Berufsziel. Wenn Ihr Berufsziel noch weitgehend unbestimmt ist, muss das kein Nachteil sein. Falls Sie ein klares Berufsziel haben, machen Sie sich klar, ob es ein spezifisch juristisches Berufsziel ist oder ob es auch mit anderen Studiengängen erreichbar wäre. Wer zum Beispiel in erster Linie einen hohen gesellschaftlichen Status und ein hohes Einkommen anstrebt, der wird auch als Wirtschaftswissenschaftler eine gute Ausgangsbasis haben. Entscheidend ist, dass Sie zu einer klaren Aussage finden, ob Sie dieses Studium wirklich ergreifen und durchziehen wollen. Falls Sie überall sehr unbestimmt geantwortet haben, hängt es entscheidend von Ihrem Studienfortschritt ab, wie dieses Signal zu würdigen ist. Da es als Anfänger schwer ist, sich ein Bild von der Juristerei zu machen, kommt es darauf an, ob Sie überhaupt darum bemüht sind, sich ein entsprechendes Bild zu verschaffen. Die Frage, die Sie sich selbst stellen sollten, lautet:

Was tue ich, um meine eigene Zielklarheit zu fördern? Schöpfe ich alle Möglichkeiten aktiv aus oder begnüge ich mich mit dem „Pflichtprogramm" des Studienplans?

Selbstverständlich können Sie auch mit alternativer Zielsetzung arbeiten. Es ist nicht unbedingt sinnvoll, vom ersten Tag des Studiums an ein sehr präzises Berufsziel zu haben. Sie sollten allerdings daran arbeiten, eine eigene Richtung zu finden, um sich Perspektiven zu erschließen.

Weiter sollten Sie in der Lage sein, Ihre persönliche Prioritätenskala auszuarbeiten und den tatsächlichen Stellenwert, den Sie Ihrem Studium und Ihren sonstigen Präferenzen einräumen, zu bestimmen. Erstellen Sie dafür ein Zeitdiagramm mit den Zeitanteilen, die Sie pro Woche bestimmten Tätigkeiten widmen, indem Sie jeden Tag nach dem Vorbild einer möglichst normalen Studienwoche einteilen. Beobachten Sie dafür in den nächsten drei bis sechs Wochen Ihren eigenen Zeithaushalt und notieren Sie ihn möglichst exakt. Sie werden feststellen, dass die tatsächliche Zeiteinteilung von der geschätzten Zeitaufteilung erheblich abweichen kann. Setzen Sie dabei nur Nettozeiten an und bilanzieren Sie die jeweiligen Wochenanteile für Studium, Freizeit, Essen und Schlafen, Kontakte, Erledigungen, evtl. Jobben etc. – je differenzierter, desto besser.

- Wie hoch ist der Zeitanteil, den Sie für Ihr Studium tatsächlich aufbringen?
- Entspricht Ihre tatsächliche Zeiteinteilung auch dem ideellen Stellenwert, den Ihr Studium für Sie hat?

2. Statistiken, Übersichten und Hilfestellungen zum Jurastudium

Übersichten		Seite
Übersicht 1:	Übersicht der deutschen Universitäten, an denen Jura mit dem Abschluss „Erstes Juristisches Examen" studiert werden kann (mit Webseiten)	237
Übersicht 2:	Übersicht der Justizprüfungsämter der Bundesländer mit Webseiten	239
Übersicht 3:	Noten- und Punkteskala für die Klausuren in den beiden juristischen Prüfungen (Erste Juristische Prüfung und Zweites Juristisches Staatsexamen)	241
Übersicht 4:	Noten- und Punkteskala für die Examina in den beiden juristischen Prüfungen	242
Übersicht 5:	Bonustrack: eine nicht ganz ernst gemeinte Variation über die Notenskala	242

Statistiken		
Statistik 1:	Beispiel für eine Notenverteilung in der Ersten Juristischen Prüfung/ Ergebnisse des Jahres 2018	244
Statistik 2:	Beispiel für eine Notenverteilung in der Zweiten Juristischen Staatsprüfung/ Ergebnisse des Jahres 2018	246
Statistik 3:	Art und Gewichtung der in der Erste Juristischen Staatsprüfung zu erbringenden Leistungen nach Bundesländern	249
Statistik 4:	Art und Gewichtung der in der Zweiten Juristischen Staatsprüfung zu erbringenden Leistungen nach Bundesländern	251
Statistik 5:	Übersicht über die Zahl der in der Bundesrepublik erfolgreich abgelegten juristischen Examina	253

Beispiele

Beispiel 1:	Beispiel für einen Stundenplan im 1. und 2. Semester Jura	255
Beispiel 2:	Beispiel für einen Stundenplan im 3. und 4. Semester Jura	256
Beispiel 3:	Beispiel für einen Stundenplan im 5. Semester Jura	257
Beispiel 4:	Beispiel für ein universitäres Angebot im Schwerpunktbereich, hier: Martin-Luther-Universität Halle-Wittenberg	258
Beispiel 5:	Beispiel für ein universitäres Angebot im Schwerpunktbereich, hier: Albert-Ludwigs-Universität Freiburg	260
Beispiel 6:	Berufsfelder im Zweiten Juristischen Staatsexamen – hier: Bundesland Sachsen-Anhalt	262
Beispiel 7:	Berufsfelder im Zweiten Juristischen Staatsexamen – hier: Bundesland Baden-Württemberg	262
Beispiel 8:	Schwerpunktbereiche = Berufsfelder im Zweiten Juristischen Staatsexamen – hier: Bundesland Bayern	263
Beispiel 9	Ablauf des Referendariats	264
Beispiel 10:	Beispiel: Besoldungsordnung R ab 1.1.2020/ Bundesland Bayern	265
Beispiel 11:	Beispiel: Besoldungsordnung R ab 1.1.2020/ Bundesland Saarland	267

Weiterführende Empfehlungen

Empfehlung 1:	Ideen für interessante Praktika, Stagen und Wahlststationen	268
Empfehlung 2:	Zusammenstellung interessanter Websites für Studenten, Rechtsreferendare und junge Juristen	271
Empfehlung 3:	Weiterführende Leseempfehlungen	274

Übersicht 1: Universitäten, an denen Jura mit dem Abschluss „Erstes Juristisches Examen" studiert werden kann

Universität	Website der juristischen Fakultät
Staatliche (Präsenz) Universitäten	
Universität Augsburg	https://www.uni-augsburg.de/de/fakultaet/jura/
Universität Bayreuth	https://www.jura.uni-bayreuth.de/de/index.html
Freie Universität (FU) Berlin	https://www.jura.fu-berlin.de/
Humboldt-Universität (HU) Berlin	https://www.rewi.hu-berlin.de/de/index.htm
Universität Bielefeld	http://www.jura.uni-bielefeld.de/
Ruhr-Universität Bochum	https://www.jura.rub.de/
Friedrich-Wilhelms-Universität Bonn	https://www.jura.uni-bonn.de/
Universität Bremen	https://www.uni-bremen.de/jura/fachbereich-6-rechtswissenschaft
Heinrich-Heine-Universität Düsseldorf (HHU – nicht zu verwechseln mit der Hamburger Uni UHH)	https://www.jura.hhu.de/
Friedrich-Alexander-Universität Erlangen Nürnberg	https://www.jura.rw.fau.de/
Goethe – Universität Frankfurt am Main	https://www.uni-frankfurt.de/35791342
Europa- Universität Viadrina Frankfurt an der Oder	https://www.rewi.europa-uni.de/de/index.html
Universität Freiburg	http://www.jura.uni-freiburg.de/de
Justus-Liebig-Universität Gießen	https://www.uni-giessen.de/studium/studienangebot/stx/jura
Georg-August-Universität Göttingen	https://uni-goettingen.de/de/42867.html
Ernst-Moritz-Arndt-Universität Greifswald	https://rsf.uni-greifswald.de/

Martin-Luther-Universität Halle- Wittenberg	https://studienangebot.uni-halle.de/rechts-wissenschaft-jura-staatsexamen-ausser-lehramt
Universität Hamburg (UHH) (nicht zu verwechseln mit der privaten Bucerius Law School in Hamburg, s.u.)	https://www.jura.uni-hamburg.de/
Gottfried-Wilhelm-Leibniz-Universität Hannover	https://www.jura.uni-hannover.de/
Ruprecht-Karls-Universität Heidelberg	https://www.jura.uni-heidelberg.de/
Friedrich-Schiller-Universität Jena	https://www.rewi.uni-jena.de/
Christian-Albrechts-Universität Kiel	https://www.jura.uni-kiel.de/de
Universität Köln	https://jura.uni-koeln.de/
Universität Konstanz	https://www.jura.uni-konstanz.de/
Universität Leipzig	https://www.jura.uni-leipzig.de/
Johannes-Gutenberg-Universität Mainz	https://jura.uni-mainz.de/
Universität Mannheim	https://www.jura.uni-mannheim.de/
Philipps-Universität Marburg	https://www.uni-marburg.de/de/fb01
Ludwigs-Maximilians-Universität München	https://www.jura.uni-muenchen.de/index.html
Westfälische Wilhelms-Universität Münster (WWU)	https://www.jura.uni-muenster.de/de/
Universität Osnabrück	https://www.jura.uni-osnabrueck.de/startseite.html
Universität Passau	https://www.jura.uni-passau.de/fakultaet-jura/
Universität Potsdam	https://www.uni-potsdam.de/de/jura/
Universität Regensburg	https://www.uni-regensburg.de/rechtswissenschaft/fakultaet/startseite/index.html
Universität Rostock	https://www.juf.uni-rostock.de/
Universität des Saarlandes (UdS)	https://www.uni-saarland.de/fakultaet/r/interessenten/willkommen.html

Universität Trier	https://www.uni-trier.de/index.php?id=14609
Eberhard-Karls-Universität Tübingen	https://uni-tuebingen.de/fakultaeten/juristische-fakultaet/fakultaet/
Julius-Maximilians-Universität Würzburg	https://www.jura.uni-wuerzburg.de/startseite/
FernUniversität Hagen	https://www.fernuni-hagen.de/rewi/
Private Universitäten	
Bucerius Law School Hamburg	https://www.law-school.de/
EBS (European Business School) Law School Wiesbaden	https://www.ebs.edu/de/studienprogramm/jurastudium

Stand: Oktober 2020/alle Seiten zuletzt abgerufen am 1.10.2020

Übersicht 2: Erreichbarkeit der Landesjustizprüfungsämter

Hinweis: Die Webseiten der Landesjustizprüfungsämter bieten eine Vielzahl von wertvollen Informationen zur Anmeldung und zum Ablauf der Prüfungen und interessante Statistiken aus den vergangenen Jahren.

Bundesland	**Website des Landesjustizprüfungsamtes**
Baden-Württemberg	https://www.justiz-bw.de/,Lde/Startseite/Pruefungsamt
Bayern	https://www.justiz.bayern.de/landesjustizpruefungsamt/
Berlin	https://www.berlin.de/sen/justiz/juristenausbildung/gemeinsames-juristisches-pruefungsamt/ (gemeinsames Prüfungsamt Berlin und Brandenburg für beide Examina)
Brandenburg	https://www.berlin.de/sen/justiz/juristenausbildung/gemeinsames-juristisches-pruefungsamt/ (gemeinsames Prüfungsamt Berlin und Brandenburg)

Bremen	https://www.oberlandesgericht.bremen.de/informationen/justizpruefungsamt/https://justiz.hamburg.de/2-examen/1290086/start/ (Achtung: gemeinsames Prüfungsamt für das Zweite Juristische Staatsexamen, Hamburg, Bremen und Schleswig Holstein).
Hamburg	https://justiz.hamburg.de/1-examen/1289576/start/ (für das Erste Juristische Examen)https://justiz.hamburg.de/2-examen/1290086/start/ (Achtung: gemeinsames Prüfungsamt für das Zweite Juristische Staatsexamen, Hamburg, Bremen und Schleswig-Holstein).
Hessen	https://justizpruefungsamt.hessen.de/
Mecklenburg-Vorpommern	https://www.regierung-mv.de/Landesregierung/jm/justizministerium/aufgaben/Landesjustizpr%C3%BCfungsamt/
Niedersachsen	https://justizportal.niedersachsen.de/startseite/karriere/landesjustizprufungsamt/
Nordrhein-Westfalen	https://www.justiz.nrw.de/Gerichte_Behoerden/landesjustizpruefungsamt/index.php
Rheinland-Pfalz	https://jm.rlp.de/de/service/landespruefungsamt-fuer-juristen/
Saarland	https://www.saarland.de/mdj/DE/themen-karriere/karriere/lpa/lpa_node.html
Sachsen	https://www.justiz.sachsen.de/content/1026.htm
Sachsen-Anhalt	https://ljpa.sachsen-anhalt.de/
Schleswig-Holstein	https://www.schleswig-holstein.de/DE/Justiz/OLG/Oberlandesgericht/Justizpruefungsamt/ (für das Erste Juristische Examen)https://justiz.hamburg.de/2-examen/1290086/start/ (Achtung: gemeinsames Prüfungsamt für das Zweite Juristische Staatsexamen, Hamburg, Bremen und Schleswig Holstein).
Thüringen	https://justiz.thueringen.de/jpa/

Übersicht 3: Noten- und Punkteskala für die Klausuren in den beiden juristischen Prüfungen

Die Noten- und Punktevergabe für die erste wie die zweite juristische Prüfung werden geregelt durch die **„Verordnung über eine Noten- und Punkteskala für die erste und zweite juristische Prüfung“**. Die Verordnung kann auch abgerufen werden auf www.gesetze-im-internet.de.

Wichtig: Die für eine Notenstufe (z.B. ein „Vollbefriedigend“) notwendigen Punkte sind unterschiedlich hoch je nachdem, ob es sich um eine schlichte Klausur (diese Übersicht 2) oder das Gesamtergebnis im Examen (hierzu sogleich Übersicht 3) handelt.

In den **Klausuren** gliedern sich die Notenstufen gem. § 1 dieser Verordnung:

16 bis 18 Punkte	sehr gut	eine besonders hervorragende Leistung
13 bis 15 Punkte	Gut	eine erheblich über den durchschnittlichen Anforderungen liegende Leistung
10 bis 12 Punkte	vollbefriedigend	eine über den durchschnittlichen Anforderungen liegende Leistung
7 bis 9 Punkte	befriedigend	eine Leistung, die in jeder Hinsicht durchschnittlichen Anforderungen entspricht
4 bis 6 Punkte	ausreichend	eine Leistung, die trotz ihrer Mängel durchschnittlichen Anforderungen noch entspricht
1 bis 3 Punkte	mangelhaft	eine an erheblichen Mängeln leidende, im Ganzen nicht mehr brauchbare Leistung
0 Punkte	ungenügend	eine völlig unbrauchbare Leistung

Übersicht 4: Noten- und Punkteskala für die Examina in den beiden juristischen Prüfungen

Für die beiden juristischen **Examina** ergibt sich davon abweichend die folgende Notenskala aus § 2 der og. **Verordnung über eine Noten- und Punkteskala für die erste und zweite juristische Prüfung**. Die Verordnung kann abgerufen werden auf www.gesetze-im-internet.de.

Erzielte Punkte in einer Examensklausur	**Note**
14,00 – 18,00	sehr gut
11,50 – 13,99	gut
9,00*** – 11,49	vollbefriedigend
6,50** – 8,99	befriedigend
4,00* – 6,49	ausreichend
1,50 – 3,99	mangelhaft
0 – 1,49	ungenügend

* Ab 4,0 Punkten ist das Examen mit der Note „ausreichend“ bestanden.
** Ab 6,5 Punkten spricht man manchmal auch von einem „kleinen Prädikat“.
*** Ab 9, 00 Punkten spricht man vom „großen Prädikat“.

Übersicht 5: Bonustrack: eine nicht ganz ernst gemeinte Variation über die Notenskala

Angesichts der von den Prüfungskandidaten in der Realität erzielten Ergebnissen wundert diese Variation über die Punkteskala nicht:*

Punkte	Note	Einschätzung des Jurastudenten
0	Ungenügend	Ach komm …
1	Mangelhaft	Euer Ernst?
2	Mangelhaft	N'Versuch wars wert
3	Mangelhaft	Bittere Kiste!
4	Ausreichend	Vier gewinnt!
5	Ausreichend	Full House, nice.
6	Ausreichend	Geht klar.

Punkte	Note	Einschätzung des Jurastudenten
7	Befriedigend	Läuft!
8	Befriedigend	Sauber!
9	Befriedigend	Sau gut!
10	Vollbefriedigend	WAHNSINN!
11	Vollbefriedigend	Like a Boss!
12	Vollbefriedigend	Das Leben in der Bib lohnt sich
13	Gut	Streber, der Klassiker.
14	Gut	Sachverhaltsdarsteller NULL...Student EINS !!!
15	Gut	Hammer, Bombe, krass, fett- GEIL!
16	Sehr gut	Nein, Mama ...
17	Sehr gut	Nein, Papa ...
18	Sehr gut	Diese Note gibt es nur in der Theorie

* Vgl. dazu: /www.lto.de/recht/studium-referendariat/s/jura-studium-notengebung-leistungsbewertung-besser-als-ihr-ruf/

Statistik 1: Beispiel für eine Notenverteilung in der Ersten Juristischen Prüfung: Ergebnisse im Jahr 2018

Quelle: Bundesamt für Justiz – Ausbildungsstatistik Stand: 5. März 2020

Die aktuellen Statistiken können mit weiteren interessanten Informationen auf der Website des Bundesamtes für Justiz abgerufen werden, https://www.bundesjustizamt.de/DE/Themen/Buergerdiens te/Justizstatistik/Juristen/Ausbildung_node.html.

Übersicht über die Ergebnisse der Ersten Juristischen Prüfung im Jahre 2018 [1])													
Land	Erfolgreiche Kandidaten			Notenverteilung bei den erfolgreichen Kandidaten									
	insgesamt	Anteil Frauen		sehr gut		gut		voll befriedigend		befriedigend		ausreichend	
		Zahl	Anteil in Prozent	Zahl	Anteil %	Zahl	Anteil %	Zahl	Anteil %	Zahl	Anteil %	Zahl	Anteil %
Baden-Württemberg [2) 5)]	1.447	821	56,7	4	0,3	91	6,3	448	31,0	638	44,1	266	18,4
Bayern [2) 5)]	1.995	1.181	59,2	11	0,6	134	6,7	510	25,6	943	47,3	397	19,9
Berlin [2) 3)]	652	381	58,4	2	0,3	50	7,7	215	36,0	297	45,6	68	10,4
Brandenburg [2) 3)]	242	146	60,3	0	0,0	3	1,2	58	24,0	143	59,1	38	15,7
Bremen [2) 3)]	107	62	57,9	1	0,9	3	2,8	21	19,6	56	52,3	26	24,3
Hamburg [2) 3) 4) 5)]	486	268	55,1	1	0,2	40	8,2	161	33,1	197	40,5	87	17,9
Hessen [2)]	708	434	61,3	2	0,3	35	4,9	208	29,4	345	48,7	118	16,7
Niedersachsen [2) 3) 5)]	631	347	55,0	0	0,0	33	5,2	178	28,2	333	52,8	87	13,8
Mecklenburg-Vorpommern [2) 5)]	60	32	53,5	0	0,0	2	3,3	9	15,0	30	50,0	19	31,7

Übersicht über die Ergebnisse der Ersten Juristischen Prüfung im Jahre 2018 [1])

Land	Erfolgreiche Kandidaten			Notenverteilung bei den erfolgreichen Kandidaten									
	insgesamt	Anteil Frauen		sehr gut		gut		voll befriedigend		befriedigend		ausreichend	
		Zahl	Anteil in Prozent	Zahl	Anteil %	Zahl	Anteil %	Zahl	Anteil %	Zahl	Anteil %	Zahl	Anteil %
Nordrhein-Westfalen [2) 3)]	1.763	1.036	58,8	1	0,1	118	6,7	489	27,7	778	44,1	377	21,4
Rheinland-Pfalz [5)]	442	258	58,4	0	0,0	26	5,9	113	25,6	206	46,6	97	21,9
Saarland [2) 3) 5)]	104	65	62,5	1	1,0	2	1,9	29	27,9	48	46,2	24	23,1
Sachsen [2) 3)]	264	150	56,8	0	0,0	15	5,7	55	20,8	105	39,8	89	33,7
Sachsen-Anhalt [2) 3)]	188	97	51,6	0	0,0	18	9,6	66	35,1	83	44,1	21	11,2
Schleswig-Holstein [2) 5)]	161	93	57,8	0	0,0	1	0,6	42	26,1	92	57,1	26	16,1
Thüringen [2)]	88	52	59,1	1	1,1	3	3,4	26	29,5	48	54,5	10	11,4
Zusammen	9.338	5.423	58,1	24	0,3	574	6,1	2.648	28,4	4.342	46,5	1.750	18,7

1) Berücksichtigt sind die im Erhebungsjahr abgeschlossenen Ersten Juristischen Prüfungen.

2) Es sind alle Prüflinge, einschließlich jener, die das Prüfungsverfahren zur Notenverbesserung absolviert haben, einbezogen.

3) Für die Erhebung der Ergebnisse ist der Zeitpunkt der Beendigung des Prüfungsverfahrens der Tag, an dem der Bescheid über die Feststellung des Gesamtergebnisses erlassen worden ist.

4) Hierin sind die Kandidaten der privaten Bucerius Law School enthalten.

5) In Baden-Württemberg sind in den Angaben 353 Notenverbesserer enthalten. In Bayern sind es 397 Notenverbesserer, in Hamburg 70 Notenverbesserer, in Mecklenburg-Vorpommern 9 Notenverbesserer, in Niedersachsen 90 Notenverbesser, in Rheinland-Pfalz 63 Notenverbesserer, im Saarland 14 Notenverbesserer und in Schleswig-Holstein 34 Notenverbesserer.

Statistik 2: Beispiel für eine Notenverteilung in der Zweiten Juristischen Staatsprüfung: Ergebnisse im Jahr 2018

Quelle: Bundesamt für Justiz – Ausbildungsstatistik Stand: 5. März 2020
Berücksichtigt sind die im Erhebungsjahr abgeschlossenen Prüfungen.

Die aktuellen Statistiken können mit weiteren detaillierten Informationen/Aufschlüsselungen (z.B. zur Anzahl der Notenverbesserer im Prüfungstermin, etc.) auf der Website des Bundesamtes für Justiz abgerufen werden, https://www.bundesjustizamt.de/DE/Themen/Buergerdienste/Justizstatistik/Juristen/Ausbildung_node.html.

Übersicht über die Ergebnisse der Zweiten Juristischen Prüfung im Jahre 2018														
Land	Erfolgreiche Kandidaten			Notenverteilung bei den erfolgreichen Kandidaten										
	insgesamt	Anteil Frauen		sehr gut		gut		voll befriedigend		befriedigend		ausreichend		
		Zahl	Anteil in Prozent	Zahl	Anteil %	Zahl	Anteil %	Zahl	Anteil %	Zahl	Anteil %	Zahl	Anteil %
Baden-Württemberg	852 (entspricht 91,8 % der geprüften Kandidaten)	459	53,9	2	0,2	14	1,5	161	17,3	378	40,7	297	32,0
Bayern	1.439 (= 86,4%)	890	61,8	3	0,2	41	2,5	251	15,1	623	37,4	521	31,1
Berlin die Länder Berlin und Brandenburg haben ein gemeinsames Prüfungsamt in Berlin	700(= 87,1%)	383	54,7	0	0,0	22	2,7	208	25,9	358	44,5	112	13,9

Übersicht über die Ergebnisse der Zweiten Juristischen Prüfung im Jahre 2018													
Land	Erfolgreiche Kandidaten			Notenverteilung bei den erfolgreichen Kandidaten									
	insgesamt	Anteil Frauen		sehr gut		gut		voll befriedigend		befriedigend		ausreichend	
		Zahl	Anteil in Prozent	Zahl	Anteil %	Zahl	Anteil %	Zahl	Anteil %	Zahl	Anteil %	Zahl	Anteil %
Brandenburgdie Länder Berlin und Brandenburg haben ein gemeinsames Prüfungsamt in Berlin	178 (= 77,7%)	110	61,8	0	0,0	0	0,0	24	10,5	97	42,4	57	24,9
Bremen Bremen, Hamburg und Schleswig-Holstein haben ein Gemeinsames Prüfungsamt in Hamburg.	46 (= 80,7%)	26	56,5	0	0,0	2	3,5	16	28,1	20	35,1	8	14,0
Hamburg Bremen, Hamburg und Schleswig-Holstein haben ein Gemeinsames Prüfungsamt in Hamburg.	301 (= 94,7%)	131	43,5	0	0,0	20	6,3	114	35,8	138	43,4	29	9,1
Hessen	830 (=91,9%)	481	58,0	0	0,0	10	1,1	136	15,1	382	42,3	302	33,4
Mecklenburg-Vorpommern	39 (=88,6%)	20	51,3	0	0,0	1	2,3	6	13,6	17	38,6	15	34,1
Niedersachsen	512 (= 89,0)	314	61,3	0	0,0	10	1,7	98	17,0	288	50,1	116	20,2

Übersicht über die Ergebnisse der Zweiten Juristischen Prüfung im Jahre 2018														
Land	Erfolgreiche Kandidaten			Notenverteilung bei den erfolgreichen Kandidaten										
	ins-gesamt	Anteil Frauen		sehr gut		gut		voll befrie-digend		befriedigend		ausreichend		
		Zahl	Anteil in Pro-zent	Zahl	Anteil %	Zahl	Anteil %	Zahl	Anteil %	Zahl	Anteil %	Zahl	Anteil %	
Nordrhein-Westfalen	1.893 (= 83,6 %)	1096	57,9	3	0,1	40	1,8	365	16,1	868	38,3	617	27,2	
Rheinland-Pfalz	281 (= 89,5 %)	172	61,2	0	0,0	9	2,9	61	19,4	114	36,3	97	30,9	
Saarland	75 (= 90,4 %)	43	57,3	0	0,0	2	2,4	15	18,1	37	44,6	21	25,3	
Sachsen	263 (= 92 %)	90	34,2	0	0,0	5	1,7	37	12,9	106	37,1	115	40,2	
Sachsen-Anhalt	55 (= 87,3 %)	33	66,0	0	0,0	0	0,0	9	14,3	31	49,2	15	23,8	
Schleswig-Holstein Bremen, Hamburg und Schleswig-Holstein haben ein Gemeinsames Prüfungsamt in Hamburg	302 (= 81,4 %)	175	57,9	0	0,0	7	1,9	46	12,4	136	36,7	113	30,5	
Thüringen	63 (= 92,6 %)	39	61,9	1	1,5	0	0,00	12	20,6	29	42,6	19	27,9	
Zusammen	7.829 (= 87,2 %)	4462	57,0	9	0,1	183	2,0	1561	17,4	3.622	40,4	2454	27,3	

Statistik 3: Art und Gewichtung der in der staatlichen Pflichtfachprüfung im Ersten Juristischen Examen zu erbringenden Leistungen

Quelle: Bundesamt für Justiz – Ausbildungsstatistik Stand: 5. März 2020

Die aktuellen Statistiken können auf der Website des Bundesamtes für Justiz abgerufen werden, https://www.bundesjustizamt.de/DE/Themen/Buergerdienste/Justizstatistik/Juristen/Ausbildung_node.html.

Hinweis: Die staatliche Pflichtfachprüfung ist nur ein Teil der Ersten Juristischen Prüfung. Das Gesamtergebnis der Ersten Juristischen Prüfung setzt sich zu 70% aus dem Ergebnis der bestandenen staatlichen Pflichtfachprüfung und zu 30% aus dem Ergebnis der bestandenen universitären Schwerpunktbereichsprüfung zusammen. Die folgende Statistik zeigt den Teil der staatlichen Pflichtfachprüfung.

	Art der Leistung	Anteil Gesamtnote:
Baden-Württemberg	6 Aufsichtsarbeiten	70 %
	mündliche Prüfung	30 %
Bayern	6 Aufsichtsarbeiten	75 %
	mündliche Prüfung	25 %
Berlin (die Länder Berlin und Brandenburg haben ein gemeinsames Prüfungsamt in Berlin)	7 Aufsichtsarbeiten	63 %
	mündliche Prüfung insgesamt, davon	37 %
	Aktenvortrag	13 %
	Prüfungsgespräch	24 %
Brandenburg (die Länder Berlin und Brandenburg haben ein gemeinsames Prüfungsamt in Berlin)	7 Aufsichtsarbeiten	63 %
	mündliche Prüfung insgesamt, davon	37 %
	Aktenvortrag	13 %
	Prüfungsgespräch	24 %
Bremen	6 Klausuren	2/3
	mündliche Prüfung	1/3
Hamburg	6 Klausuren	75 %
	10 minütiger Kurzvortrag und Prüfungsgespräch	25 %

	Art der Leistung	Anteil Gesamtnote:
Hessen	6 Klausuren	2/3
	mündliche Prüfung	1/3
Mecklenburg- Vorpommern	6 Klausuren	70 %
	mündliche Prüfung	30 %
Niedersachsen	6 Klausuren	64 %
	mündliche Prüfung	36 %
Nordrhein- Westfalen	6 Klausuren	60 %
	mündliche Prüfung	30 %
	Vortrag	10 %
Rheinland- Pfalz	6 Klausuren	2/3
	mündliche Prüfung	1/3
Saarland	6 Klausuren	70,59 %
	mündliche Prüfung	29,41 %
Sachsen	5 Klausuren	67 %
	Prüfungsgespräch	20 %
	Vortrag	13 %
Sachsen-Anhalt	6 Klausuren	60 %
	mündliche Prüfung	30 %
	Vortrag	10 %
Schleswig-Holstein	6 Klausuren	2/3
	mündliche Prüfung	1/3
Thüringen	6 Klausuren	65 %
	mündliche Prüfung	35 %

Statistik 4: Art und Gewichtung der in der staatlichen Pflichtfachprüfung in der Zweiten Juristischen Prüfung zu erbringenden Leistungen

Quelle: Bundesamt für Justiz – Ausbildungsstatistik Stand: 5. März 2020- Ergänzung Bayern

Die aktuellen Statistiken können auf der Website des Bundesamtes für Justiz abgerufen werden, https://www.bundesjustizamt.de/DE/Themen/Buergerdienste/Justizstatistik/Juristen/Ausbildung_node.html.

	Art der Leistung	Anteil Gesamtnote:
Baden-Württemberg	8 Klausuren	70%
	mündliche Prüfung gesamt, davon	30%
	Aktenvortrag	6%
	Prüfungsgespräch	24%
Bayern	9 Klausuren (Änderungen der JAPO zum 1.12.2020; vorher: 11 Klausuren)	70%
	mündliche Prüfung	30%
Berlin (die Länder Berlin und Brandenburg haben ein gemeinsames Prüfungsamt in Berlin)	7 Klausuren	60%
	mündliche Prüfung insgesamt, davon	40%
	Aktenvortrag	16%
	Prüfungsgespräch	24%
Brandenburg (die Länder Berlin und Brandenburg haben ein gemeinsames Prüfungsamt in Berlin)	7 Klausuren	60%
	mündliche Prüfung insgesamt, davon	40%
	Aktenvortrag	16%
	Prüfungsgespräch	24%
Bremen (die Länder Bremen, Hamburg und Schleswig-Holstein haben ein Gemeinsames Prüfungsamt für das Zweite Juristische Staatsexamen in Hamburg.)	8 Klausuren	70%
	mündliche Prüfung insgesamt, davon	30%
	Aktenvortrag	8%
	Prüfungsgespräch	22%
Hamburg (die Länder Bremen, Hamburg und Schleswig-Holstein haben ein Gemeinsames Prüfungsamt für das Zweite Juristische Staatsexamen in Hamburg.)	8 Klausuren	70%
	mündliche Prüfung insgesamt, davon	30%
	Aktenvortrag	8%
	Prüfungsgespräch	22%

	Art der Leistung	Anteil Gesamtnote:
Hessen	8 Klausuren	60%
	mündliche Prüfung insgesamt, davon	40%
	Aktenvortrag	10%
	Prüfungsgespräch	30%
Mecklenburg- Vorpommern	8 Klausuren	2/3
	mündliche Prüfung insgesamt, davon	1/3
	Aktenvortrag	1/6
	Prüfungsgespräch	5/6
Niedersachsen	8 Klausuren	60%
	mündliche Prüfung	40%
	Aktenvortrag	12%
	Prüfungsgespräch	28%
Nordrhein- Westfalen	8 Klausuren	60%
	mündliche Prüfung insgesamt, davon	40%
	Aktenvortrag	10%
	mündliche Prüfung	30%
Rheinland- Pfalz	8 Klausuren	70%
	mündliche Prüfung insgesamt, davon	30%
	Aktenvortrag	6%
	mündliche Prüfung	24%
Saarland	7 Klausuren	70%
	mündliche Prüfung insgesamt, davon	30%
	Aktenvortrag	10%
	mündliche Prüfung	20%
Sachsen	8 Klausuren	66,66%
	mündliche Prüfung insgesamt, davon	33,33%
	Aktenvortrag	6,66%
	mündliche Prüfung	26,66%

	Art der Leistung	Anteil Gesamtnote:
Sachsen-Anhalt	8 Klausuren	60%
	mündliche Prüfung insgesamt, davon	40%
	Aktenvortrag	10%
	mündliche Prüfung	30%
Schleswig-Holstein (die Länder Bremen, Hamburg und Schleswig-Holstein haben ein Gemeinsames Prüfungsamt für das Zweite Juristische Staatsexamen in Hamburg.)	8 Klausuren	70%
	mündliche Prüfung insgesamt, davon	30%
	Aktenvortrag	8%
	mündliche Prüfung	22%
Thüringen	8 Klausuren	65%
	mündliche Prüfung insgesamt, davon	35%
	Aktenvortrag	7%
	mündliche Prüfung	28%

Statistik 5: Übersicht über die Zahl der in der Bundesrepublik erfolgreich abgelegten juristischen Examina (ohne Bayern und Rheinland- Pfalz)

Quelle: Bundesamt für Justiz – Ausbildungsstatistik Stand: 5. März 2020
Die aktuellen Statistiken können auf der Website des Bundesamtes für Justiz abgerufen werden, https://www.bundesjustizamt.de/DE/Themen/Buergerdienste/Justizstatistik/Juristen/Ausbildung_node.html.

Hinweis: Die Anzahl derer, die das Erste Juristische Examen erfolgreich ablegt, spiegelt sich – gerade in jüngerer Zeit- nicht wider in der Zahl der erfolgreichen Absolventen des Zweiten Juristischen Staatsexamens. Das bedeutet allerdings nicht, dass soviel mehr Kandidaten im Zweiten Examen endgültig scheitern; vielmehr nimmt die Zahl derer zu, die nicht mehr in das Referendariat gehen bzw. zum Zweiten Juristischen Staatsexamen antreten. Dahinter steht nicht zuletzt der Umstand, dass aktuell auch Absolventen nur mit einem Ersten Juristischen Examen adäquat auf dem Arbeitsmarkt unterkommen.

Jahr	Erstes Juristisches Examen	Zweites Juristisches Staatsexamen
2000	11.893	10.366
2001	11.139	10.697
2002	10.838	10.330
2003	9.565	9.722
2004	9.655	9.639
2005	9.015	9.400
2006	9.903	8.573
2007	10.696	8.351
2008	7.865	8.345
2009	8.319	9.347
2010	7.976	8.358
2011	7.924	7.568
2012	7.646	7.711
2013	8.148	7.491
2014	8.185	7.529
2015	8.314	7.462
2016	9.353	7.460
2017	9.722	7.563
2018	9.338	7.829

Detailliertere Statistiken zu den Examina können für das Bundesland **Bayern** abgerufen werden unter https://www.justiz.bayern.de/media/pdf/ljpa/jahresberichte_mit_statistiken.

Die Ergebnisse in den beiden juristischen Examina nach Noten aufgeschlüsselt für das Bundesland **Rheinland- Pfalz** sind abrufbar unter https://jm.rlp.de/de/service/landespruefungsamt-fuer-juristen/staatliche-pflichtfachpruefung/anmeldeformular/ergebnisse-der-staatlichen-pflichtfachpruefung/ bzw. unter https://jm.rlp.de/de/service/landespruefungsamt-fuer-juristen/zweite-juristische-staatspruefung/ergebnisse-2-jsp/.

Beispiele für universitäre Stundenpläne in den ersten Semestern des Jura-Studiums

Hinweis: Verbindliche Stundenpläne, die für einen Studenten in irgendeiner Form verpflichtend wären, gibt es im Jura-Studium nicht. Jeder Student ist frei, sich seinen Stundenplan selbst zusammen zu stellen; ein Stundenplan ist daher immer nur ein Vorschlag zur sinnvollen Studiengestaltung und Zeiteinteilung. Der Stundenplan ist natürlich auch abhängig vom individuellen Angebot der Universität. Auf der Webseite Ihrer Fakultät (siehe oben Übersicht 1) stehen in aller Regel Musterstundenpläne bereit.

Ein Beispielsstundenplan könnte z.B. so aussehen (Grundlagenveranstaltungen sind kursiv gesetzt)

Beispiel 1 für einen Stundenplan im 1. und 2. Semester Jura

An dieser Beispielsuniversität ist für Studenten von Anfang an Unterricht in den drei Hauptgebieten Zivilrecht (ZR), Strafrecht (StrafR) und Öffentliches Recht (ÖR) vorgesehen (wie an den meisten Universitäten, z.B. auch an den Universitäten in Freiburg oder Köln). Andere Universitäten haben ein anderes System (wie z.B. die LMU München); sie lassen die Anfänger zunächst nur mit Zivil- und Öffentlichem Recht beginnen, das Strafrecht kommt dann im 3./4. Semester dazu. Beide Ansätze haben ihre Berechtigung.

Zeit	Montag	Dienstag	Mittwoch	Donnerstag	Freitag
8.00–9.00 Uhr	**Zivilrecht*: Bürgerliches Gesetzbuch Allgemeiner Teil** Vorlesung (Inhalte: Einführung in das Bürgerliche Gesetzbuch)			***Rechtsgeschichte*	*Rechtsphilosophie*
9.00–10.00 Uhr					
10.00–11.00 Uhr		**Strafrecht** Vorlesung (Inhalte: Einführung in das Strafrecht/ Allgemeiner Teil des StGB)	**Strafrecht** Vorlesung	**Öffentliches Recht** Vorlesung	**Zivilrecht** Vorlesung
11.00–12.00 Uhr					
12.00–14.00 Uhr	Mittagspause (Mittagessen, aber auch Zeit für das Lernen in der Bibliothek, private Lerngruppen, o.ä.)				

Zeit	Montag	Dienstag	Mittwoch	Donnerstag	Freitag
14.00–15.00 Uhr	**Öffentliches Recht** Vorlesung (Inhalte: Allgemeine Staatslehre, Staatsorganisationsrecht oder Grundrechte)	*Rechtsgeschichte*			
15.00–16.00 Uhr					
16.00–18.00 Uhr		Begleitende Arbeitsgemeinschaft ZR	Begleitende Arbeitsgemeinschaft ÖR	Begleitende Arbeitsgemeinschaft StrafR	

* Manche Universitäten bezeichnen die Einführungsvorlesungen in die jeweiligen Rechtsgebiete mit begleitender Übung oder Arbeitsgemeinschaft insgesamt als „Grundkurse". Andere benennen die Vorlesungen konkreter z.B. „Einführung in das Bürgerliche Gesetzbuch- Allgemeiner Teil" „Vertragliche Schuldverhältnisse", „Gesetzliche Schuldverhältnisse" etc. und weisen die Übungen gesondert aus (ähnlich dann im Strafrecht und Öffentlichen Recht); das macht es etwas unübersichtlicher. Jedenfalls gilt: dahinter stehen die gleichen Inhalte.

** Das Fach Rechtsgeschichte wird teilweise weiter ausdifferenziert in Römische und Deutsche Rechtsgeschichte.

Beispiel 2 für einen Stundenplan im 3. und 4. Semester Jura

Nachdem in den ersten beiden Semestern die Grundlagen gelegt wurden, wird nun der Stoff weiter vertieft. Ein Schwerpunkt wird in allen drei Rechtsgebieten auch auf die jeweilige Prozessordnung gelegt.

Zeit	Montag	Dienstag	Mittwoch	Donnerstag	Freitag
8.00–9.00 Uhr					
9.00–10.00 Uhr					
10.00–11.00 Uhr	Je 1 Semester **Familien- und Erbrecht***/ Arbeitsrecht** Vorlesung	**Sachenrecht***** Vorlesung	**Verwaltungsrecht** Vorlesung	**Handels- und Gesellschaftsrecht** Vorlesung	**Strafverfahrensrecht** Vorlesung
11.00–12.00 Uhr					
12.00–14.00 Uhr	Mittagspause (Mittagessen, aber auch Zeit für das Lernen in der Bibliothek, private Lerngruppen, o.ä.)				

Zeit	Montag	Dienstag	Mittwoch	Donnerstag	Freitag
14.00–15.00 Uhr 15.00–16.00 Uhr	**ÖR Staatslehre** Vorlesung	**Zivilprozess-recht** Vorlesung	**ÖR Ver-waltungs-prozess-recht** Vorlesung	**ZR Schuld-recht***** Vorlesung	*Introduction to the US Legal System*****
16.00–18.00 Uhr		Begleitende Arbeits-gemeinschaft ZR	Begleitende Arbeitsge-meinschaft ÖR	Begleitende Arbeitsge-meinschaft StrafR	

* AT = Allgemeiner Teil (üblicherweise als Abkürzung verwendet für den Allgemeinen Teil eines Rechtsgebietes oder auch eines Gesetzbuches)

** BT = entsprechend Besonderer Teil

*** Schuldrecht, Sachenrecht, Familien- und Erbrecht sind Teilgebiete des Zivilrechts; sie werden im Bürgerlichen Gesetzbuch geregelt. Teilweise werden die Veranstaltungen auch noch differenzierter bezeichnet; statt allgemein „*Schuldrecht*" heißt es dann „*Vertragliche Schuldverhältnisse*" oder „*Gesetzliche Schuldverhältnisse*", oder noch spezieller „*Kaufrecht*" oder „*Kreditsicherungsrecht*".

**** nach Angebot an der Universität und Wahl: Einführung in eine ausländische Rechtsordnung, Terminologie und Sprache (USA, Spanien, Frankreich, etc.)

Beispiel 3 für einen Stundenplan im 5. und 6. Semester Jura

Jetzt im Hauptstudium besteht noch einmal mehr Freiheit des einzelnen Studenten. Entscheidend sind die Fortgeschrittenenübungen in den drei Hauptgebieten, die mit dem Großen Schein abgeschlossen werden. Individuell wird dieser Basisstundenplan weiter z.B. durch Seminarveranstaltungen im Schwerpunktbereich ergänzt. Nach dem 6. Semester wird bis zum gewählten Examenszeitpunkt immer mehr die individuelle Examensvorbereitung im Vordergrund stehen.

Zeit	Montag	Dienstag	Mittwoch	Donnerstag	Freitag
8.00–9.00 Uhr 9.00–10.00 Uhr					*Urheber- und Verlags-recht**
10.00–11.00 Uhr 11.00–12.00 Uhr	Übung im Öffentlichen Recht für Fort-geschrittene	z.B. Europa- und Völker-recht (Vorlesung)	z.B. Ge-sellschafts-recht (Vorlesung)	Übung im Zivilrecht für Fortgeschrit-tene	Tutorium Öffentliches Recht
12.00–14.00 Uhr	Mittagspause (Mittagessen, aber auch Zeit für das Lernen in der Bibliothek, private Lerngruppen, o.ä.)				

Zeit	Montag	Dienstag	Mittwoch	Donnerstag	Freitag
14.00–15.00 Uhr	Strafprozess-recht (Vorlesung)	Übung im Zivilrecht für Fortgeschrit-tene	Tutorium Strafrecht	Tutorium Zivilrecht	
15.00–16.00 Uhr					
16.00–18.00 Uhr					

* aus dem Schwerpunktbereich/als Beispiel für die Vorbereitung auf den universitären Teil der Ersten Juristischen Prüfung: der Beispielsstudent möchte später seinen Schwerpunkt auf das Urheberrecht legen.

Beispiel 4: Beispiel für ein universitäres Angebot im Schwerpunktbereich, hier: Martin-Luther-Universität Halle-Wittenberg

Hinweis: Die universitäre Prüfung im gewählten Schwerpunktbereich ist nur ein Teil der Ersten Juristischen Prüfung. Das Gesamtergebnis der Ersten Juristischen Prüfung setzt sich zu 70% aus dem Ergebnis der bestandenen staatlichen Pflichtfachprüfung und zu 30% aus dem Ergebnis der bestandenen universitären Schwerpunktbereichsprüfung zusammen.

Jede Universität kann ihre Schwerpunktbereiche individuell entwickeln, viele Fakultäten haben sich hier ein spannendes Profil geschaffen. Die Anzahl der Schwerpunktbereiche variiert von Universität zu Universität (wobei manche Universitäten mit Untergliederungen arbeiten, sodass man bei einem Vergleich immer genau zählen muss).

- Die WWU Münster bot im Sommersemester 2020 neun verschiedene Schwerpunktbereiche an, https://www.jura.uni-muenster.de/de/studium/ studienberatung-und-service/schwerpunktbereiche/.
- Die Universität Passau brachte es im gleichen Zeitraum auf 30 verschiedene Schwerpunktbereiche, die von A wie „Arbeitsrecht" bis zu Z wie „Zivilrechtspflege und Internationales Privatrecht" reichten (Informationsbroschüre zum Download unter https://www.jura.uni-passau.de/fileadmin/dokumente/fakultaeten/jura/SPB-Informationsbroschu ere_2019_final.pdf.).
- Auch die Universität Leipzig wirbt mit einem außergewöhnlich breiten Spektrum an Schwerpunktbereichen – https://www.uni-leipzig.de/studium/vor-dem-studium/jura-studieren -in-leipzig/.

Eine Aufzählung der Inhalte oder auch nur der Anzahl der Schwerpunktbereiche aller Fakultäten würde den Rahmen hier sprengen. Genauer informieren kann man sich immer auf den Webseiten der jeweiligen Universität. Hier soll nur ein Beispiel für ein universitäres Angebot gegeben werden, damit man einen Eindruck gewinnen kann.

Vorgestellt werden die Schwerpunktbereiche der Universität Halle-Wittenberg, https://www.jura.uni-halle.de/studium_lehre_pruefung/studium_lehre/lehrveranstaltungen/schwerpunktbereiche/.

In Halle-Wittenberg ist das Studium eines Schwerpunktbereichs grundsätzlich auf 2 Semester angelegt und umfasst 16 Semesterwochenstunden, bestehend aus dem Pflichtfach und einem Wahlbereich.

Auswahl der Schwerpunktbereiche in Halle- Wittenberg

Im Sommersemester 2020 gab es 6 Schwerpunktbereiche, nämlich:

- „Forensische Praxis"
- „Arbeits-, Sozial- und Verbraucherrecht"
- „Unternehmensrecht"
- „Kriminalwissenschaften"
- „Staat und Verwaltung"
- „Internationales, Transnationales und Europäisches Recht"

Zu jedem dieser Bereiche gibt es ein umfangreiches Lehrangebot. Greifen wir nun einen Schwerpunktbereich heraus, um uns dessen Inhalt näher anzusehen:

Unterbeispiel 1: Schwerpunktbereich Unternehmensrecht

Nehmen wir als erstes Beispiel den Schwerpunktbereich des Unternehmensrechts. Studenten, die diesen Schwerpunkt wählen, müssen alle die drei **Pflichtfächer**

- Gesellschaftsrecht
- Insolvenzrecht
- Kaufmännische Rechnungslegung und Handelsbilanzrecht

belegen.

Zusätzlich muss **einer von vier Wahlbereichen** belegt werden, zur Unterauswahl stehen:

- Wahlbereich 1: Wettbewerbsrecht mit den **Inhalten**
  - Deutsches und Europäisches Kartellrecht
  - Wettbewerbsrecht
  - Gewerblicher Rechtsschutz
- Wahlbereich 2: Bank- und Kapitalmarktrecht mit den **Inhalten**
  - Bankrecht
  - Kapitalmarktrecht
  - Kapitalmarktstrafrecht oder Kapitalgesellschaftsrecht

- Wahlbereich 3: Steuerrecht mit den **Inhalten**
  - Grundzüge der Besteuerung
  - Steuerverfassungs- und Verfahrensrecht
  - Unternehmenssteuerrecht.
- Wahlbereich 4: Gesellschaftsrecht mit den **Inhalten**
  - Personengesellschaftsrecht
  - Kapitalgesellschaftsrecht
  - Kapitalmarktrecht oder Recht der Unternehmensmitbestimmung

Unterbeispiel 2: Schwerpunktbereich Kriminalwissenschaften

An **Pflichtfächern** muss hier belegt werden:

- Allgemeine Kriminologie
- Wirtschaftskriminologie
- Vertiefung im Strafrecht
- Vertiefung im Strafprozessrecht

An **Wahlbereichen** stehen dann zusätzlich zur Auswahl:

- **Wahlbereich 1**: Spezielle Kriminologie mit den **Inhalten**
  - Strafrechtliche Sanktionen und Strafvollzugsrecht
  - Berufs- und Unternehmenskriminologie
- **Wahlbereich 2**: Wirtschaftsstrafrecht mit den **Inhalten**
  - Kapitalmarktstrafrecht und besondere Bereiche des Wirtschaftsstrafrechts
- **Wahlbereich 3**: Praxis der Strafverteidigung mit den **Inhalten**
  - Strategie und Taktik der Strafverteidigung
  - Europäisches Straf- und Strafverfahrensrecht
- **Wahlbereich 4**: Medizinstrafrecht mit den **Inhalten**
  - Medizin- und Biostrafrecht
  - Forensische Psychiatrie

Beispiel 5: Beispiel für ein universitäres Angebot im Schwerpunktbereich, hier: Albert-Ludwigs-Universität Freiburg

Im Sommersemester 2020 gab es in Freiburg die folgenden Schwerpunktbereiche (https://www.jura.uni-freiburg.de/de/studium/schwerpunktbereiche)

- „Rechtsgeschichte und Rechtsvergleichung"
- „Zivilrechtliche Rechtspflege in Justiz und Anwaltschaft"
- „Strafrechtliche Sozialkontrolle"
- „Handel und Wirtschaft"
- „Arbeit und Soziale Sicherung"
- „Europäisches und Internationales Privat- und Wirtschaftsrecht"
- „Deutsches, Europäisches und Internationales Öffentliches Recht"
- „Medien- und Informationsrecht"
- „Geistiges Eigentum"
- „Philosophische und theoretische Grundlagen des Rechts"

Zu jedem dieser Bereiche gibt es ein umfangreiches Lehrangebot. Schauen wir beispielhaft noch einmal einen Schwerpunktbereich genauer an (die genauen Studienpläne sind als Download verfügbar auf https://www.jura.uni-freiburg.de/de/einrichtungen/pruefungs-amt/ schwerpunktausbildung/studienplaene).

Unterbeispiel: Schwerpunktbereich „Europäisches und Internationales Privat- und Wirtschaftsrecht"

Als **Pflichtleistung** muss erbracht werden:

- Vorlesung „Europäisches Wirtschaftsrecht"
- Seminar zum europäischen oder internationalen Privat- und Wirtschaftsrecht oder zur Rechtsvergleichung
- Pflichtmodul: „Internationales Privatrecht I", „Internationales Privatrecht II", „Europäisches Zivilprozessrecht und Prozessrechtsvergleichung" sowie „UN-Kaufrecht (CISG)"

An **Wahlmodulen** steht zur Auswahl:

- Wahlmodul (1): „Rechtsvergleichung II: Grundlagen des europäischen Privatrechts in 11 historisch-vergleichender Perspektive" sowie „Rechtsvergleichung I"
- Wahlmodul (2): „Privatrecht der Europäischen Union"
- Wahlmodul (3): „Einführung in das US-amerikanische Recht"
- Wahlmodul (4): Technologietransfer in Ostasien
- Wahlmodul (5): Internationales Investitionsrecht
- Wahlmodul (6): „Einführung in das französische Privat- und Wirtschaftsrecht II" sowie „Einführung in das französische Privat- und Wirtschaftsrecht I"

Beispiele für Schwerpunktbereiche im Zweiten Juristischen Staatsexamen

Tipp: Bei der Wahl des Schwerpunktbereichs für den universitären Teil der Ersten Juristischen Prüfung kann man auch bereits auf die im Zweiten Juristischen Staatsexamen abgefragten Schwerpunktbereiche schauen, um Synergieeffekte zu schaffen.

Im Schwerpunktbereich ist während des Referendariats auch die sog. **Wahlstation** (teilweise auch Pflichtwahlpraktikum genannt) in der Zeit zwischen dem schriftlichen und dem mündlichen Teil der Zweiten Juristischen Staatsprüfung abzuleisten. Damit werden durch Wahlstation und Schwerpunktbereich im zweiten Examen auch wesentliche berufliche Weichen gestellt. Auch dies kann ein Umstand sein, denn man bereits bei der Wahl des universitären Schwerpunktbereichs mitberücksichtigen möchte.

Beispiel 6: Schwerpunktbereiche im Zweiten Juristischen Staatsexamen – hier: Sachsen- Anhalt

Schwerpunktbereiche gem. § 38 der Ausbildungs- und Prüfungsverordnung des Bundeslandes Sachsen- Anhalt (JAPrVO). (Einzelheiten unter: https://ljpa.sachsen-anhalt.de/themen/referendariat).

- Zivilrecht
- Wirtschaftsrecht
- Arbeitsrecht
- Sozialrecht
- Strafrecht
- Verwaltungsrecht
- Steuerrecht
- Europarecht

Beispiel 7: Schwerpunktbereiche im Zweiten Juristischen Staatsexamen – hier: Baden- Württemberg

Die Schwerpunktbereiche werden in § 56 der Juristenausbildungs- und Prüfungsordnung des Landes- Baden- Württemberg geregelt (JAPrO). Einzelheiten können abgerufen werden unter https://rechtsreferendariat-bw.justiz-bw.de

- **Schwerpunktbereich 1:** Familien- und Erbrecht
  - Familien- und Erbrecht mit einschlägigem Verfahrensrecht;
- **Schwerpunktbereich 2:** Rechtsanwalt:
  - anwaltliche Praxis in den Pflichtstoffgebieten,
  - Grundpflichten und Berufsregeln nach der Bundesrechtsanwaltsordnung und der Berufsordnung der Rechtsanwälte, das Mandat mit Haftungsfragen, Gebührenrecht, Formen anwaltlicher Zusammenarbeit, Kanzleigründung, -führung und -organisation, Streitschlichtung;
  - im Überblick: Zulassungsrecht und Aufsichtswesen;
- **Schwerpunktbereich 3:** Wirtschaft
  - Handels- und Gesellschaftsrecht
  - im Überblick: Insolvenzrecht
- **Schwerpunktbereich 4:** Gewerblicher Rechtsschutz:
  - Wettbewerbs- und Markenrecht
  - im Überblick: Kartellrecht
- **Schwerpunktbereich 5**: IT-Recht
  - Domain-Recht, Software- und Internet-Verträge;
  - im Überblick: Urheberrecht, Datenschutzrecht;
- **Schwerpunktbereich 6:** Verwaltung
  - Immissionsschutzrecht, Naturschutzrecht, Wasserrecht;
  - im Überblick: Kreislaufwirtschafts- und Abfallrecht, Bodenschutzrecht;
- **Schwerpunktbereich 7:** Arbeit

  - Individual- und Kollektivarbeitsrecht
  - Arbeitsgerichtsgesetz
- **Schwerpunktbereich 8:** soziale Sicherung
  - aus dem Sozialversicherungsrecht: Unfall- und Krankenversicherung;
  - Grundsicherung für Arbeitsuchende;
  - im Überblick: Recht der Erwerbsminderungs- und Altersrenten, Verwaltungsverfahren und Sozialgerichtsgesetz;
- **Schwerpunktbereich 9:** Steuern
  - Steuerrecht und Bilanzrecht;
  - im Überblick: finanzgerichtliches Verfahren
- **Schwerpunktbereich 10:** Europarecht
  - Recht der Europäischen Union
  - im Überblick: Völkerrecht
- **Schwerpunktbereich 11:** Internationales Privatrecht:
  - Internationales Privatrecht;
  - im Überblick: Internationales Zivilprozessrecht;
- **Schwerpunktbereich 12:** strafrechtliche Rechtspflege
  - Jugendstrafrecht
  - Strafvollstreckung und Justizvollzug.

Beispiel 8: Schwerpunktbereiche im Zweiten Juristischen Staatsexamen – hier: Bundesland Bayern

Hinweis: Die Schwerpunktbereiche werden in Bayern als Pflichtwahlfächer bzw. **Berufsfelder** bezeichnet.

(Einzelheiten unter: https://www.justiz.bayern.de/landesjustizpruefungsamt/vorbereitungsdienst-fuer-rechtsreferendare)

Als Berufsfelder stehen zur Auswahl:

- **Berufsfeld 1:** „Justiz" mit den folgenden Inhalten
  - Insolvenzrecht
  - privates Bauvertragsrecht einschließlich Vergabe- und Vertragsordnung für Bauleistungen Teil B (VOB/B)
  - Jugendstrafrecht einschließlich Verfahrensrecht sowie Betäubungsmittelstrafrecht
- **Berufsfeld 2:** „Verwaltung" mit den folgenden Inhalten
  - Grundzüge der Verwaltungsorganisation
  - Beamtenrecht
  - Grundzüge des Wirtschaftsverwaltungsrechts
  - Straßen- und Wegegesetz
  - Grundzüge des Raumordnungs- und Landesplanungsrechts
- **Berufsfeld 3:** „Anwaltschaft" mit den folgenden Inhalten
  - anwaltliches Berufsrecht und Marketing
  - anwaltliches Gebührenrecht

  - Anwaltstaktik und Haftung des Rechtsanwalts einschließlich strafrechtlicher Risiken anwaltlicher Tätigkeit
  - vorsorgende Rechtsberatung aus anwaltlicher Sicht
  - Grundlagen der Mediation
  - anwaltsbezogene Vertiefung ausgewählter Pflichtfachgebiete
- **Berufsfeld 4:** „Wirtschaft" mit den folgenden Inhalten
  - Recht der Kapitalgesellschaften
  - Recht des unlauteren Wettbewerbs, Kartellrecht, Recht des gewerblichen Rechtsschutzes und Urheberrecht
  - Internetrecht
- **Berufsfeld 5:** „Arbeits- und Sozialrecht" mit den folgenden Inhalten
  - Betriebsverfassungs- und Tarifvertragsrecht
  - Grundzüge des arbeitsgerichtlichen Beschlussverfahrens
  - Grundzüge des Sozialrechts und des sozialgerichtlichen Verfahrens
- **Berufsfeld 6:** „Internationales Recht und Europarecht" mit den folgenden Inhalten
  - Internationales Privatrecht, Internationales Zivilprozessrecht und Einheitliches Kaufrecht
  - Europarecht
- **Berufsfeld 7:** „Steuerrecht" mit den folgenden Inhalten
  - Umsatzsteuerrecht
  - Grundzüge des Körperschaftsteuerrechts
  - Grundzüge ordnungsgemäßer Buchführung, Grundzüge des Bilanzrechts und des Bilanzsteuerrechts
  - Grundzüge des Bewertungsrechts sowie des Erbschaft- und des Schenkungssteuerrechts
  - Grundzüge des finanzgerichtlichen Verfahrens

Beispiel 9: Der Ablauf des Rechtsreferendariats

Das Referendariat wird teilweise auch als „Juristischer Vorbereitungsdienst" bezeichnet. Der Ablauf des Rechtsreferendariats unterscheidet sich allenfalls in Details zwischen den einzelnen Bundesländern. Pars pro toto wird hier auf das Bundesland Nordrhein-Westfalen verwiesen

(Details, auch zur inhaltlichen Ausgestaltung und zum begleitenden Unterricht unter https://www.justiz.nrw.de/Gerichte_Behoerden/landesjustizpruefungsamt/juristischer_vorbereitungsdienst/0ausbildungsplaene/ablauf_vorbereitung.pdf)

Name der Station	Monat	Ausbildende Stelle
Zivilstation	1.–5. Monat	Zivilgericht
Strafstation	6.–8. Monat	Staatsanwaltschaft (ersatzweise: Strafgericht)
Verwaltungsstation	9.–12. Monat	Verwaltungsbehörde
Anwaltsstation Anschließend: schriftlicher Teil des Zweiten Juristischen Staatsexamens	12.–21. Monat	Rechtsanwalt
Wahlstation Anschließend: mündlicher Teil des ZJS	22.–24. Monat	Variabel nach bestimmten Vorgaben.

Beispiele 10 und 11 für Besoldungsstufen der Richter und Staatsanwälte

Die Besoldungshöhe ist in den einzelnen Bundesländern unterschiedlich hoch. Während sich in der Vergangenheit die Schere zwischen den Ländern geöffnet hatte, nähern sich seit 2019 die Gehälter wieder an. Die Bundesländer Bayern, Baden- Württemberg und Hamburg bezahlen ihre Richter am besten. Schlusslicht in der Bezahlung ist das Saarland (Stand: Oktober 2020).

Der Deutsche Richterbund stellt auf der Webseite https://www.richterbesoldung.de/ die Bezahlung in den unterschiedlichen Bundesländern dar und gibt eine Vielzahl weiterer interessanter Informationen.

Wichtig zu wissen: Richter sind beihilfeberechtigt.

Beispielhaft werden hier im Folgenden die Besoldungsstufen in Bayern vorgestellt. Zu unterscheiden ist dabei die Besoldungsgruppe von der Besoldungsstufe. Ein Berufsanfänger beginnt in der Besoldungsgruppe R 1, mit zunehmendem Lebensalter steigt er innerhalb dieser Besoldungsgruppe R 1 auf deren Stufen auf. Ein Richter im Alter von 40 Jahren wäre z.B. auf der Stufe 7 zu finden. Wird ein Richter am Landgericht z.B. zum Vorsitzenden Richter am Landgericht befördert, kommt er in die neue Besoldungsgruppe R 2. Für ein Aufsteigen auf den Stufen muss man also nur älter werden, für einen Wechsel der Besoldungsgruppe befördert werden.

Beispiel 10: Besoldungsordnung R ab 1.1.2020/Bundesland Bayern

(Der einfacheren Lesbarkeit der Tabelle halber wurden die Zahlen hinter dem Komma auf- bzw. abgerundet.)

Besol-dungs-gruppe	Stufe							
	1	2	3	4	5	6	7	8
	entspricht Lebensalter in Jahren							
	27	29	31	33	35	37	39	41
R1	4484,–	4585,–	4848,–	5110,–	5372,–	6535,–	5897,–	6160,–
R2				5738,–	6001,–	6263,–	6525,–	6788,–
	Stufe							
	9	10	11					
	entspricht Lebensalter in Jahren							
	43	45	47					
R1	6422,–	6684,–	6947,–					
R2	7050,–	7312,–	7575,–					
	Stufe							
R3	8328,–							
R4	8813,–							
R5	9370,–							
R6	9895,–							
R7	10.406,–							
R8	10.939,–							
R9	11.600,–							

Quelle: www.lff.bayern.de/bezuege/besoldung

Weitere Informationen zur Bewerbung und zum Beruf des Richters und Staatsanwaltes im Bundesland Bayern sind abrufbar unter **www.justiz.bayern.de/berufe-und-stellen/richter-und-staatsanwaelte**.

Beispiel 11: Besoldungsordnung R ab 1.1.2020/ Bundesland Saarland

Besoldungsgruppe	Stufe							
	1	2	3	4	5	6	7	8
	entspricht Lebensalter in Jahren							
	27	29	31	33	35	37	39	41
R1	4073,–	4254,–	4349,–	4549,–	4840,–	5085,–	5331,–	5576,–
R2			4936,–	5182,–	5427,–	5673,–	5918,–	6163,–
	Stufe							
	9	10	11					
	entspricht Lebensalter in Jahren							
	43	45	47					
R1	5821,–	6067,–	6312,–					
R2	6409,–	6654,–	6900,–					
R3	7850,–							
R4	8303,–							
R5	8824,–							
R6	9315,–							
R7	9793,–							
R8	10.291,–							
R9	10.910,–							
R10	13.379,–							

Weitere Informationen zur Bewerbung und zum Beruf des Richters im Bundesland Saarland sind abrufbar unter https://www.saarland.de/mdj/DE/themen-karriere/karriere/richter_probe/richter_probe_node.html

Weiterführende Empfehlungen

Empfehlung 1: Einige Ideen für interessante Praktika und Wahlstationen

Neben den „üblichen Verdächtigen“ wie den Gerichten, (Groß-) Kanzleien und Behörden bzw. Ministerien an Ihrem Studien- oder Heimatort bieten sich beispielsweise folgende Stellen für ein Pflichtpraktikum, ein (ggf. längerdauerndes) freiwilliges Praktikum oder eine Wahlstation an. Der Bewerbungsprozess bei solchen interessanten und daher vielfach nachgefragten Stellen ist ein wenig aufwändiger; auch sollte man frühzeitig mit dem Bewerbungsprozess beginnen.

Deutschland		
https://www.bmjv.de/DE/Ministerium/AusbildungBeruf/Studentenpraktikum/Studentenpraktikum_node.html	Offizielle Website des Bundesministeriums für Justiz	Möglichkeit zum Pflichtpraktikum (freiwillige Praktika sind nicht möglich); ab dem 4. Fachsemester
https://www.bundesrat.de/DE/service/stellen/praktikum	Offizielle Webseite des Bundesrates für Interessierte an einem Praktikum	Pflichtpraktikum beim Bundesrat/ spezielles Angebot für Jurastudierende (freiwillige Praktika sind nicht möglich).
https://www.bundestag.de/praktikum	Offizielle Webseite des Bundestages für Interessierte an einem Praktikum	Pflichtpraktikum beim Bundestag (freiwillige Praktika sind nicht möglich).
z.B. https://stm.baden-wuerttemberg.de/de/vertretung-beim-bund/service-und-presse/stellenangebote/		Praktika und Wahlstationen können z.T. auch bei den Vertretungen der Bundesländer beim Bund in Berlin geleistet werden. Informieren Sie sich für das jeweilige Bundesland
Europa (NB: Praktika bei den Institutionen der Europäischen Union werden übrigens auch im Deutschen oft „Stagen" genannt)		
https://www.auswaertiges-amt.de/de/karriere/io/karriere-in-europa/praktika	Offizielle Website des Deutschen Auswärtigen Amtes	Informationen zu Praktika und Referendarstationen bei verschiedenen EU- Institutionen für deutsche Studierende und Referendare

https://curia.europa.eu	Offizielle Website des Europäischen Gerichtshofes (EuGH) in Luxemburg	Informationen zu Praktikum, Wahlstation (und anderen Bewerbungsprozessen) beim EuGH
https://ec.europa.eu/stages/node_de	Website der Europäischen Kommission für Interessierte an einer Stage	Informationen zum Bewerbungsprozess für eine fünfmonatige Stage (bezahltes Praktikum) bei der Europäischen Kommission
ttps://ec.europa.eu/germany/about-us/work-for-eu_de	Offizielle Website der Europäischen Vertretungen in Deutschland.	Die Europäische Kommission hat drei Vertretungen in Deutschland, nämlich in Berlin, Bonn und München. Praktika (bis zu 11 Wochen) sind in den Bereichen Presse, Öffentlichkeitsarbeit und Politik möglich.
z.B. https://www.bayern.de/staatsregierung/bayern-in-europa/praktika-referendariat/		Praktika und Wahlstationen können z.T. auch bei den Vertretungen der Bundesländer bei der Europäischen Union in Brüssel geleistet werden. Informieren Sie sich für das jeweilige Bundesland.
z.B. http://www.ebbk.de/ueber-uns/praktikum/		Dito für die Vertretung der Kommunen bzw. Kommunalen Spitzenverbände der Länder, hier z.B. das Europabüro der Bayerischen Kommunen
https://epso.europa.eu/job-opportunities/traineeships_de	Offizielle Website des European Personnel Selection Office	Das EPSO organisiert den Einstellungsprozess für die EU- Laufbahnen. Praktikanten müssen sich indes direkt bei der jeweiligen EU- Institution bewerben (nicht bei EPSO). Die Seite gibt aber einen schönen Überblick über die Institutionen, die Praktikanten nehmen.
https://europarl.europa.eu/at-your-service/de/work-with-us/traineeships	Offizielle Website des Europäischen Parlamentes EP	Möglich sind Praktika beim Generalsekretariat oder bei den Mitgliedern des EP.

International		
https://www.auswaertiges-amt.de/de/karriere/auswaertiges-amt/praktika/praktikum	Offizielle Website des Deutschen Auswärtigen Amtes	Informationen zu Praktika und Referendarstationen in einer der Auslandsvertretungen des Auswärtigen Amtes
https://www.auswaertiges-amt.de/de/karriere/io/organisationen	Offizielle Website des Deutschen Auswärtigen Amtes	Informationen zu Praktika und Referendarstationen bei Internationalen Organisationen z.B. dem Sekretariat der Vereinten Nationen in New York
https://www.daad.de/de/im-ausland-studieren-forschen-lehren/praktika-im-ausland/praktikumsvermittlung/	Offizielle Website des Deutschen Akademischen Austauschdienstes	Überblick über verschiedene Programme für Praktikanten. Hinweise zur Förderung von in Eigeninitiative erlangten Praktikumsplätzen.Ausschreibung von Praktikumsangeboten.
https://www.unhcr.org/dach/de/ueber-uns/karriere-jobs/praktikum-bei-unhcr-deutschland		Informationen zu Praktika (in Nürnberg und Berlin) und Wahlstation (nur Berlin) beim deutschen Büro des UNHCR = Hochkommissar der Vereinten Nationen für Flüchtlinge
https://www.unov.org/unov/de/job_internship.html	Offizielle Websites des Büros der Vereinten Nationen in Wien	Informationen zu Praktika im Büro der Vereinten Nationen (UNOV) und im Büro der Vereinten Nationen für Drogen- und Verbrechensbekämpfung (UNODC) in Wien
https://unric.org/de/arbeits-moeglichkeiten/praktikum	UNRIC mit Sitz in Bonn ist das Regionale Informationszentrum der UNO (mit Sitz in New York) – und informiert auch über Praktika bei den Vereinten Nationen.	Informationen zu einem Praktikum bei den Vereinten Nationen in New York bzw. bei UNRIC in Bonn, Bewerbungsvoraussetzungen etc.

Sämtliche Websites wurden zuletzt am 15.9.2020 abgerufen.

Empfehlung 2: Einige interessante Websites für Studierende, Referendare und junge Juristen

Website	Name und Hintergrund	Inhalt
https://anwaltsblatt.anwaltverein.de/de/studium-und-referendariat	„Katzenkönig Online- das Portal für alle Jurakrisen" auf der Webseite des deutschen Anwaltvereins („Katzenkönig" ist der Name eines berühmten, aber reichlich skurrilen strafrechtlichen Falls, den der BGH zu entscheiden hatte)	Tipps und Tricks zu Jura-Studium und Referendariat aus Anwaltsperspektive z.B. zum Studienstart, Praktika, Prüfungen, etc.
https://www.azur-online.de	„JUVE Karriereportal für junge Juristen" Herausgeber ist der JUVE Fachverlag (s.u.)	Neuigkeiten und Informationen für Studenten, Referendare, Berufsanfänger; interessante Übersichten z.B. zu Studienbedingungen, LLM-Studiengängen, Einstiegsgehältern, etc.
https://beck-online.beck.de/Home	Datenbank des juristischen Fachverlages C.H.Beck	Neben einer grundsätzlich kostenpflichtigen juristischen Datenbank (zu der Studenten und Rechtsreferendare idR. im Rahmen ihrer Ausbildung kostenfreien Zugang erhalten) gibt es kostenlos zahlreiche weitere Fachinformationen.
https://www.bmjv.de	Offizielle Webseite des Bundesministeriums für Justiz und Verbraucherschutz	Informationen zu aktuellen Themen, eine Reihe interessanter Publikationen zum (kostenlosen) Download.
www.brak.de	Offizielle Webseite der Bundesrechtsanwaltskammer	Interessante Webseite nicht nur für Rechtsanwälte zu aktuellen juristischen Entwicklungen, Statistiken etc.
https://www.bsg.bund.de	Offizielle Webseite des Bundessozialgerichts, des obersten deutschen Gerichts in sozialrechtlichen Streitigkeiten, mit Sitz in Kassel	Hintergründe und Aktuelles zur Arbeit des Gerichts; Entscheidungen und Termine

Website	Name und Hintergrund	Inhalt
www.bundesarbeitsgericht.de	Offizielle Webseite des BAG, des obersten deutschen Gerichts in arbeitsrechtlichen Streitigkeiten mit Sitz in Erfurt (Individual- und Kollektivarbeitsrecht)	Hintergründe und Aktuelles zur Arbeit des Gerichts; Entscheidungen und Termine
www.bundesfinanzhof.de	Offizielle Webseite des BFH, des obersten deutschen Gerichts in der Finanzgerichtsbarkeit mit Sitz in München	Hintergründe und Aktuelles zur Arbeit des Gerichts; Entscheidungen und Termine
https://www.bundesgerichtshof.de	Offizielle Webseite des BGH, des obersten deutschen Gerichts in Zivil- und Strafsachen mit Sitz in Karlsruhe und Leipzig (dort einige Strafsenate)	Hintergründe und Aktuelles zur Arbeit des Gerichts; Entscheidungen und Termine
https://www.bundes justizamt.de	Offizielle Website des Bundesamtes für Justiz (nicht zu verwechseln mit dem Bundesjustizministerium)	Interessant ist diese Website insbesondere wegen ihrer Justizstatistiken, z.B. zu den Studierendenzahlen, Erfolgsquoten in den beiden juristischen Examina, etc.
https://www.bundesverfassungsgericht.de/	Offizielle Webseite des Bundesverfassungsgerichts mit Sitz in Karlsruhe	Hintergründe und Aktuelles zur Arbeit des Gerichts; Entscheidungen und Termine
https://www.bverwg.de/	Offizielle Webseite des Bundesverwaltungsgerichts, des obersten deutschen Gerichts in verwaltungsrechtlichen Streitigkeiten, mit Sitz in Leipzig	Hintergründe und Aktuelles zur Arbeit des Gerichts; Entscheidungen und Termine
https://curia.europa.eu	Offizielle Website des Europäischen Gerichtshofes (EuGH) in Luxemburg	Hintergründe und Aktuelles zur Arbeit des Gerichts; Entscheidungen und Termine
www.daad.de	Website des Deutschen Akademischen Austauschdienstes	Informationen zu Auslandsstipendien

Website	Name und Hintergrund	Inhalt
https://www.djt.de	Website des Deutschen Juristentags e.V.	Informationen zum alle zwei Jahre stattfindenden Deutschen Juristentag, der sich auf wissenschaftlicher Grundlage mit notwendigen Veränderungen des Rechts beschäftigt
https://elsa.org	Website der European Law Students' Organisation in englischer Sprache	Informationen zu el§a, Veranstaltungen, etc. – am besten in Verbindung zu lesen mit der el§a Website an der eigenen Universität also z.B. https://elsa-potsdam.de
http://famos.jura.uni-wuerzburg.de	FAMOS – Der Fall des Monats im Strafrecht	sehr gut geeignet zur Vorbereitung im Strafrecht auf die beiden Examina. Ein interessanter Fall aus der aktuellen Rechtsprechung im Strafrecht wird studenten- bzw. referendargerecht aufbereitet.
http://www.juraexamen.info/	„Online Zeitschrift für Jurastudium, Staatsexamen und Referendariat"	Studien- und examensrelevante Rechtsprechung im Überblick, Tipps und Tricks
https://www.juve.de	„JUVE online" Herausgeber ist der JUVE Verlag, der auch das JUVE Handbuch Wirtschaftskanzleien herausgibt und die JUVE Awards an Kanzleien vergibt.	Interessantes Rechtsmagazin angelsächsischer Prägung mit aktuellen Nachrichten (kostenloser Newsletter), Brancheninformationen und Hintergründen; Fokus auf Anwaltschaft/Wirtschaftsleben. Für Studenten und Referendare gibt es den Ableger azur (siehe oben).
www.lto.de	„Legal Tribune Online"	Sehr interessantes, kostenfreies Rechtsmagazin angelsächsischer Prägung mit aktuellen Nachrichten (kostenloser Newsletter), juristische Hintergründen, Tipps für Jurastudium und Karriere in verschiedenen Berufen

Sämtliche Websites wurden zuletzt am 15.9.2020 abgerufen.

Empfehlung 3: Weiterführende Leseempfehlungen

- **Lange**, Jurastudium erfolgreich – Planung – Lernstrategie – Zeitmanagement, 8. neu bearbeitete Auflage 2015
- **Möllers**, Juristische Arbeitstechnik und wissenschaftliches Arbeiten, 9. neu bearbeitete Auflage 2019
- **Preis/Sachs/Weißer**, Die Examensklausur, 7. überarbeitete und erweiterte Auflage 2020
- **Schmuck**, Deutsch für Juristen, 4. Auflage 2016
- **Specht/Blechat,** Jura geht auch anders! Ein Leitfaden für ein erfolgreiches und gelassenes Jurastudium, München, 2018

Anmerkungen

[1] Aus Gründen der leichteren Lesbarkeit verzichten wir im Folgenden auf eine geschlechterspezifische Differenzierung. Entsprechende Begriffe gelten im Sinne der Gleichbehandlung immer gleichermaßen für beide Geschlechter, eine Wertung ist hiermit natürlich nicht verbunden.

[2] Heublein/ Hutzsch/ Kracke/ Schneider, Projektbericht des Deutschen Zentrums für Hochschul- und Wissenschaftsforschung: „Die Ursachen des Studienabbruchs in den Studiengängen des Staatsexamens" Jura, S. 10; https://www.justiz.nrw/JM/schwerpunkte/juristenausbildung/gutachten_studienabbruch_jura/DZHW-Gutachten-Ursachen-Studienabbruch-Staatsexamen-Jura.pdf, zuletzt abgerufen 15.9.2020.

[3] Branchenstatistiken der Legal Tribune Online, https://www.lto.de/juristen/statistiken/ zuletzt abgerufen 15.9.2020.

[4] Der Fall wurde erstmals 1988 in der JuS, Zeitschrift für das Studium und die praktische Ausbildung, gebracht und ist dem Büchlein *Wie heißt dieses Buch? – Eine unterhaltsame Sammlung logische Rätsel*, 1983, des amerikanischen Logikers Raymond M. Smullyan entnommen. Aufgenommen wurde dieser Fall u.a. von Christian Fahl in seinem Buch *Jura für Nichtjuristen*, 2010 und von Joerden in der Monografie *Dyadische Fallsysteme im Strafrecht*, 1986

[5] Fahl a.a.O., S. 89 f.

[6] Sie finden es abgedruckt z.B. in der Zeitschrift NVwZ 2020, 247

[7] https://www.fernuni-hagen.de/rewi/studium/studienangebot.shtml, zuletzt abgerufen 15.9.2020.

[8] https://www.lto.de/jura/studium-zahlen/anzahl-der-jura-studenten/, zuletzt abgerufen 15.9.2020.

[9] § 5a DRiG.

[10] https://www.lto.de/jura/studium-zahlen/dauer-eines-jurastudiums/

[11] https://www.lto.de/jura/studium-zahlen/zahl-der-absolventen-eines-jurastudiums-1959-2017/

[12] Heublein/ Hutzsch/ Kracke/ Schneider, Projektbericht des Deutschen Zentrums für Hochschul- und Wissenschaftsforschung *Die Ursachen des Studienabbruchs in den Studiengängen des Staatsexamens Jura* https://www.justiz.nrw/JM/schwerpunkte/juristenausbildung/gutachten_studienabbruch_jura/DZHW-Gutachten-Ursachen-Studienabbruch-Staatsexamen-Jura.pdf, zuletzt abgerufen 15.10.2020.

[13] Kaum *Legal Tech in Studium & Referendariat: Juristenausbildung wie seit über 100 Jahren* In: Legal Tribune Online, 12.05.2020, *https://www.lto.de/persistent/a_id/41595/* (zuletzt abgerufen am: 13.08.2020)

[14] Heublein/ Hutzsch/ Kracke/ Schneider, *Projektbericht des Deutschen Zentrums für Hochschul- und Wissenschaftsforschung: Die Ursachen des Studienabbruchs in den Studiengängen des Staatsexamens Jura* https://www.justiz.nrw/JM/schwerpunkte/juristenausbildung/gutachten_studienabbruch_jura/DZHW-Gutachten-Ursachen-Studienabbruch-Staatsexamen-Jura.pdf, zuletzt abgerufen 15.9.2020.

[15] Heublein/ Hutzsch/ Kracke/ Schneider, *Projektbericht des Deutschen Zentrums für Hochschul- und Wissenschaftsforschung Die Ursachen des Studienabbruchs in den Studiengängen des Staatsexamens* Jura, S. 10; https://www.justiz.nrw/JM/schwerpunkte/juristenausbildung/gutachten_studienabbruch_jura/DZHW-Gutachten-Ursachen-Studienabbruch-Staatsexamen-Jura.pdf, zuletzt abgerufen 15.9.2020.

[16] Sebastian Leitner, So lernt man lernen, Der Weg zum Erfolg, 18. Aufl. 2011, S. 51

[17] Christian Grüning, Garantiert erfolgreich lernen, Wie Sie Ihre Lese- und Lernfähigkeit steigern, 2013, S. 123

[18] Spruch des Rabbi Chanina; Ta'anit 7a.

[19] Heinrich Schulz, Das autogene Training, konzentrative Selbstentspannung: Versuch einer kritischen Darstellung, 1932; derzeit gibt es das Buch in der 27. Auflage 2020 im C.H.Beck Verlag unter dem Titel: Autogenes Training, Das Original Übungsbuch
[20] Grüning, a.a.O. S. 80 f.
[21] Kaum Legal Tech in Studium & Referendariat: „Juristenausbildung wie seit über 100 Jahren". In: Legal Tribune Online, 12.5.2020, https://www.lto.de/persistent/a_id/415 95/ (zuletzt abgerufen am: 13.08.2020). Die Studie wurde von der FDP-nahen Friedrich-Naumann-Stiftung beauftragt und vom Ulmer Universitäts-Professor Prof. Anzinger im Jahr 2020 betreut.
[22] Nachweise bei Werner Metzig/Martin Schuster, Lernen zu lernen, Lernstrategien wirkungsvoll einsetzen, Springer Verlag, 2016, S. 160
[23] Literatur, die diesem Kapitel zugrunde liegt: Aamodt/Wang, Welcome to your brain, 2. Aufl. 2008; Beck/Anastasiadou/Meyer, Faszinierendes Gehirn, 2. Aufl. 2018; Greenfield, Reiseführer Gehirn, Nachdruck 2011; M. Madeja, Das Kleine Buch vom Gehirn, 2012; Thompson, Das Gehirn, Von der Nervenzelle zur Verhaltenssteuerung, 3. Aufl. 2001
[24] Aamodt/Wang a.a.O. S. 39
[25] vgl. von den in Fußnote 23 angeführten Quellen insbesondere Madeja und Beck/Anastasiadou/Meyer, die die komplexen neurologischen Vorgänge durch einleuchtende Metaphern beschreiben; ferner: Vester, Denken, Lernen, Vergessen, überarbeitete und erweiterte Ausgabe 2001
[26] Bruhn/Köhler, Neuroökonomie als interdisziplinärer Ansatz für Wissenschaft und Praxis", 2010
[27] z.B. www.kapiert.de/lerntypentest
[28] Pashler/McDaniel/Rohrer/Bjork, Zeitschrift Psychological Science in the Public Interest, 2008
[29] www.uni-wuerzburg.de/.../20161006_WS_04_Neurobiologie.pdf
[30] Nachweise bei Werner Metzig/Martin Schuster, Lernen zu lernen, Lernstrategien wirkungsvoll einsetzen, Springer Verlag, 2016
[31] Rupprecht/Baur: Superlearning und Suggestopädie, Anregungen - Kritik - Perspektiven, 1991
[32] Grüning, Garantiert erfolgreich lernen, Wie Sie Ihre Lese- und Lernfähigkeit steigern, 2013, S.28
[33] https://commons.wikimedia.org/w/index.php?-curid=23044179
[34] Tony Buzan, Das Mind-Mapp-Buch: Die beste Methode zur Steigerung Ihres geistigen Potentials, 1993
[35] http://mindmaps.net/de/
[36] Vgl. auch Grüning, Garantiert erfolgreich lernen, Wie Sie Ihre Lese- und Lernfähigkeit steigern, 2013, S. 61
[37] Grüning a.a.O.
[38] Metzig/Schuster a.a.O. S. 15; wegweisend, obwohl erstmals vor Jahrzehnten erschienen, immer noch: Sebastian Leitner, So lernt man lernen, Der Weg zum Erfolg, 17. Aufl. 2009. https://motiviert-studiert.de/karteikarten-lernen/https://ar-beitsblaetter.stangl-taller.at/LERNTECHNIK/Lernkartei.shtml. – Das Lernen mit Karteikarten ist unter den modernen Lernmethoden nicht wegzudenken; die Ausführungen in diesem Kapitel folgen in den Grundzügen den Erkenntnissen von Leitner
[39] Nach Metzig/Schuster a.a.O. S. 15
[40] Nachweise bei Leitner a.a.O. S. 65
[41] Ebbinghaus, Über das Gedächtnis: Untersuchungen Zur Experimentellen Psychologie, gebundene Ausgabe – 25. Juli 2018; zur allgemeinen Akzeptanz dieser Kurve vgl. z.B. Becker-Carus & Wendt, Allgemeine Psychologie, 2. Ausl. 2017; https://blog.neuronation.com/de/die-vergessenskurve-nach-dr-ebbinghaus; https://de.linkfang. org/wiki/Vergessenskurve; Quelle der abgebildeten Vergessenskurve: Wikipedia, August 2016
[42] Zur Erinnerung: Gretchen stellte Faust die Frage: Und wie hältst Du´s mit der Religion?
[43] https://www.juraforum.de/lexikon/sachbeschaedigung

[44] Lackner/Kühl, Strafgesetzbuch: StGB, 29. Aufl. 2018 § 303 Rn. 4
[45] Vgl. dazu Leitner a.a.O. S. 65 ff
[46] Vgl. dazu: /www.lto.de/recht/studium-referendariat/s/jura-studium-notengebung-leistungsbewertung-besser-als-ihr-ruf/

Sachverzeichnis

A

Abprüfen des Gelernten 157
Amtsgericht 22
Anwaltsstation 143
Arbeitsgedächtnis 181
Arbeitstechniken 192
Arbeitsweise, juristische 53
Auslandsstudium 145
Auswahl der Hochschule 95
Autogenes Training 170

B

Bachelor of Laws (LL.B.) 92
BAföG 105
Behaviorismus 185
Berichterstatter 23
Beruf 18
Bestehensquoten 152

D

DAAD 146
Deutsches Zentrum für Hochschul- und Wissenschaftsforschung 152
Digitalisierung 125
Dreispeichermodell 180
Durchfallquote 140

E

Ebbinghaus'sche Vergessenskurve 199
Einzelakt 45
Entspannungstechniken 170
Erste Juristische Prüfung, Inhalt 149
Erste Juristischen Prüfung 91, 138
– Schwerpunktbereich 140
– Staatsteil 139
– Universitäre Teil 140
Examensnote 150
Examensvorbereitung 134

F

Fachanwalt 31
FernUniversität Hagen 93
Freischuss 151

G

Gedächtnis 180
Gehirn
– Bausteine 178
– Funktion 178
– Gehirnhälfte 183
– Hemisphäre 183
– Kurzzeitgedächtnis 180
– Langzeitgedächtnis 180
– Ultrakurzzeitgedächtnis 180

Gerichtsbarkeit 21
– Arbeitsgerichtsbarkeit 21
– Finanzgerichtsbarkeit 21
– Sozialgerichtsbarkeit 21
– Strafgerichtsbarkeit 21
– Verwaltungsgerichtsbarkeit 21
– Zivilgerichtsbarkeit 21
Gesetz 45
Gesetze 45
Großkanzlei 27
Grundlagenfächer 117
Grundstudium 114
– Ablauf 114
– Inhalte 115
– Leistungsanforderungen 125
Gutachtenstil 54

H

Handwerkszeug, juristisches 118
Harvard Konzept 122
Hausarbeit 126
Hausarbeiten, Zusammenarbeit 161

I

Ideoplasie 171
Inhalt des Studiums 43

J

Jobben 106
Jurastudium 91
Justizprüfungsamt 96, 239

K

Karrieremöglichkeiten 24
Karteikarten
– Anlegen 201
– Pflege 209
– Rückseite 206
– Vorderseite 206
Kautelarkurs 144
Klausur 126
– Aufbaufehler 221
– Fallfrage 217
– Fehlerquellen 214
– Korrektor 151
– Sachverhalt 214
– Schwerpunktsetzung 222
– Subsumtion 220
– Zeitmanagement 218
Klausurenkurs 135
Kognitivismus 186
Kommunikation 120
Konfliktmanagement 122
Konstruktivismus 186
Kurzzeitgedächtnis 181

L

Landgericht 23
Langzeitgedächtnis 181
law firm 27
Legal Clinic 167
Legal Tech 124, 173
Leistungsanforderungen 125
Lernen
– Arbeitsphasten 183
– aus Fehlern 211
– Lerntheorien 184

– Lerntypen 187
– mit Mind Mapping 192
– mit System 190
– ohne Mühe 188
– Richtiges Wiederholen 199
– Selbstkontrolle 211
– Vergessen 197
Lernfalle 159
Lerngruppe 162
– Vorteile 162
Lerntechnik 178
Lerntheorien 184
– Ursprung 184
Lerntypen 187
LL.M. 147

M

Master of Laws 147
Mind Mapping 192
– Kartei 193
– Pflege einer Kartei 194
Mitstreiter 160
Moot Court 167
Motivation 174
– nachlassende 175
Motivationskrise 177
Motivationstest 225

N

Norm, Struktur 48
Normen 43
Normenpyramide 45
Notensystem 150, 242
Numerus Clausus 97

O

öffentliches Recht 48
ordentliche Gerichtsbarkeit 21
Ordentliche Gerichtsbarkeit 25

P

Persönlichkeitsbildung 163
Pflichtpraktika 130
Plan 153
Praktikum 268
Praxisbezug 165
Private Hochschulen 93
Privatrecht 48
Prüferperspektive 213
Prüfungen 140
– studienbegleitende 133
Prüfungsordnung 133
Punkteskala 242

Q

Qualifikationsebene 34
Qualitätskontrolle 211

R

R-Besoldung 24
Rankinglisten 98
Recherchetechniken 166
Rechtsanwalt 27
– mittelständische Kanzlei 30
Rechtsanwaltsvergütungsgesetz 31
Rechtsgebiete 47
Rechtsnorm 44

Rechtsnormen 45
Rechtsstudiengänge 92
Rechtsverordnung 45
Rechtsverordnungen 45
Referendariat 95, 141
– Ablauf 142
– Ausbildungsinhalt 144
Refern, Ablauf 264
Regelstudienzeit 94
Repetitor 136
Richter 20
Richter 92

S

Satzung 45
Satzungen 46
Scheine 125
– große 126
– kleine 126
Schöffe 24
Schwerpunktbereich 131, 263
Sommerkurs 147
Staatsnote 26
Stationsausbildung, siehe Referendariat 143
Statistiken 94
Stoffülle 176
Strafgerichtsbarkeit 23
Strafgesetzbuch 47
Strafrecht 47
Strafstation 143
Studienort
– Auswahl 95
– Wechsel 128
Studienverlauf 107
Studium
– Planung 148, 156, 158
– Praktische Tipps 148
– Strategie 153
Subsumtion 53

T

Tatbestandsmäßigkeit 82
Tatbestandsmerkmale 49
Textverarbeitung 173
TOEFL-Test 147

U

Übungsklausur 135
Ultrakurzzeitgedächtnis 181
Unabhängigkeit, richterliche 24
Universität 237
Urteilsstil 55

V

Verdienst 24
Verfassung 45
Verhandlungsmanagement 120
Verlegenheitslösung, Jura als 17
Vernehmungslehre 120
Verwaltungsjurist 33
Verwaltungsstation 143
Volljurist 91
Vorlesungsverzeichnis 100
Vorurteile gegen Jura 14

W

W-Besoldung 39
Wahlstation 143, 268
Wirtschaftsjurist 36
Wissenschaft 38

Z

Zeitschrift, juristische 118
Zieltest 225
Zivilrecht 48
Zivilstation 143
Zusatzqualifikationen 19

Basiswissen
Rechnungswesen
Buchführung, Bilanzierung,
Kostenrechnung, Controlling

Basiswissen
Kostenrechnung
Kostenarten, Kostenstellen,
Kostenträger, Kostenmanagement